U0938318

JPC

宜家
港
公屋

黃家樑 陳志華 黃朗懷 著

目錄

香港公共房屋發展簡史（1954－2024）

論香港公共房屋歷史，可回溯至 1842 年英國和清廷簽訂《南京條約》，強行佔領香港開始。香港政府一直沒有提供公共租住房屋應付市民需求，直至 1954 年才改變政策，為市民大眾興建租住房屋。為何政府的住屋政策有如此變化？相信與人口增長有關。

自 1941 年 12 月 25 日，香港淪陷以來，人口銳減至 60 萬。待 1945 年 8 月日軍投降後，人口開始急升，翌年已達 160 萬。隨後國共內戰爆發，迫使一些內地居民移居香港，至 1954 年，人口又急升至 250 萬；且根據《香港年報 1955 年》記載，1954 年更每星期增長 1,230 人。人口急劇增長，但房屋供應卻未見有所配合。

香港欠缺房屋供應，一些新來港人士只能在山邊搭建寮屋棲身。這些寮屋衛生環境欠佳，大多沒有水電供應。當時法律規定每人最低居住面積為 35 平方呎，但事實上，大多居民也到達不了這個最低標準。直至 1953 年，石硤尾寮屋發生大火，住屋問題一觸即發。根據《香港年報 1954 年》記載，多達 58,000 人在這場大火中喪失家園。其後短短一年內，香港接連發生了五場寮屋大火災，單計 1954 年，已有 5% 的寮屋居民因而無家可歸。因此，政府面對嚴峻的房屋問題，對於處理房屋問題的態度亦變得積極起來。

大火後，政府率先興建包寧平房安置災民，同年成立徙置事務處；隨後興建大量六層高的徙置大廈，以安置更多災民。每座徙置大廈可容納 384 戶，每戶單位面積是 12 呎 6 吋乘 9 呎 6 吋，每層設有兩條水喉

昔日山邊寮屋問題嚴重
（《香港年鑑 1964 年》）

興建中的東頭邨徙置區
（《香港年鑑 1961 年》）

和六個公共洗手間。1954 年後，徙置大廈在港九新界各區出現，如李鄭屋邨、東頭邨、黃大仙邨、慈雲山邨、秀茂坪邨、藍田邨、柴灣邨、石籬邨等等。

除了寮屋居民外，政府也關顧中低收入階層的住屋需要。1954 年 4 月，屋宇建設委員會（屋建會）成立，主要負責提供公共房屋予一些中低收入人士居住，從而改善住屋問題，預計每年提供至少一萬個單位。於是，屋建會分別在北角渣華道和西環加多近街興建其首兩個新屋邨。

1960 年代，香港人口持續上升，社會住屋需求不斷上升。政府除了以徙置大廈和屋建會房屋來應付住屋問題外，亦興建廉租屋邨。當時，政府公共房屋分為三大類：新區屋邨（即前徙置大廈）、屋建會屋邨和廉租屋邨。有關安排見 1970 年《屋宇政策研討委員會報告書》中所交代的 1960 年代末政府房屋分類：

	新區屋邨	屋建會屋邨	廉租屋邨
建屋目的	徙置因官地發展而須遷徙的住戶、因危樓拆卸而無家可歸的住戶、值得同情並經社會福利署（社署）推薦的人士和若干天災災民。	將住屋供給中等入息而住在人口過擠且不合標準居所的住戶	將住屋供給入息低微而住在人口過擠且不合標準居所的住戶

	新區屋邨	屋建會屋邨	廉租屋邨
建築及管理	工務司署建築後交由徙置事務處管理。市政局是市區各新區、徙置工廠大廈的法定主管機構，授權徙置事務處執行日常管理工作。	由屋建會根據《屋宇建設委員會條例》（即香港法例第 283 章）興建和管理	工務司署建築後交由屋建會管理
費用來源	由政府撥款興建	由政府發展貸款基金貸款及該委員會所收取的租金撥款興建	由政府撥款興建

當時，除了政府興建的房屋外，亦有一些義務屋宇建設機構（另稱志願屋宇建設機構）為市民大眾提供廉價租住房屋。其中包括 1948 年成立的香港房屋協會（房協），其首個興建的屋邨便是上李屋邨；直至 1979 年，房協已為社會提供共 18,830 個住屋單位。其他義務屋宇建設機構有香港平民屋宇有限公司、香港模範屋宇會和香港經濟屋宇協會等。

1965 年，房屋問題委員會成立，其任務是檢討各類樓宇建築進度及評估今後社會的住屋需要。1970 年，該委員會提出如何管理各新區大廈的建議，指出應效法屋建會管理廉租屋邨的辦法，使工作更趨一致。

1970 年，徙置事務處改建一座舊式新區大廈，每個單位皆有獨立及完善的設施，如私用廁所和供水系統。由於這座大廈的試驗計劃成功，政府決定重建最舊的石硤尾新區大廈：包括將該區 21 座大廈改建成設有獨立設施的單位，其餘 8 座將會拆卸並改為其他設施，例如商業或公共設施等。根據《香港年報 1971 年》記載，新區規模可以媲美市鎮，有廣泛公共設施及供應，如大廈地面單位除了會出租作為商店或工場外，更駐有政府部門或福利機構。至 1971 年，徙置事務處管理的大

英國官員到港了解公屋房屋發展，並參觀屋建會所興建的蘇屋邨。
（《香港年鑑 1961 年》）

興建中的白田政府新邨，主要接收受石硤尾徙置區重建影響的居民，房委會成立後，改稱白田上邨。
（《香港年鑑 1973 年》）

廈共有 506 座、居民 1,147,860 人。

1971 年，屋建會管理著九個屋邨，有居住單位 34,894 個、居民 218,455 人。當時，何文田一個屋邨（即後來的愛民邨）仍在興建；其中最大規模的屋邨為華富邨，居住單位有 7,793 個，居民有 53,950 人。屋建會所建設的單位均採用獨立形式，除主體房間外，更有露台、廚房和廁所等設備。當時，每人居住面積最小為 35 平方呎，而超過 8 層高的大廈則設有升降機。各屋邨皆有商店、市場、小學、幼稚園、診所、社區中心、車房和遊樂場等等。

1973 年，政府決定重組原本負責公共房屋的兩大機構（徙置事務處和屋建會），在同年 4 月根據《房屋條例》成立香港房屋委員會（房委會）。該法定機構負責制訂和推行公共房屋計劃，以達到政府的公共房屋目標，為無法負擔私人樓宇的較低收入家庭解決居住需要。房委會亦負責規劃、興建、管理和維修公共房屋，包括出租公屋、中轉房屋和臨時收容中心；另外，負責興建和出售「居者有其屋計劃」單位。房委會亦繼承以前的機構擁有權，繼續經營一些工廠大廈和商業設施等等。

及至 1970 年代末，政府改變公共房屋措施，由只提供租住房屋，增加至出售房屋（即居者有其屋計劃，簡稱居屋），協助中低收入家庭和公屋租戶成為業主。1978 年，第一期居屋計劃推出六個屋苑發售，分別是葵涌悅麗苑、觀塘順緻苑、柴灣山翠苑、何文田俊民苑、香港仔漁暉苑和沙田穗禾苑等，當時這些居屋單位售價由 80,900 至 165,900 港元不等。當時，房委會收到約 36,000 份申請表，超額認購約四倍。

1980 年代，公共房屋發展更盛。1981 年，房委會轄下公共屋邨住戶人口已達 200 萬，以當時香港人口 500 萬計算，居於公共房屋的人口已佔四成左右。1985 年，房委會推出「擴展重建計劃」，清拆建於 1960 年代而未符合標準的樓宇，改善居民的生活素質。

觀塘順緻苑是香港史上首個落成的居屋屋苑

1987 年，政府發表《長遠房屋策略》，制訂 1987 至 2001 年香港的房屋政策綱領。根據該報告説明書第 31 點摘要，該策略將有五大成效：（一）將重建計劃擴大至大部分第四至第六型前新區大廈；（二）提高公屋租戶入住資助自資居所的機會；（三）評估租戶的喜好，均衡地提供足夠的租住單位和居屋單位來滿足大家的需求；（四）將部分重建地區用來興建居屋，讓重建公屋的住戶優先購買這些樓宇；（五）推行「自置居所貸款計劃」。自 1985 年 4 月起，公屋居民租住滿十年或以上，必須每兩年申報家庭收入；若收入超過指定上限，須繳付雙倍租金。1988 年，政府和房委會達成新的「財務安排」，房委會財政比以前更獨立；且機構將重組架構，主席一職由政府委任非官方人士擔任。同時，政府推出「自置居所貸款計劃」，協助符合資格的家庭購買私人樓宇。

及至 1990 年代，香港公共房屋發展更為全面。1992 年，房委會開始興建和諧式大廈，公屋設計及建設進入新時代。和諧式大廈呈十字型，樓高一般有 40 層，單位採多房式設計，窗口較寬大，屋內環境更光亮，空氣也更流通。另外，和諧式大廈多採用預製組件興建，有助減低成本和加快興建進度。1994 年，政府成立新的房屋科，負責制訂本港房屋發展政策和策略。1996 年，房委會在全港公共屋邨成立屋邨管理諮詢委員會，提升居民對屋邨管理事宜的參與度。1997 年，房委會推出「居屋第二市場計劃」，允許現有公屋住戶和綠表資格證明書持有人選購居屋，加快居屋單位流轉。

1997 年，特區政府於成立後，立即宣佈新的房屋計劃，目標是在十年內讓自置居所比率達到 70%。1998 年，房委會推行「租者置其屋計劃」，公屋住戶可用廉宜的價錢，購買其自住的單位。1999 年，房委會推出「可租可買計劃」，幫助合資格的公屋申請者自置居所。整體而言，房委會在 1990 年代推出不同計劃鼓勵市民大眾（包括公屋住戶）置業，以提升其生活素質。

2000 年代，公屋管理質素不斷提升。2000 年，房委會逐漸將公共屋邨的管理和維修保養外判給不同的物業管理服務公司。2001 年，房委會清拆最後一個位於沙角尾的臨時房屋區，為有 40 年歷史的臨時房屋畫上句號。2003 年，為回應當時房地產市場過盛情況，房委會決定停售居屋單位，並以房地產投資信託基金模式，將公共屋邨的零售商店和停車場設施分拆出售。

2004 年，房委會推出特別方案，幫助一些長者，由居住於自置的破舊私人樓宇，入住長者住屋。2005 年，房委會推出最後一期租置計劃，另將零售商店和停車場售予領匯房地產投資信託基金，隨後成功上市。2007 年，房委會開始分批出售剩餘居屋單位。由此刻開始，房委會專注提供租住房屋，暫不出售房屋。

至 2010 年代，政府改變了居屋政策。2010 年，政府展開資助市民置業諮詢，發現不少市民希望復建居屋；同年 8 月表示會復建居屋，協助基層置業。時任行政長官曾蔭權在 2011 至 2012 年度《施政報告》宣佈，房委會推出新「居者有其屋計劃」。2014 年，房委會公佈發售首批復建居屋，包括五個居屋屋苑，合共 2,160 個單位。同時，興建公屋需配合時代，重視環保理念，例如 2011 年落成的油麗邨第四期，採用了多項環保措施和綠化設計。

皇后山邨於 2020 年代落成

甫進入 2020 年代，面對 2019 年冠狀病毒病（COVID-19）在全港蔓延肆虐，房委會先在 2021 年把新落成的駿洋邨改裝為檢疫中心；後在 2022 年，將剛落成的皇后山邨和荔景邨其中三幢新建成的公屋改裝為社區隔離設施，以對抗疫症。2024 年 9 月，房委會舉辦「共築幸福・屋邨節」，活動形式豐富，包括研討會和工作坊，在全港超過 30 個屋邨舉辦與幸福相關的康樂文娛活動，如單車文化導賞、幸福跑團、社區藝術創作、屋邨導賞、慶典晚會等，提升居民對屋邨的歸屬感。

各式公屋巡遊

1

從置屋邨今昔

從徙置大廈到翻新重建

石硤尾邨

香港首個政府徙置屋邨

撫今追昔說源流

香港首個徙置屋邨

舊時深水埗南昌街盡頭一帶，全是山嶺谷地，周邊多為石山，十九世紀初更只有一條客家人聚居的村落，地勢崎嶇，無公路可達，交通不便，人們便稱該地方為「石硤尾」。當第一代徙置大廈在此建成之際，政府便將它命名為「石硤尾徙置區」。1973 年房委會成立，正式將該徙置屋邨更名為「石硤尾邨」。

1920 至 1930 年代，報章常用「夾石尾」或「碣石尾」稱呼石硤尾：

報章	日期	內容
《工商日報》	1927 年 5 月 9 日	深水埗**碣石尾**，地方偏僻，人蹤罕到……尋獲一男子屍首一具。
	1927 年 7 月 13 日	工務司限期拆卸**夾石尾**村民居

與日俱增的人口，慘不忍睹的大火

國共內戰期間，大量內地人民湧入香港，他們在各區空曠處或偏僻山邊，搭建簡陋的木屋為容身之所，石硤尾一帶也不例外。當時的石硤尾木屋區人煙稠密，居民數以萬計，建築全屬僭建，亦無電力供應，只能燃點油燈照明，煮食則多以木柴生火，發生火警已是司空見慣。例如 1951 年 10 月某家店舖在蒸煮腸粉時，火屑飄到旁邊的紙盒店而引發火警，燒毀木屋 24 間，幸得居民同心協力，立即拆掉 6 間木屋以隔斷火路，才成功阻止火勢蔓延。

1950 至 1953 年香港木屋區火災事故舉隅：

年份	木屋區	受災人數	年份	木屋區	受災人數
1950	東頭村	1,700	1952	山谷村	1,000
1951	李鄭屋村	5,000		石硤尾村	3,700
	侯王廟村	2,800	1953	何文田	5,500
	東頭村	8,000		九龍仔	2,000
1952	九龍塘村	10,000		西頭村	3,200

當時，政府對華人住屋政策仍放任自流，未有認真對待各種隱患，終於釀成 1953 年的石硤尾大火。12 月 25 日聖誕節晚上，據說一間從

深水埗木屋區

釀成大火原因

因烘溶膠不慎傾覆

造成空前慘重巨災

[illegible]

大火源於木屋區內的小工廠

（《工商晚報》，1953 年 12 月 29 日）

事家庭式手工業的小木屋率先起火，火勢一發不可收拾，燒毀近 10,000 間木屋，約 58,000 名災民痛失家園。他們無處棲身，或投靠親友，或露宿街邊；暫居於騎樓底或後巷者比比皆是，災情慘重，引發全港關注。

有見及此，政府迅速行動，把災場夷平，興建 90 幢兩層高的包寧平房（以時任工務司包寧［Theodore Bowring］之名命名）。首批兩幢平房在 1954 年 2 月 16 日完成入伙，到 4 月中已建成 60 幢，可供半數災民入住，效率之高，令人讚嘆。當時平房環境十分簡陋，浴室和廁所均為公用，住客要自行到街喉輪候食水，但能快速安置數以萬計的災民，總算解決了燃眉之急。

建邨歷程回顧

建成首個政府徙置屋邨

包寧平房的工程如火如荼之際，政府為全面安置無家可歸的災民，

星期一　華僑日報

石硤尾六層大廈

災民開始遷入

遷入約二百餘．其餘續編配中

頒布居住十誡．禁用柴炭弄膳

石硤尾邨開始入伙

（《華僑日報》，1954 年 9 月 13 日）

昔日的石硤尾邨，相中最近一幢為第 33 座 7 層高的徙置大廈。

決定斥資以鋼筋混凝土興建多層徙置大廈，揭開香港公共房屋發展的序幕。1954 年 4 月，政府設立徙置事務專員一職，負責統籌其事。建築公司先在石硤尾山邊一帶爆石和平整土地，5 月正式動工，興建 8 座 6 層高的第一型徙置大廈。在各方努力下，9 月已建成 A、B 兩座，率先安置六百多名災民，但首批遷入的不是石硤尾災民，而是九龍仔火災後露宿桂林街路邊的災民。

原來九龍仔（又稱九龍塘村）大坑東區在 1954 年 7 月再發生大火，無家可歸者有兩萬多人，足見木屋區問題嚴重。同時，政府發現石硤尾大火後每 15 天的緊急賑災支出，足以興建一座可容二千人的徙置大廈，於是展開有系統的徙置計劃。待安置石硤尾災民後，政府拆卸 2 層高的包寧平房，原地加建 21 座 7 層高的徙置大廈，加上 1954 年已完工的 8 座，共有 29 座，就此建成全港首個徙置屋邨。

第一型徙置大廈：今天煉獄，昨日天堂

除了石硤尾邨，其他地區的建築工程紛紛展開，1954 年末已在施工的有大坑東、李鄭屋等等。這些第一批公共屋邨，又稱為第一型徙置大廈（即 H 型或工字型大廈）。相比現時的公共房屋，H 型大廈的設計

H 型大廈

公用水喉、廁所和浴室等設施置於兩翼相連的中央走廊，而廁所並無門扉阻隔。

非常簡陋，單位面積只有 120 平方呎，室內不設水電供應，也沒有安裝獨立廚廁，但好在能夠爭分奪秒地施工，讓興建時間最短可縮減至八星期（不計打樁工程）。這樣的居住環境，對今時今日的香港人來說，可能是人間煉獄，但對當時露宿街頭和居於木屋的人來說，其實已是「天堂」。

石硤尾邨之後，第一型徙置大廈相繼落成。1955 至 1961 年間，政府共興建了八個第一型徙置屋邨：

年份	屋邨	年份	屋邨
1955	大坑東	1957	黃大仙
	李鄭屋	1958	柴灣
1956	紅磡	1959	佐敦谷
1957	老虎岩（樂富）		觀塘

改建後的單位面積較大，且有獨立廚廁，整體居住環境有明顯改善。

1973 年房委會成立後，石硤尾徙置屋邨改稱為「石硤尾下邨」，以區別 1963 年落成的「石硤尾上邨」。上邨屬石硤尾邨的擴建工程，有 7 幢 13 層高的大廈，屬於廉租屋邨計劃，每兩個單位共用一個廁所。

1972 年，政府著手改善舊式徙置區的環境，以石硤尾為重建舊式大廈的試點，率先改建 6 幢 H 型大廈，之後陸續增至 18 幢。工程包括拆除前後兩排單位之間的間隔牆，令兩個單位合而為一，以增加居住面積，並為每個單位加建獨立廁所，面向街道一方的公共走廊則改建為騎樓，可用作廚房。後來，房委會發覺改建方案不符合成本效益，決定將另外 11 幢 H 型舊式徙置大廈拆卸，重建為 6 幢新廈，即現時第 19 至 24 座，均屬舊長型大廈，每層設有升降機，每個單位皆有獨立廚廁。

隨著本港社會和經濟發展，市民對居住環境的要求日高，於是房委會在 1990 年決定逐步重建餘下的 H 型徙置大廈，唯一被保留的第 41 座美荷樓，成為現今香港碩果僅存的徙置大廈。

落成年份	樓宇	類型
1979	第 19 至 23 座 （第 23 座完成半座）	舊長型
1982	第 23 座（完成餘下半座）、 第 24 座	
1983	美山樓、美虹樓、美彩樓 （第 42 至 44 座）	舊長型（中央走廊式）

落成年份	樓宇	類型
2007	美映樓	V 字型
	美如樓	其他類型
2012	美亮樓、美薔樓	十字型
	美益樓、美賢樓、美笙樓、美盛樓	Y 字型
2019	美葵樓	T 字型
	美禧樓、美柏樓、美菖樓	L 字型

屋邨生活點滴

一個單位三伙人	政府規定，石硤尾徙置區內每個 120 平方呎的單位，須居住五人以上，平均每人只有 4 呎乘 6 呎的面積。如家庭人數不足，便與另一家庭共住。最誇張的例子是王女士與未足十歲的女兒（只當作半個成員），只能居於單位近門邊處；裏面再住兩對夫婦，有一對夫婦則睡在單位內自行搭建的閣樓之上，全屋共住五個半人。
鄰里關係如一家	由於徙置區每戶距離很近，而且住戶喜歡開門通風，促使彼此關係密切，可以自由出入彼此單位，互相分享菜餚和水果，晚飯後成人在門外聊天，小朋友則在空地上遊玩和踢球，非常熱鬧。
公共浴室是好是壞？	徙置區需共用公共浴室，男士洗澡時每多作風豪放，玉帛相見，小童更會視它作遊樂場，洗澡時互相潑水，自發舉行潑水節。鑑於偷窺和非禮案時有發生，引致眾女士提心吊膽，甚至要求家中男丁陪同，在浴室門外守候，以策安全。

屋邨遊蹤

第一站

近期重建的大廈

由石硤尾港鐵站 A 出口走出地面後，沿窩仔街往白田街方向，映入眼簾的有 2019 年落成的美禧樓、2012 年落成的美亮樓等新式屋宇，大家可以從中看到近期重建計劃的成果。

第二站

舊式屋邨大廈

繼續沿窩仔街前行，可以看到石硤尾邨早期重建工程的樓宇。現時尚存的有第 19 至 24 座，屬原第七型徙置大廈，在 1979 至 1982 年入伙。第 19 至 20 座興建於原有徙置大廈第 3 至 6 座的位置；第 21 至 24 座則建於第 11 至 13 座之上。此外，另一早期重建工程的樓宇，即現存的第 42 座（美山樓）、第 43 座（美虹樓）和第 44 座（美彩樓），它們屬舊長型大廈設計，落成於 1983 年，建於原第 7 至 10 座的位置，新舊並存。

第三站

舊式工廠大廈

前行到達白田街後向右轉，可到達石硤尾工業大廈。昔日徙置大廈有不少家庭式手工業運作，有些更變成山寨工廠，引發安全和衛生問題。1972 年政府決定在區內興建一座工廈，將住屋和工場分開，於是石硤尾工廠大廈在 1977 年落成。隨著本港工業式微，大廈已活化為賽馬會創意藝術中心，現有約 140 個藝術家和文化團體進駐。讀者除感受其藝術氛圍外，也可以了解昔日舊式工廠大廈的構造，緬懷早期山寨廠式工業的發展片段。

第四站

美荷樓生活館

離開賽馬會創意藝術中心後，步往白田街尾轉上小山，可到達美荷樓生活館。美荷樓是 1954 年首批第一型徙置大廈之一，古物諮詢委員會已將其列為歷史建築，是香港公共房屋發展史的重要見證，也是現存唯一的徙置大廈。經活化保存的美荷樓已變成美輪美奐的青年旅舍，內有美荷樓生活館，既設有關於香港歷史如昔日公屋生活和社區歷史等主題的展覽，二樓也重現徙置大廈的單位，內裏保留若干家具陳設，令人有置身舊日徙置區之感。

第五站

嘉頓山

嘉頓山，古稱麒麟山，據説因山上有石如麒麟而得名。後來改稱喃嘸山，因地處石硤尾墳場（又稱九龍六號墳場），常有法事舉行。當然，嘉頓山這名字才最為港人熟悉，因鄰近深水埗嘉頓麵包廠房而得名。美荷樓旁有小徑登山，步行 10 至 15 分鐘即可登上約 90 米高的山頂，能俯瞰深水埗區，石硤尾邨全貌亦盡收眼底，可謂是欣賞西九龍夕陽或夜景的好地方。

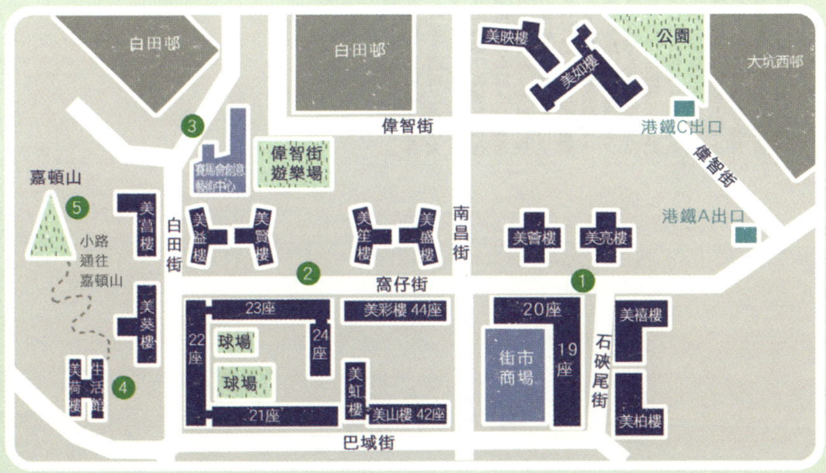

石硤尾邨平面圖

歷史知識知多點

古村石硤尾

石硤尾村原是一條古村，最晚於 1900 年代初已出現，村民人數不足一百，以務農養豬為生。房屋多為茅舍，其後村民收入增加，便以磚石改建村屋。1920 年代，政府發展九龍塘村為花園別墅式的高尚住宅區，導致村民無家可歸，被迫遷至石硤尾，搭建寮屋棲身。抗日戰爭爆發後，內地人民湧入香港。1940 年 2 月，當地人民棲身的木屋區發生大火，受影響人民多達五千人，其人口增長速度可想而知。

工務司限期拆卸
夾石尾村民居

對海深水埗內之夾石尾村、有屋宇三四百家、居民約千餘人、皆係九龍塘芝蘇園大棚坑大角咀等處之鄉民、因日前政府建築九龍塘、逐將各居民驅逐、各居民乃在夾石尾或蓋棚廠或建築屋仔而居、以種芽菜、磨豆腐、或牧豕養雞為活、不料昨接到工務局訓令、限由前日起、廿八天內、要將該處棚屋廠宇盡行拆卸、居民亦須遷徙、各居民一接到此令、咸舉疾首蹙額、昨日遂由深水埗廣合盛發起、聯蓋圖章、致函華商總會、請其代轉華人代表周壽臣爵紳羅旭和博士、向政府代為說情、俾此千餘貧苦之人、不致無家可歸、又聞夾石尾村有一段大地、共佔三萬餘丁方尺、業主為呂某、買受此地已數年、聞此乃田土地段、不將建立屋宇者、業主呂某於六月中旬、曾接到工務司通告、着令將地段內所有棚廠屋仔盡行拆卸、限三天內竣事、

有關石硤尾古村的報道，當時稱之為「夾石尾」。
（《工商日報》，1927 年 7 月 13 日）

李鄭屋邨

與古墓為鄰的徙置大廈

撫今追昔說源流

兩條古村合而為一

李鄭屋邨的前身是「李屋村」和「鄭屋村」，兩村都以村民的姓氏命名，這形式在聚族而居的古代農村社會非常普遍。清朝初年，深水埗區現址已建立一批村落，當中李屋村在 1819 年成書的《新安縣志》中已有記載。許舒（James Hayes）訪問村中長者，得知李氏於乾隆四年（1739 年）到此建村；鄭氏於十九世紀初才搬到此區，故縣志未有記錄。李氏和鄭氏均屬客籍人士，由於原居地生活艱難，才遷入深水埗開墾田地，另謀生計。

在政府的舊地圖上，兩條村被獨立標示，1911 年李屋和鄭屋人口分別為 151 和 55 人，而香港舊報章也將兩者分開。其後，大批內地民眾到九龍一帶搭建大量寮屋居住。或因兩村之間的分界日漸模糊，政府和傳媒便統稱為「李鄭屋村」，往後在此所建的徙置大廈也稱為「李鄭屋邨」。

報章	重要內容撮要	對村落的稱呼
《工商日報》 1930 年 7 月 12 日	深水埔**李屋村**義興隆店，於（十）一號晚，被賊挾械闖進……	李屋村
《香港華字日報》 1940 年 12 月 2 日	深水埗長沙灣道**鄭屋村**發生大火……	鄭屋村

災後重生，再建家園

繼 1953 年石硤尾大火後，李鄭屋村火災再起。1954 年 10 月 2 日，村內第十三街一木屋居民不慎打翻煤油燈，燒著食物油脂，導致火勢迅速蔓延。受波及家庭多達 1,800 多戶，登記災民 6,700 多人。災民得徙置事務處暫時准許，可暫居於深水埗區內樓宇的騎樓底和橫巷，或在順寧道至東京街空地，用紙皮和木料搭建簡陋的棲身之所。

其實，當時環境惡劣的木屋區遍佈各地，火災又此起彼落，令急需安置的災民與日俱增。面對如此形勢，政府深明不能再袖手旁觀，便全面開展建屋計劃，前後在石硤尾、大坑東、李鄭屋、紅磡等地興建徙置屋邨，希望快速安置所有受火災和木屋區遷拆影響的居民。

建邨歷程回顧

1954 年底，政府在李鄭屋大火的災場，以及分批清拆剩餘木屋所得的土地，興建七層徙置大廈，稱為李鄭屋邨。工程於 1955 年 2 月正式開始，原擬分期興建 12 幢徙置大廈，但過程因發現古墓而有所調整。首幢 A 座在同年 4 月落成，1956 年 4 月至 9 月再分兩批建成 10 幢。1957 至 1959 年間，政府於原先規劃的商業用地上，再展開第三和第四期擴建工程，各增建 4 幢大廈，令全邨徙置大廈總數有 19 座之多。

李鄭屋村七層大樓
提早月底落成
有房間九百餘天台建花園

【本報專訊】九龍深水埗青山道李鄭屋村之第四段（在東京街口附近）二千五百餘間木屋及石屋，已於去月底開始拆卸，準備改建爲七層平民大樓，安置各該木屋區居民。并限在本年五月底前全部拆卸完畢。

本年二月底在開始興建之七層平民大樓，為木屋各區徙置區中最大之一座，原定本年六月底完成。現因徙置計劃提早實施，故該座擁有九百餘間房間之徙置大樓，不分日夜動工，提早於本月底竣工。該座大樓由昌利建築公司承建，地點在順寧道，南至東京街，北至永隆街，長凡三百餘尺，現已建成七層樓，建築物作兩個H形狀，樓高七層，將來共有平民房一千一百二十八間，天台則建有四座涼亭、花園、運動場，供居民休憩。

第二座七層大樓，亦準備開工，地點在東京街至永隆街、寶安道與順寧道之間。俟地盤工程完成之後，即可動工。（百）

圖爲日夜開工之李鄭屋村七層大樓。（本報記者柏攝）

有關李鄭屋邨建成大樓的報道
（《工商日報》，1955 年 4 月 11 日）

李鄭屋古墓開幕情景，背後為李鄭屋徙置大廈第 9 座，右方空地為後來興建李鄭屋官立小學的地方。
（《香港年鑑 1958 年》）

期數	落成年份	徙置大廈 *
第一期	1955	A
	1956	B、G、J、K、L
第二期 （又稱第一期後五座）		M、N、H、E、F
第三期	1957	O、P、Q、R
第四期	1959 至 1960 年	V、S、T、U

* 因發現古墓，原先的 C 和 D 座取消，保育工程後餘下土地改建成公園和 V 座等。

踏入 1980 年代，李鄭屋徙置大廈日久失修，居住環境日趨惡劣。在各方爭取下，房委會決定分期拆卸李鄭屋邨，重建成新型公共屋邨。工程從 1980 年開始，歷時近 14 年，終建成 10 幢公屋。

圖右為 1984 年建成的和平樓，是其中較早建成的大廈；圖左的道德樓則屬最後建成的一批。

電影《邊緣人》上映當日的報紙廣告

（《華僑日報》，1981 年 1 月 8 日）

落成年份	樓宇	類型
1984	忠孝樓、仁愛樓	雙工字型（橫切面呈「工」字，兩座相連）
	信義樓、和平樓	舊長型（泛指早期興建的各類長型大樓，本邨呈 L 型）
1989	廉潔樓、禮讓樓	相連長型第三款（由三座長方形平行大廈相連而成）
	孝廉樓、孝慈樓	Y4 型（樓宇橫切面呈 Y 字，三條翼樓自中央電梯大堂放射而出，其中第四型佔地較少，多用於重建）
1990	道德樓	相連長型第一款（由兩座長方形的平行大廈相連而成）
	和睦樓	相連長型第三款

屋邨生活點滴

守望相助的獅子山下精神

香港電台在 1970 年代拍攝的電視劇《獅子山下》，其中一集講述在徙置大廈內，街坊同心協力追捕匪徒。此外，1981 年上映的香港警匪片《邊緣人》，主角阿潮（艾迪飾演）在徙置區大廈內被誤會為匪徒，遭街坊群起追打。原來類近的情況在現實生活中時有發生，並非憑空杜撰。據李鄭屋邨舊街坊憶述，因居民要共用浴室廁所，引起色魔出沒。有女性洗澡時發現被偷窺後大叫色魔，左鄰右里立時衝出來追打，足見香港人守望相助的精神。

屋邨遊蹤

第一站

上李屋邨舊址及鄰近花園

從港鐵長沙灣站 A 出口循東京街北步行至保安道右轉，可以找到由房協上李屋邨改建而成的樂年花園，來緬懷這個比石硤尾徙置區更早出現的公共房屋。樂年花園的命名是為紀念 1990 年逝世的龔樂年神父（1981 年出任房協主席）。屋苑大廈呈 L 型排列，使更多單位能欣賞山景，大廈外牆模仿英國喬治式（Georgian）建築風格，更設有藝術裝飾線條，增添古典韻味，結構亦對稱整齊。如有時間，可參觀毗鄰的上李屋花園，公園於 1966 年啟用，內有花園、涼亭、球場等設施，方便上李屋邨居民使用。

第二站

李鄭屋古墓及漢花園

離開樂年花園，循保安道前行，便可到達李鄭屋古墓。話説 1955 年 8 月 9 日，興建李鄭屋徙置區的建築工人在挖掘一座小山丘時，無意中發現了東漢古墓，隨後更挖出多件類似陪葬品的陶器。其後，政府決定開放古墓十日供市民參觀後，隨即拆卸，經各方努力爭取，政府才答允將它改建為博物館，之後在旁邊修建了別具特色的「漢花園」。大家不妨一併參觀，一睹漢代文物後，發思古之幽情，追蹤香港歷史的舊日足跡。

第三站

李鄭屋邨

走進李鄭屋邨，當然看不到昨日的徙置大廈，因為屋邨在 1980 年代已重建成十幢新型公共屋邨。值得留意的是，屋邨共有五款樓型，大家可逐一細看，採用 Y4 型設計的兩幢，因為位處昔日啟德機場航道範圍，故比一般同型樓宇減少了 11 層，算是另一特色。

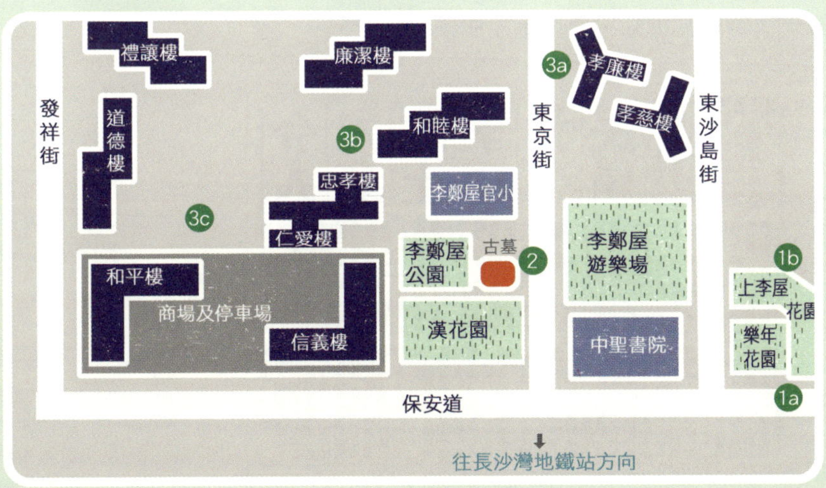

李鄭屋邨平面圖

歷史知識知多點

更早落成的上李屋邨

在深水埗區，除了李屋村，還有一條上李屋村，很多人會把兩者混為一談。原來抗日戰爭後，部分來港的人民亦在深水埗大埔道與青山道交界的三角地帶，搭建木屋居住。該木屋區位處大埔道山上，毗連李屋村，故稱為「上李屋村」。

房協作為非政府的獨立房屋機構，於 1952 年在上李屋村部分土地上，建成全港第一個出租屋邨，為低收入家庭提供廉租房屋，稱為上李屋或上李屋邨。為區分木屋區和房協單位，傳媒多稱之為「上李屋邨平民屋／平民大廈」。

屋邨包括 5 座 5 層高大樓，提供單位 360 個。每個單位均擁有獨立廚廁和露台，租金每月只收 50 或 70 元，簡直價廉物美，故吸引多達三千餘人申請，向隅者眾。雖然曾是人人羨慕的「樂土」，但作為全港首個公共房屋項目，到 1980 年代已現老態，房協於 1990 年決定將其拆卸，原址重建成樂年花園。

令人羨慕的上李屋村平民屋

本報記者

有報道讚揚上李屋邨設備完善，環境優美。

（《工商日報》，1952 年 7 月 12 日）

黃大仙邨

地靈人傑，風水寶地

撫今追昔說源流

由廟宇變成屋邨，再變成地區

黃大仙信仰在明朝傳入嶺南地區，廣為流傳。1915 年，梁仁庵道長眼看廣州局勢混亂，便攜黃大仙畫像來港，幾經轉折在 1921 年到獅子山下竹園村（因竹樹叢生而得名），尋得一處靈山毓秀的「吉地」，在此設壇供奉，管理廟宇的嗇色園亦告成立。

黃大仙祠在竹園村建成後，信眾與日俱增，成為馳名港九的勝地。久而久之，社會大眾便把竹園村所在地區稱為「黃大仙」，之後在此建成的徙置大廈也名為「黃大仙徙置區」。1969 年，政府更正式將此處及附近地區列為「黃大仙區」。

黃大仙徙置區建於竹園村之上

黃大仙徙置區建於竹園村之上？正是！但此處指的不是今日的竹園公共屋邨，而是歷史悠久的竹園村。據《九龍竹園莆崗村林氏族譜》記載，林氏一族在宋代已移居九龍彭埔圍（大磡村附近），後於清康熙年間遷入竹園村，故村民以姓林的居多，至今已有數百年歷史。

第二次世界大戰後，竹園村迎來巨變，先是大量內地人民到區內搭建木屋棲身，導致人口大增；其後因前往黃大仙祠的信眾絡繹不絕，大量出售小食、香燭等物品的店舖相繼開設，小村漸漸發展成一個繁華熱鬧的地區。

及至 1953 年石硤尾大火後，政府決心逐步遷拆各地木屋，興建大量七層高徙置大廈，以安置火災災民或木屋區居民，黃大仙徙置區是其一。為全速推行計劃，政府在 1957 年下令收回竹園村土地，遷拆區內木屋，只有少數屋邨範圍以外的倖免於「拆」。工程展開後，竹園村逐步建設成黃大仙邨徙置大廈。

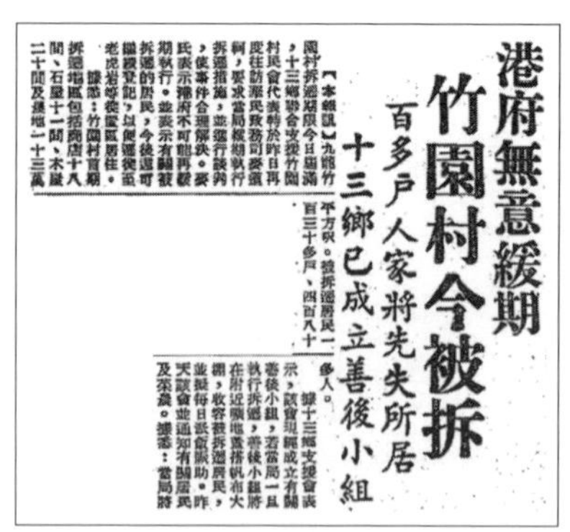

港府無意緩期

竹園村今被拆

百多戶人家將先失所居

十三鄉已成立善後小組

竹園村遷拆後，黃大仙徙置區隨即動工興建。
（《大公報》，1957 年 6 月 25 日）

建邨歷程回顧

當時規模最大的徙置區

1956 年，政府計劃在黃大仙興建徙置大廈時，目標只建 4 幢，稱為「黃大仙竹園邨」。翌年動工時，建屋目標經多次修訂，已增至 25 幢，以容納六萬居民；1961 年宣佈再建 8 幢，故在 1963 年落成時共有 33 幢徙置大廈。

徙置區採用第一型設計

這批徙置大廈跟石硤尾的一樣，同屬第一型設計，即 H 或工字型大廈，住戶須共用公眾浴室和廁所，且沒有廚房。不過，當中一幢屬 I 型設計，稱為「BB 座」（後改稱第 8 座），所有單位皆擁有私人廚房和浴室，專為竹園村擁有屋契的村民而建，以作遷拆後的安置用途。

黃大仙邨 L 座是香港第一百幢徙置大廈，落成後政府舉行盛大的入伙禮。
（《香港年鑑 1961 年》）

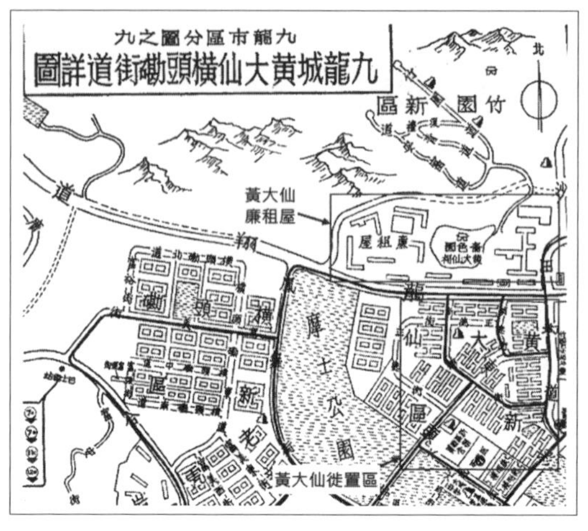

黃大仙徙置區和廉租屋分佈圖
（《香港年鑑 1970 年》）

香港第二個廉租屋邨落成黃大仙

除徙置大廈外，政府還在黃大仙興建政府廉租屋邨，由工務司署設計及建築，建成後由屋建會管理。屋建會於 1954 年成立，專責興建房屋，為中低收入家庭提供可負擔的居所，但建屋進度緩慢，第一個項目北角邨要到 1958 年才落成。為加快建設進度，政府在 1961 年推出「政府廉租屋計劃」，由工務司署負責，最先建成的是 1962 年的觀塘政府廉租屋邨（後改稱觀塘鯉魚門道邨），第二個正是 1963 年動工的黃大仙廉租屋邨。

	徙置大廈	政府廉租屋邨
負責機構	工務司署建築後，交由徙置事務處管理。	工務司署建築後，交由屋建會管理。
名稱	黃大仙徙置區：1973 年房委會成立後，改稱黃大仙下邨。	黃大仙政府廉租屋邨：1973 年改稱黃大仙上邨，以區別下邨的徙置大廈（原屬下邨的第 8 座撥歸上邨）。

	徙置大廈	政府廉租屋邨
興建時間	1957 至 1963 年	1963 至 1965 年
入住要求	因官地發展而遷徙、值得同情並經社署推薦、受到天災影響等人士，不設資產或入息審查。	為入息低微而不符合徙置資格，並居住於環境擠迫、不合標準住處的人士而設，需申請及通過入息審查（最初為月入不足 500 元）。
大廈總數	共 33 幢	共 19 幢
建築特色	大廈採用第一型（即 H 型或工字型）	黃大仙祠西部有 14 幢（即第 1 至 15 座，不設第 13 座），屬長型樓宇設計，長方形中間有突出部分，為公廁所在，樓高 7 至 12 層；東部有 5 幢（即東、南、西、北及中座），1965 年落成，史上首批樓高 20 層、設升降機的廉租屋邨（第一個廉租屋邨鯉魚門道邨只有 7 層）。
設施	開放式的公共廁所	屬舊式廉租屋邨，須兩戶共用一個廁所。
管理	較寬鬆，較少理會居民改動或加建，各戶多佔用走廊作煮食用途。	有嚴格管理和限制，包括門窗顏色設計、窗花、電線、鐵閘等，均需統一。

隨著歲月的洗禮，黃大仙邨的徙置大廈和廉租屋已日漸殘舊，其建築規格也不能滿足香港市民日高的生活素質要求。有見及此，政府逐步展開重建工程，下邨的徙置大廈於 1980 至 1991 年間清拆重建。該地近龍翔道，各樓宇均以「龍」命名。至於政府廉租屋邨的上邨，工程則於 1996 年動工，樓宇以與「仙」字諧音的「善」字命名，既表示與黃大仙祠的淵源，也體現黃大仙儒釋道三教同源、導人向善的精神。

	黃大仙徙置大廈（下邨）		黃大仙政府廉租屋（上邨）	
原幢數	共 33 幢		東部 5 幢	西部 14 幢
重建時間	1980 至 1991 年間分批展開重建		2002 年開始重建	1996 至 2002 年間分批展開重建
落成時間	1989至1991年間一邨*落成	1982至1995年間二邨落成	/	2000至2001年間分兩期落成；2009（詠善樓）
樓宇數目	共 9 幢	共 15 幢	/	共 8 幢
樓宇名稱	一邨按座數先後有：龍達樓、龍豐樓、龍裕樓、龍逸樓、龍榮樓、龍華樓、龍順樓、龍康樓、龍澤樓。	二邨按座數先後有：龍福樓、龍吉樓、龍輝樓、龍光樓、龍樂樓、龍安樓、龍盛樓、龍興樓、龍智樓、龍慧樓、龍禧樓、龍滿樓、龍和樓、龍昌樓、龍泰樓。	改建為黃大仙廣場、露天及有蓋停車場等。其後原屬臨時停車場的部分土地改建為過渡性房屋「可悅居」。	按座數先後有：普善樓、倡善樓、啟善樓、達善樓、耀善樓、昭善樓、溢善樓、詠善樓。

* 一邨屬租者置其屋的部分

黃大仙上邨今貌，前身為黃大仙政府廉租屋邨。

屋邨生活點滴

快樂的童年時光

昔日徙置區的環境惡劣，生活艱苦，兒童沒有名貴的玩具，也沒有電子遊戲機和智能電話。但每當憶起兒時生活，黃大仙的老街坊每多會心微笑，關鍵就是街坊鄰里之間的情誼。那時，各家各戶都會打開大門，小朋友可以到處串門遊玩，或在平台上踢波、踢毽，或玩橡皮筋和公仔紙，走廊和樓梯更是捉迷藏的好地方，附近有不少山頭，他們又會上山抓草蜢和「豹虎」（一種類似蜘蛛的昆蟲），過著「知足者貧亦樂」的童年生活。

屋邨遊蹤

第一站

黃大仙祠

在黃大仙港鐵站 B2 出口，回頭即可看到黃大仙祠。該祠建於 1921 年，最初以竹棚搭建而成，經多年增築修建，方有今日規模，現時更被評為一級歷史建築。廟內建築雄偉，金碧輝煌，廟外築有幾道古色古香的牌坊，都是遊客拍照勝地。值得一遊的有正殿旁邊的九龍壁，壁上九龍騰飛，栩栩如生；還有體現三教同源的三聖堂、黃大仙信俗文化館等等。

第二站

新舊房屋現眼前

離開黃大仙祠，一方是黃大仙上邨的公屋，為昔日下邨西部 14 幢廉租屋邨的所在地，另一方是昔日東部 5 幢改建而成的廣場。穿過廣場前行，可一睹房委會最新設置的過渡性房屋「可悅居」；廣場盡頭又可看到行將拆卸的寮屋區，這處正是竹園古村至今留下的十數間舊屋。

第三站

黃大仙下邨

再往前走有一道行人天橋，過橋後可抵達黃大仙下邨新廈。大廈多是相連長型第一款或 Y4 型，為 1980 年代流行的設計，予人濃厚的懷舊氣息。邨內設有中式庭園「龍趣園何鴻燊公園」，其中央廣場內場有一幅龍壁畫，與邨內大廈命名的「龍」字相互呼應。此外，下邨停車場為圓拱頂中庭設計，別具特色；還有令人懷念的冬菇亭，為大家提供追尋屋邨美味的良機。

黃大仙上、下邨平面圖

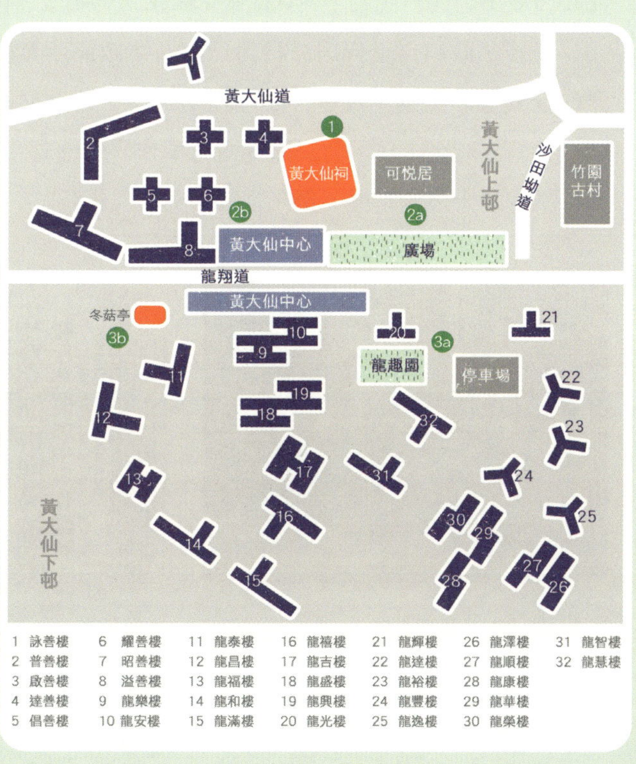

歷史知識知多點

黃大仙邨引發的外交風波

1898 年中英簽訂的《展拓香港界址專條》規定，英方不可迫令新界居民遷移；若政府要收地作公共工程，須作合理賠償。這一點也埋下日後中英雙方爭拗的伏線。

竹園本屬租借新界的範圍，但政府在 1937 年刊憲，將界限街以北至獅子山以南的土地，劃作「新九龍」範圍，以配合九龍區城市發展，區內的新界「原居民」身份也被剝奪。於是，政府於 1957 年遷拆竹園村時，遭當地「原居民」反對，九龍區內其他 12 條古村（如牛池灣、牛頭角、坪石、鯉魚門等）群起聲援，組成「九龍十三鄉聯合支援竹園村民會」，中國外交部亦向英國政府提出抗議。

最後，政府對世代居於村內、擁有清政府所發屋契的居民，給予較佳安置和賠償，遷拆工作才陸續進行，竹園村順利變成了黃大仙徙置區。時至今日，竹園這條古村稱作「竹園聯合村」，只剩下黃大仙祠旁的十幾間石屋，作為這段歷史的見證。

黃大仙祠旁的竹園聯合村，是當年碩果僅存的寮屋。政府於 2022 年宣佈清拆，改建為公屋。現已封村待建。

就竹園村拆遷事件
我外交部再向英抗議
駁斥英覆照中所作辯解
指出中國政府擁有保障港九中國居民的正當權益不受侵犯所應享的權利

為興建黃大仙徙置區而拆遷竹園村，最終演變為外交風波。

（《大公報》，1957 年 9 月 11 日）

牛頭角邨

香江情懷牛頭角

撫今追昔說源流

九龍灣海邊突出的牛角

牛頭角這地名，早見於 1866 年一位意大利神父出版的《新安縣全圖》。在九龍灣填海工程進行前，其海岸線像「牛角」般突出海面，故稱為牛頭角。這個「海角」位於九龍灣和觀塘灣之間，在《香港年鑑 1953 年》收錄的香港全圖，仍可以看到牛頭角海岸線原貌。及至 1960

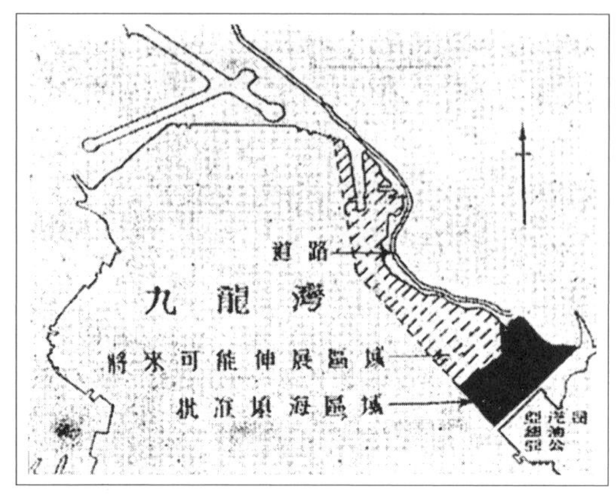

填海將九龍灣一帶的海岸線拉成直線

（《華僑日報》，1954 年 8 月 21 日）

牛頭角村興築公路

農地將被劃去四成

該村農民請求港府改道興建

免致影響八百多名農民生活

政府收回牛頭角村部分土地作修路之用

（《大公報》，1952 年 10 月 19 日）

年代，九龍灣填海工程將海岸線變得平直，「海角」從此消失，大家只能從地名懷緬過去的光景。

從古村到工業區，再改建成屋邨

牛頭角本是偏僻的小村，為九龍 13 條古村之一，位於今日定安街觀塘官立小學附近，建於清嘉慶年間。香港開埠後需要大量石材，而牛頭角位處山邊，是盛產優質花崗石的採石場，一批打石工人聚居於此，村落人口漸增。1899 年當地居民約二百人，至 1952 年增至八百多人。

國共內戰後，來港人民與日俱增，政府將牛頭角等偏遠之地劃為指定地點，容許人們搭建木屋居住，令牛頭角的面貌為之一變。不久後，為配合區內工業發展，政府在 1950 年代收回牛頭角村大部分耕地，以修築牛頭角道，期間又進行填海工程，開闢工業用地，原有海岸線蕩然無存。1953 年，政府為發展大角咀，要求當地店舖和小型工廠遷至牛頭角。此時，區內有不少跟船舶相關的重工業；輕工業則有紡織、塑膠、五金等，加上戰前已落戶於此的淘化大同公司（現為淘大花園），牛頭角漸漸發展成工業新市鎮。

及至1965年，政府為興建徙置大廈，逐步清拆牛頭角村兩百多間房屋，部分村民被安置到油塘灣徙置區。在村民力爭之下，政府答允永久保留該村的大王殿古廟。大家現在仍可以在定安街牛頭角道兒童遊樂場側，找到這個牛頭角村遺留的唯一建築物。

建邨歷程回顧

踏入1960年代，香港人口再創新高，從1950年的230萬人大增至1960年的310萬人，各類房屋供不應求。木屋不斷被清拆，居民雖得到安置，但新的木屋又再湧現，僭建問題始終揮之不去。政府意識到在徙置大廈以外，還需要多建廉租屋邨，以解決低收入人士的居住問題，故於1961年推出廉租屋邨計劃，選址包括牛頭角等地。1963年，政府收回牛頭角山邊的工廠用地，把這個本是石山的地區發展為政府屋邨，工程於1967至1968年完成。

至於徙置區，政府在1965年收回昔日填海所得的工業用地，區內工廠多遷往新蒲崗工廠大廈，並全面清拆牛頭角村，在1967至1969年間建成14幢徙置大廈。至1973年房委會成立，牛頭角徙置區改稱「牛頭角下邨」，而牛頭角政府廉租屋邨則命名為「牛頭角上邨」。

	牛頭角政府廉租屋邨（上邨）	牛頭角徙置區（下邨）
時期	1967至1968年間建成	1967至1969年間建成
樓宇數目	共9幢	共14幢

<table>
<tr><th></th><th colspan="2">牛頭角政府廉租屋邨（上邨）</th><th colspan="3">牛頭角徙置區（下邨）</th></tr>
<tr><td>分區</td><td colspan="2">第 1 至 5 座（甲區）
第 9 至 12 座（乙區）*</td><td colspan="3">第 1 至 7 座為下邨（一區）
第 8 至 14 座為下邨（二區）#</td></tr>
<tr><td>層數</td><td colspan="2">約 20 層</td><td colspan="3">16 層</td></tr>
<tr><td>設計</td><td>第 1 至 5 座為早期新式政府廉租屋有獨立廁所，設升降機，全為長型設計大廈，單位較闊大。</td><td>第 9 至 12 座為舊式的政府廉租屋，沒有獨立廁所，兩戶共用一廁，設升降機。</td><td>第 2、3、6、7 座屬第四型徙置大廈，有獨立廚廁，是首批設升降機的徙置屋邨，但只停 9 樓和 14 樓。</td><td>第 1、4、5 座屬第五型徙置大廈，單位設獨立廚廁，走廊更寬闊，有更多不同面積單位。</td><td>第 8 至 14 座屬第五型徙置大廈，各座常以長走廊貫通。</td></tr>
</table>

* 因原有選址改建其他建築，故沒有第 6 至 8 座。
# 1973 年起劃分為一區和二區，以便管理。

隨著歲月流逝，牛頭角邨樓齡日高，設施日漸老舊，衛生問題嚴重，故已於 1998 年後陸續拆卸重建，其中下邨（二區）是最後一個市區徙置區重建項目。

牛頭角徙置區下邨第 8 座

	牛頭角政府廉租屋邨（上邨）		牛頭角徙置區（下邨）	
	甲區	乙區	一區	二區
重建工程	2003 年清拆及展開工程	1998 年清拆，2000 年展開工程。	2004 年清拆及展開工程	2010 年清拆，2011 年起展開工程。*
	重建成為「牛頭角上邨第二／三期」，2009 年起入伙。	重建成為「牛頭角上邨第一期」，2002 年起入伙。	2012 年起入伙	2015 年貴華樓入伙
現有建築	常興樓、常盛樓、常富樓、常泰樓、常康樓、常榮樓	常滿樓、常悅樓、常逸樓	貴亮樓、貴月樓、貴顯樓、貴新樓、貴輝樓	貴華樓、牛頭角公園（2015 年落成）、東九文化中心（預計2024年底啟用）

* 下邨（二區）居民多可原區安置，遷往剛落成的牛頭角上邨第二／三期。

牛頭角上邨今貌，邨中第二和第三期曾奪得 2003 年香港規劃師學會優異獎。

屋邨生活點滴

13 座有落！	牛頭角下邨（牛下）13 座是區內地標，村民乘搭紅色小巴回家，或要在觀塘道下車的乘客，都會高喊「13 座有落」。13 座不但鄰近「邨口」，對面更是九龍灣地鐵站，所以成為「落車」熱點。今日 13 座已消失，但此處仍是車水馬龍，知悉這個集體回憶者又有多少？
長走廊， 一念天堂， 一念地獄？	牛下不少座數都有長長的走廊，單位分佈走廊兩旁，門戶相對。走廊照明欠佳，晚上倍感幽暗，冬天家家戶戶關上大門時，更令居民恐懼不安。然而，這裏是小朋友踏單車、玩橡筋繩、踢足球、捉迷藏的好地方。每逢中秋節，人人提著燈籠、玩蠟燭，往來穿梭，又是另一番光景，另一種回憶。

屋邨遊蹤

第一站

大王殿

從牛頭角地鐵站 B3 或 B4 出口，經牛頭角道上坡道，沿牛頭角道兒童遊樂場內石級下行會見到大王殿。大王殿其實不算是廟宇，只是露天的神壇，當時坊間稱為「大王爺神座」。大王爺是水神，昔日牛頭角位於海旁，居民除耕種外，亦有捕魚為生的，後來有不少海陸豐人遷入，故他們供奉水神以求平安。

第二站

上邨「懷舊角」

沿牛頭角道往九龍灣方向前行，經過觀塘花園大廈燕子樓和聖公會基顯小學，上邨就在眼前。政府重建上邨時在常康樓與常榮樓外加入懷舊元素，將

下邨的生活剪影和人情風貌展現於此，故稱為「懷舊角」。當中既有珍貴的歷史照片，也有下邨茶餐廳作為藍本的佈置，又善用清拆時保留的舊店鐵閘作裝飾，讓人回味昔日「牛下情」。

第三站

下邨「文化廊」

走進牛頭角下邨廣場中央通道，該處設置了文化廊，兩側櫥窗展出昔日店舖的物品；一樓天橋亦有展示大量懷舊物品，旁邊還有兩間玻璃屋，分別模擬舊式公屋單位和互助委員會（互委會）辦事處，洋溢著舊街坊的集體回憶。

第四站

東九文化中心

走到下邨盡處，映入眼簾的先是牛頭角公園（前身為牛頭角下邨八號遊樂場），再往前走是全新的東九文化中心（原址為昔日牛頭角下邨第 8 至 14 座）。在 2024 年 4 月至 7 月間，中心曾經舉辦沉浸式互動體驗「環遊角落」，以藝術科技展現昔日公共屋邨、大牌檔及茶餐廳風貌，讓參加者認識當年社區生活點滴。相信中心啟用後，將會有更多類似的活動。

牛頭角上邨
常滿樓
常悅樓
常逸樓
基顯小學
1
牛頭角道兒童遊樂場
安德道
牛頭角市政大廈
2
常榮樓
常康樓
常興樓
常盛樓
常泰樓
常富樓
3
貴華樓
貴月樓
貴顯樓
牛頭角道
貴新樓
貴輝樓
貴亮樓
遊樂場
東九文化中心
4
觀塘道
牛頭角下邨

牛頭角上、下邨平面圖

歷史知識知多點

人間悲劇促成變革

據葉錫恩（Elsie Elliot）《我眼中的殖民時代香港》所述，1963 年 2 月一個 60 年來最嚴寒的早上，佐敦谷山坡上數十間木屋被政府強行清拆，無家可歸的居民向她求助。她立即趕赴現場，寒風正從山谷無情襲來，眼前有一對老夫婦在風中呆坐、小孩被放在雞籠中避寒，令她大感震驚。

她立即趕赴社署求助，換來的回應是「這些人應當去為他們的家人租一套房子」。面對這種「何不食肉糜」式的態度，她只得約見房屋署署長，答覆竟是「公屋不是為無家可歸的人建的，而是為安置那些從政府希望重新開發的土地上遷出的寮屋居民修建的」，於是她含淚返回現場，其後將苦主慘況訴諸報界。

正如房委會出版的《家：香港公屋四十五年》所言，「事件引起了輿論的關注和社會上的辯論⋯⋯重新調整公共房屋政策，已是刻不容緩」。1964 年，政府提出政策白皮書，建議包括 1959 年前所建木屋的居民將獲徙置，同時放寬入住徙置大廈的資格，涵蓋天災災民、危樓與街邊臨時建築住戶等人，並定下十年興建 190 萬個徙置單位的目標。因此，建屋速度要加快，徙置大廈須向高空發展，第一至三型的大廈只有 6 至 8 層，到牛頭角所屬的第四和第五型，樓層便須增至 16 層。

新任女議員葉錫恩指出
小學改制有缺點
私校受加租威脅應受保障
山區木屋貧民不應被驅遷

葉錫恩當選市政局議員後，即為木屋區貧民發聲，批評政府房屋政策。
（《工商日報》，1963 年 4 月 3 日）

華廈邨

從工廈到屋邨的華麗轉身

撫今追昔說源流

興華邨的鄰居華廈邨

柴灣位於港島東部的山谷地帶，前臨鯉魚門海峽以外海面，三面環山，水源充足，山林茂密。煤油等燃料未盛行時，鄰近居民常來斬柴生火，此海灣亦因而命名為「柴灣」。

柴灣又稱作西灣。據說客家話的發音「柴」與粵語的「西」字音近，

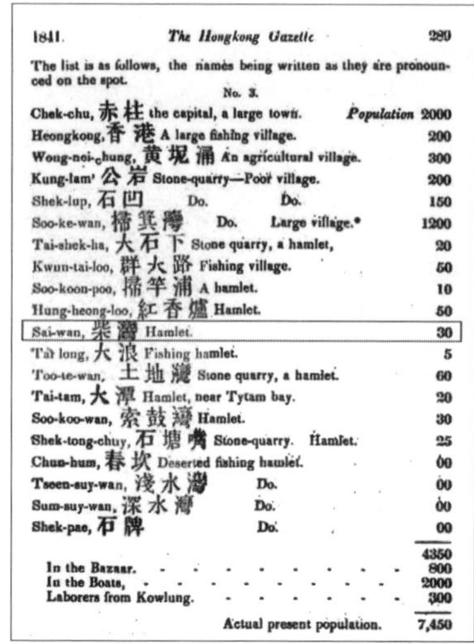

1841. *The Hongkong Gazette* 289

The list is as follows, the names being written as they are pronounced on the spot.

No. 3.

Name	Chinese	Description	Population
Chek-chu,	赤柱	the capital, a large town.	*Population* 2000
Heongkong,	香港	A large fishing village.	200
Wong-nei-chung,	黃泥涌	An agricultural village.	300
Kung-lam'	公岩	Stone-quarry—Poor village.	200
Shek-lup,	石凹	Do. Do.	150
Soo-ke-wan,	掃箕灣	Do. Large village.*	1200
Tai-shek-ha,	大石下	Stone quarry, a hamlet,	20
Kwun-tai-loo,	群大路	Fishing village.	50
Soo-koon-poo,	掃竿浦	A hamlet.	10
Hung-heong-loo,	紅香爐	Hamlet.	50
Sai-wan,	柴灣	Hamlet.	30
Tai long,	大浪	Fishing hamlet.	5
Too-te-wan,	土地灣	Stone quarry, a hamlet.	60
Tai-tam,	大潭	Hamlet, near Tytam bay.	20
Soo-koo-wan,	索鼓灣	Hamlet.	30
Shek-tong-chuy,	石塘嘴	Stone-quarry. Hamlet.	25
Chun-hum,	春坎	Deserted fishing hamlet.	00
Tseen-suy-wan,	淺水灣	Do.	00
Sum-suy-wan,	深水灣	Do.	00
Shek-pae,	石牌	Do.	00
			4350
In the Bazaar.			800
In the Boats,			2000
Laborers from Kowlung.			300
		Actual present population.	7,450

1841 年政府憲報記錄了「柴灣」一地，但英文則寫成「Sai-wan」。

故兩者在昔日是相通的。例如：1841 年政府憲報將此地的中文名字稱為「柴灣」，但英文則用「Sai-wan」，而今柴灣的軍人墳場又稱為「西灣國殤紀念墳場」；1845 年英軍測量船繪製的地圖也將柴灣標示為「Sywan」（西灣），柴灣東側的港灣則寫上「Little Sywan」（小西灣），小西灣一名至今仍然保留。

踏入 1950 年代，政府在柴灣興建徙置區及徙置工廠大廈，1970 年代又將徙置區拆卸，改建為公共屋邨興華邨。區內徙置工廠大廈改建為屋邨大廈時，因毗鄰興華邨，故稱為華廈邨。

從小村落到徙置區，再建工廠徙置大廈

柴灣在清代只是一條小村，在清乾隆年間已有人居住，居民主要以農耕和捕魚為生。區內客家村落羅屋的後人則擁有乾隆三十二年（1767 年）官府發出的屋契。可能居民為數不多，嘉慶二十四年（1819 年）編撰的《新安縣志》村莊名錄並沒有「柴灣」。據政府憲報的人口普查資料，1841 年時柴灣人口只有 30 人，至 1891 年增至 208 人。到二十世紀初期，柴灣仍是僻處一角、未曾開發的鄉郊區域。

柴灣工廠大廈落成
容納小廠三百多家

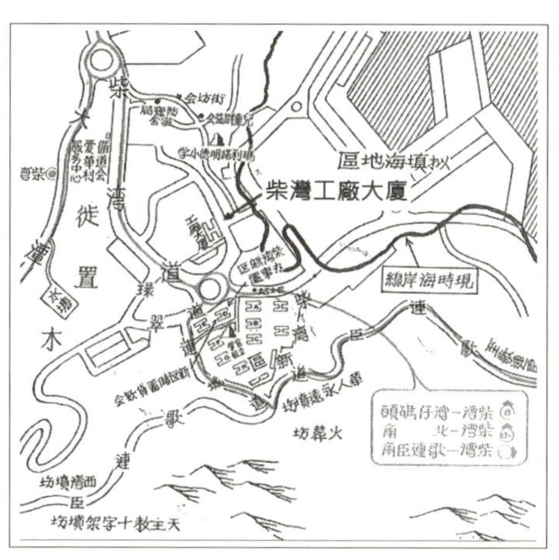

柴灣工廠大廈（現為華夏邨）落成
（《工商日報》，1959 年 4 月 21 日）

1965 年香港地圖，圖中標示者為柴灣工廠大廈。

國共內戰後，港府將柴灣等偏遠地區劃為收容區域，區內人民自行搭建的平房和木屋不斷增加。其後，政府在各地大建徙置大廈，柴灣也是選址之列。政府一方面施行填海工程，一方面清拆柴灣原有村落，逐步開發該區，並於 1959 至 1966 年間陸續建成 27 幢徙置大廈，將此地拓展為漁業和工業城市，令柴灣人口在 1968 年增至八萬之多。

為配合香港工業發展，政府在 1957 年於長沙灣建成全港首幢徙置工廠大廈，1959 年再於柴灣興建第二幢，以容納來自銅鑼灣、北角、筲箕灣等木屋區的山寨式工廠和家庭式小手工業。此舉亦可以為區內市民提供就業機會，養活許多屋邨家庭，可謂一舉兩得。

建邨歷程回顧

踏入 1990 年代，隨著香港工業漸趨式微，這類大廈紛紛面臨拆卸重建的命運。1996 年，元朗徙置工廠大廈是首幢被清拆的大廈，當時社會迴響不大。到 2012 年，全港只餘下柴灣的最後一幢同類大廈，三百多個單位中剩餘十個租戶繼續營業。這個彌足珍貴的歷史建築岌岌可危。

當時，房委會宣佈清拆柴灣徙置工廠大廈，社會各界大感可惜，要求保育的聲音四起。當局於是採用兩全其美的方法，仿照保育美荷樓的方式，將工廈活化為公共屋邨，一方面繼續原有的公屋發展計劃，一方面將全港碩果僅存的 H 型徙置工廈保存下來。2016 年，改建工程完成，工廈活化為「華廈邨」，邨內的唯一樓宇則定名為「華欣樓」。

華廈邨改建工程既要維持建築的基本結構不變，保存工廈的歷史特色，又要改善樓宇的環境和設施，預料施工難度和成本相當高。柴灣徙置工廠大廈的設計屬徙置區一型（H 型），工業用途的單位需要非常大的負重量，故樓高只有五層。全幢 378 個單位，每個單位面積只有 190

華廈邨大堂分別設有介紹活化工程和屋邨歷史的展覽區

華廈邨中庭園林環境幽美

平方呎，不設獨立廁所及升降機，故改動之處實在多不勝數。

第一步是泥土淨化工程，確保土質沒有污染物殘留。單位面積則重新劃分，變成 190 至 410 平方呎等十款不同間隔，故單位減至 187 個。每個單位要重新設置洗手間及廚房，亦加裝兩部升降機以便居民出入。地面樓層還要加設保安櫃位和出入口大閘，並增加物業服務辦事處、互委會辦事處、舖位等基本配套。

華廈邨還設有歷史展覽區，中庭加設了園林；天台則是休憩區域，有健身設施及綠化苗圃，力求在保育歷史建築時，保證居民的生活素質。

屋邨生活點滴

走入尋常百姓家的勞工

踏進 1960 年代，香港工業迅速發展，工廠訂單應接不暇，為了節省成本和準時交貨，興起了「外發」的生產模式。工廠會將製衣、塑膠玩具、飾物等產品的簡單工序外發，由廠車將半製成品送到鄰近的屋邨和徙置區，讓邨內街坊加以承接，常見的有製衣廠的「剪線頭」、塑膠廠的「穿膠花」、玩具廠的「貼貼紙」或上色等，不一而足。此時各屋邨單位化身成「工場」，由母親帶領一家大小「工作」，幫補家計。

除了「走出去」，還要「引進來」。每逢暑假來臨，一眾學生不是衝出香港去旅行、上各式興趣班和補習班，而是到工廠大廈當暑期工。房委會資助房屋小組前主席黃遠輝，憶述其小學六年級在柴灣徙置工廠大廈當暑期工的經歷。12 歲的他日薪 5 元，工作主要為釘裝學校訂購的校簿，他還笑説工作簡單，並不辛苦。

屋邨遊蹤

第一站

華廈邨外圍

從柴灣站 B 出口走出地面，即可看見活化後的華廈邨。沿屋邨的外圍繞行一周，可觀察昔日五層徙置區一型（H 型）的設計，留意工廈改建為屋邨後的各種改動，並欣賞地舖既古老又富香港特色的雕花鐵閘，還可到華廈邨地下的庭園和展示區，細看相關珍貴圖片，以及各種昔日工廈用具和工業製成品，當中可能有大家熟悉的玩具和家具，從而勾起封塵於腦海的往事。

第二站

羅屋

離開華廈邨，沿吉勝街前行，可以參觀羅屋民俗館。它是柴灣區內唯一法定古蹟，建於清乾隆年間，

戶主是羅姓客家人，故名「羅屋」。羅屋屬典型的三間兩廊式客家民居，中間設有天井，天井兩旁是房間、廚房和雜物房。屋外空地俗稱「禾坪」，為昔日村民曬穀的地方，仍保留至今；屋內展品包括舊式家具、農具、日用品等，大家從中可以看到柴灣區的昔日風貌。

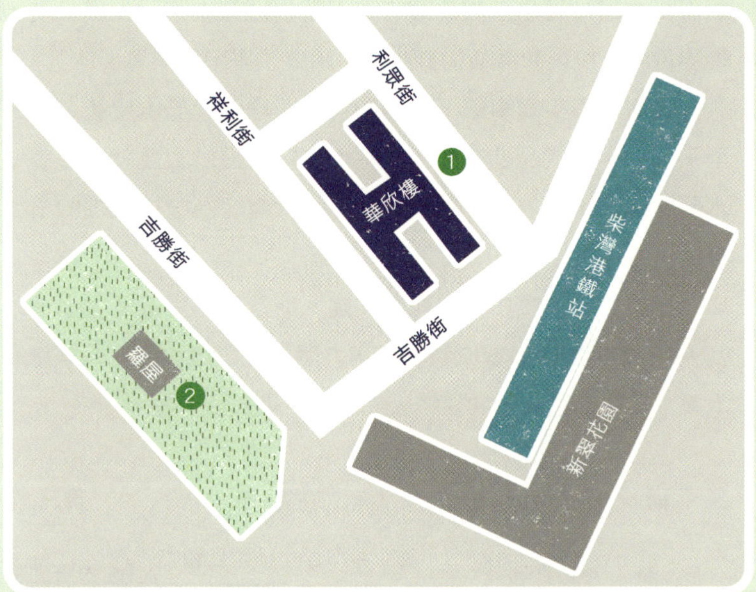

華廈邨平面圖

從木屋山寨廠，走進徙置大廈

1950 年代初朝鮮戰爭爆發，美國對中國實施貿易禁運，本港不能再從事轉口貿易。與此同時，大量內地資本家和人民來港，所提供的資本、技術和廉價的勞動力，締造了香港工業發展的契機。

當時，不少從事輕工業的山寨式工廠開設於木屋區，有些替大型工廠的半製成品進行加工，為低下階層提供大量就業機會。隨著木屋區清拆，政府同步興建徙置工廠大廈，為被迫搬遷的小型工廠提供新的經營場所。

徙置工廠大廈由工務司署興建、徙置事務處管理，全港共有八個。1973 年房委會成立後建成第九個徙置工廠大廈——九龍灣工廠大廈，仍用徙置大廈的建築設計，但已是最後一幢。

名稱	落成年份	幢數	類型	現況
長沙灣 工廠大廈	1957 至 1965 年	6	第 1 至 3 座：H 型五層 第 1A 座：平房 第 4 至 5 座：I 型七層	2006 年拆卸，已改建為元州邨。
柴灣 工廠大廈	1959	1	H 型五層	2011 年因清拆計劃而空置，2012 年起改建為華廈邨。
佐敦谷 工廠大廈	1959	1	H 型五層	2005 年全部拆卸，已改建為彩霞道休憩處。
大窩口 工廠大廈	1961 至 1966 年	3	第 1 座：H 型五層 第 2 座：I 型四層 第 3 座：I 型七層	2009 年拆卸，已改建為尚翠苑。

名稱	落成年份	幢數	類型	現況
新蒲崗工廠大廈	1962 至 1965 年	6	第 1 至 4 座：I 型五層 第 5 至 6 座：I 型七層	2006 年拆卸，已改建為景泰苑、青少年全人成長中心（東蒲）等。
觀塘工廠大廈	1966	2	I 型七層	2009 年拆卸，已改建為宏利廣場。
元朗工廠大廈	1966	1	I 型七層	1996 年拆卸，已改建為鳳庭苑。
葵涌工廠大廈	1966 至 1973 年	4	I 型七層	2002 年拆卸，已改建為葵涌邨百葵樓和合葵樓。
九龍灣工廠大廈	1975	2	I 型七層	2010 年拆卸，已改建為海濱匯。

此後，房委會另外建成的八幢工廠大廈，已屬後期的新式設計，層數大增至二十多層，每座單位數目多達千餘，並增設升降機。現在仍運作的只有葵涌的晉昇工廠大廈和屯門的開泰工廠大廈，均建於 1982 年。另外，建於 1977 年的石硤尾工廠大廈已活化為藝術中心。

2
廉租屋邨發展
屋宇建設委員會房屋

蘇屋邨

著名建築師設計的精心之作

撫今追昔說源流

蘇屋邨之前已有蘇屋村

深水埗蘇屋本來一片荒蕪，茅草處處，舊稱「茅田」。清乾隆四年（1739 年），廣東南頭人蘇庭慶伉儷遷居於此，開墾田地，並生了五個兒子，分為五房，開枝散葉，在當地形成一條小村落，其最初是單姓村落，故稱為蘇屋。後來，雖有外姓人士在此定居，但人們仍習慣稱之為

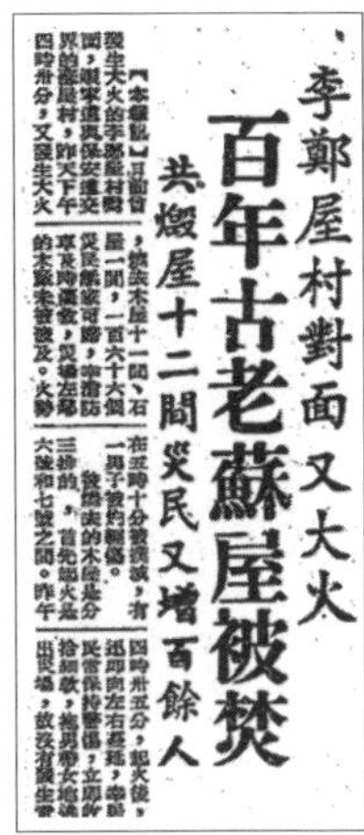

李鄭屋村對面又大火
百年古老蘇屋被焚
共燬屋十二間災民又增百餘人

遭焚毀的蘇屋估計為蘇氏族人所建。
（《大公報》，1960 年 2 月 16 日）

政府已預撥十萬元
籌建蘇屋村廉價屋
渣華街大廈短期可落成
租賃條件迄今仍未宣佈

政府早已策劃興建廉租屋邨蘇屋邨的工作
（《工商晚報》，1956 年 9 月 29 日）

蘇屋村或蘇屋鄉，情況與鄰近的李屋和鄭屋相似。到 1950 年代，屋建會在此建成廉租屋邨，亦沿用名字「蘇屋」，稱之為蘇屋邨。

早期廉租屋邨、亞洲最大型的住宅計劃

香港人口從 1945 年的 60 萬大增至 1949 年的 200 萬，其中木屋居民多達 30 萬，蘇屋村一帶也是木屋林立。在 1949 年 12 月和 1954 年 10 月，蘇屋村曾發生兩次木屋大火，前者導致無家可歸的災民有 2,500 人，後者接近 10,000 人。1953 年石硤尾大火後，政府一方面成立徙置事務處，興建徙置大廈，以安置災民和木屋區住戶；一方面又成立屋建會，興建廉租屋邨，長遠改善低收入家庭的生活環境。該會首兩個項目是 1958 年落成的北角邨和西環邨，而第三個項目則為蘇屋邨，建成後有大廈 16 幢，單位多達 5,314 個，遠超北角邨和西環邨的總和，為當時亞洲規模最大的住宅發展計劃。

建邨歷程回顧

興建蘇屋邨的計劃在 1955 年提出，1956 年初完成土地測量工作。因工程浩大，須由政府發展基金貸款五千萬，並由英國撥出十萬英鎊作為經費，餘額則由屋建會承擔。1957 年，政府在區內遷拆木屋、收回農地、遷葬山墳；在 1958 年完成地盤平整工程，建築工作隨即正式展開。是項建築工程規模龐大，分為四期動工，分別聘請不同建築師樓負責。第一幢 S 座杜鵑樓於 1960 年中落成入伙，全邨到 1963 年正式完工，歷時大約 8 年，共建成 16 幢樓高 8 至 18 層的大廈。

<table>
<tr><th>期數</th><th>樓宇 *</th><th>建築師行</th><th>落成年份</th><th>單位數目</th></tr>
<tr><td>一</td><td>杜鵑樓（S 座）、海棠樓（T 座）、茶花樓（U 座）</td><td>Messer. Leigh & Orange</td><td>1960</td><td>1,768</td></tr>
<tr><td>二</td><td>百合樓（P 座）、彩雀樓（Q 座）、荷花樓（R 座）</td><td>Mr. H. S. Luke</td><td rowspan="2">1961</td><td>729</td></tr>
<tr><td>三</td><td>楓林樓（E 座）、丁香樓（F 座）、金松樓（G 座）、綠柳樓（H 座）、櫻桃樓（I 座）#</td><td>Mr. W. Szeto</td><td>1,030</td></tr>
<tr><td>四</td><td>劍蘭樓（M 座）</td><td rowspan="2">Mr. Chau & Lee</td><td>1962</td><td>174</td></tr>
<tr><td>五</td><td>牡丹樓（A 座）、蘭花樓（B 座）、壽菊樓（C 座）、石竹樓（D 座）</td><td>1963</td><td>1,610</td></tr>
</table>

* 蘇屋的「蘇」字可解作香草「紫蘇」，故所有大廈均以植物花卉命名。

\# 這五座大廈是香港首批採用 Y 型設計的公共房屋

蘇屋新村廉租大廈
S座落成月中入伙

蘇屋邨杜鵑樓快將入伙
（《工商晚報》，1960年6月24日）

經歷四十多年的歲月洗禮，蘇屋邨漸漸老化，居民生活亦感不便。房委會認為大規模維修工程花費不菲，不合乎成本效益，便於 2006 年決定將屋邨分兩期清拆重建。

年份	重建工作進展
2008	第一期共十幢樓宇的居民遷出（劍蘭、楓林、金松、牡丹、蘭花、壽菊、石竹、丁香、綠柳及櫻桃樓）。
2011	第一期清拆工程完成。
2012	第二期共六幢樓宇的居民遷出（百合、荷花、杜鵑、彩雀、茶花及海棠樓）。
2013	全邨正式重建。
2016	第一期首六幢樓宇重建完成，沿用舊屋邨樓宇的名稱（蘭花、壽菊、牡丹、金松、綠柳及櫻桃樓），樓高 22 至 29 層不等，提供 2,917 個單位。
2018	第二期第一幢樓宇茶花樓重建完成，樓高 22 至 40 層，提供 380 個單位。
2019	第一期劍蘭及石竹樓和第二期另外五幢樓宇（杜鵑、百合、荷花、彩雀及海棠樓）重建完成，提供 3,146 個單位。

屋邨生活點滴

樂隊 Beyond 成員 黃家強、黃家駒	據《我們都在蘇屋邨長大》中黃家強所述，他們一家七口居於茶花樓 3 樓 338 室，父母佔用睡房，大廳則放了兩張「碌架床」，年紀最小的家強與二哥家駒睡在上層，下層留給兩位姊姊，大哥則睡在廳中沙發。閒時兄弟二人喜歡到屋邨的後山玩耍，偶爾也會爬上燕子亭頂聊天。後來家駒與鄰居一起玩音樂，家強也仿效哥哥學結他，自此展開了二人的音樂之路。
藝員林嘉華	據林嘉華所言（同上書），他一家居於壽菊樓，廁所是蹲廁，家中用一塊布簾分隔睡房和大廳。因各單位面向走廊的外牆上方，設有氣窗，有時忘記帶鑰匙，他會從那裏爬入屋內。他愛到屋邨後山和邨內的雪屐場玩耍。屋邨組成互委會後，出任委員的他，還負責編排守夜的更表，晚上一班年青人會拿著木棍，坐在地下電梯大堂看守。
歌神許冠傑	許冠傑在無綫電視攝製的特輯《人生多麼好》內憶述，他從鑽石山的石屋，搬進蘇屋邨彩雀樓 12 樓 1214 室。住進有電梯的多層大廈，對他來說已是「天堂」。1964 年，他與邨中好友組成樂隊，眾人會到其中一位居於 10 樓的成員家中練習，有時也會在電梯大堂高歌。遇上管理員到來驅趕，他們會暫避，之後又再伺機出動。閒時，他也愛在走廊上看日落，荔枝角的海景盡收眼底，令他回味至今。

重建前的蘇屋邨舊貌

屋邨遊蹤

第一站

金漆大門牌

蘇屋邨已經重建，新舊建築不可同日而語，但仍保留了不少具歷史意義的建築物或構件，加上屋邨歷史的展覽和陳設，恍如走進昨日蘇屋的時光隧道，懷緬昔日屋邨時光。

屋邨入口門廊的金漆大門牌是「蘇屋邨三寶」一員。牌匾並非蘇屋邨落成時的舊物，是 1970 至 1980 年代才有的，但因其地理位置，位處昔日杜鵑樓前方，並面向人來人往的保安道，所以變成了蘇屋邨的標記。

第二站

小白屋

位於綠柳樓側的「小白屋」同列「蘇屋邨三寶」，是販售和儲存煤油（火水）的地方，也是昔日港人使用

火水爐煮食的歷史見證。相信慣用煤氣和電磁爐的新一代，已不知道甚麼是「火水」。

第三站

楓林樓

昔日楓林樓最低兩層的建築，以及地下大堂結構，均得到保育和復修，現重現昔日居民的生活環境及展示昔日蘇屋邨具歷史價值的物品，還少不了蘇屋街坊歌神許冠傑登台的服裝及經典黑膠唱片。這獲保留的單位約 371 呎，當年居住了一個八人家庭，屬典型一房一廳的間隔。

第四站

蘇屋郵政局

舊建築物如前屋邨辦事處，是昔日邨民排隊交租的地方，今日活化為郵政局。辦事處樸實的現代主義建築風格，典雅的鍛鐵窗花，讓人重拾集體回憶。英國雅麗珊郡主（Princess Alexandra）曾在 1961 年 11 月 8 日到訪，並栽種了一棵櫻桃樹，居民稱為公主樹。今日大樹仍屹立於前屋邨辦事處旁邊。

第五站

燕子亭

蘇屋邨另一寶物就是櫻桃樓旁的燕子亭，經修復後保留於原址。亭子外形如飛燕展翅，是昔日街坊閒聊之地，也是邨中孩童的遊樂場，他們喜歡爬上亭上躺著仰望天空。該亭內有一幅以蘇屋邨全貌為主題的拱型天花壁畫，是 1998 年房委會與香港壁畫學會合作，為推廣公眾藝術而在公共屋邨所繪的 12 幅壁畫之一。房屋署請來原畫師麥榮重新上色，再現這幅歷史性作品。

蘇屋邨平面圖

歷史知識知多點

一代名建築師的成就與遺憾

蘇屋邨的設計出自著名建築師甘洺（Eric Cumine）之手，他祖籍蘇格蘭，生於上海，於倫敦修讀建築，其後在上海開設建築師事務所，以設計高尚住宅聞名，並出任業餘騎師十多年。他在 1949 年來港發展，因能操流利英語、上海話和廣東話，成功遊走香港政商各界，1960 年獲委任為太平紳士，1972 年獲選為賽馬會董事。他因長袖善舞，故獲委託設計不少重要工程，包括前啟德機場客運大樓、舊廣華醫院、浸會大學大專會堂、澳門舊葡京賭場等。

在有限資源下，甘洺為蘇屋邨加入人性化設計，自上而下，自南至北，順山勢而建，讓樓宇分佈於不同高度之上，錯落有致，大量單位可觀賞山景或海景，有利對流通風。他又重視天然採光，並盡量安排各式綠化和公共休憩空間，為居民營造舒適的生活空間。由於建築工程龐大，他又邀請其他華人建築師參與設計不同座數，令屋邨風格在統一中充滿變化，避免標準化所帶來的壓迫感。

遺憾的是，1980 年代甘洺設計尖沙咀海港城時，被業主九龍倉集團控告。集團指控他在廣東道的數個商場入口設計了 U 型的中庭空間，未能用盡地積比率，令集團少了幾個出租單位，損失租金不菲。官司歷時十多年，最終上訴至英國樞密院。甘洺雖然勝訴，但已蒙受聲譽和金錢的損失，且判決時已離世，遺憾終生。此後，不少香港建築設計日趨商業化，「賺到盡」的思維成為揮之不去的夢魘。

馬會董事史丹頓退休
今日大會選人補缺
李福和甘洺呼聲高

圖為被提名競選馬會董事的李福和（上）及甘洺（下）

左下方為設計蘇屋邨的名建築師甘洺
（《工商日報》，1972 年 9 月 27 日）

彩虹邨

香港最美屋邨

撫今追昔說源流

雨後現彩虹，古村建新廈

彩虹邨是香港早期的公共屋邨，有「香港最美屋邨」之稱。該邨興建於九龍十三鄉的牛池灣、沙地園、元嶺和坪頂之間，昔日是一大片平坦的農地，夾雜一些鄉村小屋，臨近啟德機場，可遠眺寬闊的維多利亞港。據説雨後海面折射陽光，美麗彩虹會浮現眼前，故東九龍一帶有一

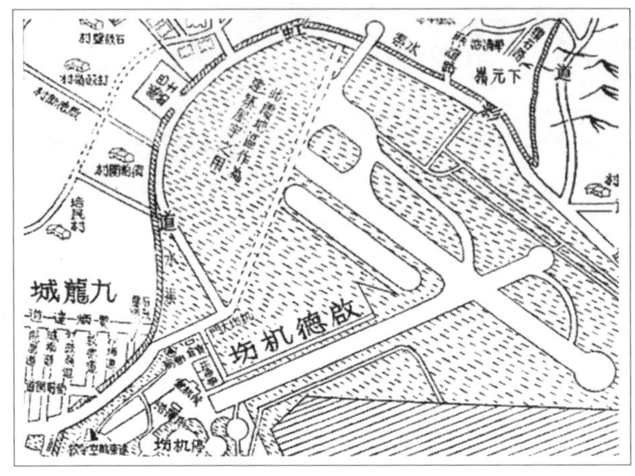

《香港年鑑 1960 年》地圖出現彩虹道，在道路擴闊和重整工程之前，同一地段道路名叫清水灣道。圖右上角一方為今日彩虹邨位置。

村落稱為「彩虹村」。

1950 年代，政府發展東九龍，擴展啟德機場，改善清水灣道交通，須清拆當地包括彩虹村在內的村落，新建的道路也稱為彩虹道，故 1960 年的九龍地圖已有彩虹道出現，時間比興建彩虹邨早數年。待日後修建屋建會屋邨時，政府就沿襲這個名字，落成後定名為「彩虹邨」。彩虹邨各幢樓宇也用「顏色」命名，邨內道路名字亦取自紅、橙、黃、綠、青、藍、紫七種顏色，毗鄰的港鐵車站後來亦稱為彩虹站。

收回土地，遷拆舊村

九龍十三鄉包括沙埔、衙前圍、竹園、大磡、元嶺、沙地園、坪頂、牛池灣、坪石、牛頭角、茜草灣、茶果嶺、鯉魚門，是香港歷史悠久的古村，分佈於九龍灣海旁，橫跨今日九龍城、黃大仙及觀塘區。歷史最長的有建於元代的衙前圍，牛池灣則見於清嘉慶《新安縣志》，竹園和大磡等地也曾出現於古代文獻，都是英國人租借新界前已建立的村落。

1958 年，政府宣佈收回元嶺、沙地園、坪頂、牛池灣四鄉的部分土地，遷拆區內 27 畝平地上房屋田地，以發展屋建會第四個廉租屋邨——彩虹邨。四鄉居民聯手反對，召開記者招待會申訴，又致函港督和英國政府據理力爭，但最終敵不過迫遷的命運。區內兩百多間房屋在 1960 年被夷為平地，而牛池灣和元嶺受影響村民則獲准在沙田坳道鳳凰村建屋居住。

當時四鄉村民認為「彼得所兮余失所」，在他們的家園上興建彩虹邨，等同將別人的快樂建築在自己的痛苦之上。

昔日九龍十三鄉	與今日彩虹邨的地理關係
沙地園鄉	原於元嶺鄉對出海邊，大約是今日彩虹巴士總站、承啟道迴旋處一帶。日佔時村民被驅趕到元嶺租地定居。
元嶺鄉	現今鑽石山火葬場、斧山公園和志蓮淨苑一帶。
坪頂鄉	位於斧山道游泳池一帶，在牛池灣鄉和元嶺鄉之間，北面約今日斧山邨，南至彩虹巴士總站。
牛池灣鄉	在彩虹地鐵站上，東起牛頭角，西至斧山道，上至彩雲，範圍最廣，因建彩虹邨而被收回的房屋田地最多，被拆房屋過百，佔四鄉的一半。

彼得所兮余失所
拆屋讓人建廉租屋
牛池灣鄉民表不滿
明天招待記者呼籲各界支持

有關牛池灣鄉民抗議政府收地建彩虹邨的報道

（《大公報》，1960 年 6 月 18 日）

建邨歷程回顧

1960 年，政府收回九龍四鄉土地，交由屋建會興建大型廉租屋邨。工程由老牌建築工程公司巴馬丹拿（Palmer & Turner Group）負責，其著名項目包括香港第一座康樂大廈、交易廣場、希爾頓酒店等，在業界享有盛譽。

第一期工程在 1962 年 8 月完成，首幢建成的紫薇樓有 20 層高，設有四部升降機。樓宇屬舊長型設計，走廊設於每層中央，單位分佈兩旁，一邊為四人，另一邊為六人，均有獨立露台和廚廁。最後一期工程在 1964 年 7 月完成。

彩虹邨設計融入包浩斯風格（Bauhaus），大廈外形方正，以直線和橫線的結構為主，整齊有序地組合成 T 型和 L 型。建築實用簡樸、線條簡約，不講求多餘裝飾，適合當時大規模修建公屋時須符合成本效益的要求。全邨共有八幢 20 層高長型大廈，以及三幢 7 層高相連的低座大廈。此後，區內五所中小學校、街市、商舖等陸續建成，配套齊全。

彩虹邨完成第一和第二期工程後，由港督柏立基（Robert Black）於 1963 年 12 月 18 日主持開幕典禮。其後因其設計獨特，在 1965 年更奪得香港建築師學會銀牌獎，堪稱當時公共房屋的典範。

廉價屋最大計劃
清水灣道興建
七千六百層樓
容納四萬餘人年底動工

有關彩虹邨正式動工的報道
（《工商晚報》，1960 年 6 月 27 日）

<table>
<tr><th>期數</th><th>落成年份</th><th>樓宇</th><th>每幢層數</th><th>每層伙數</th><th>每幢單位數目</th></tr>
<tr><td rowspan="2">一</td><td rowspan="2">1962</td><td>紫薇樓（第 1 座）</td><td rowspan="5">20</td><td rowspan="5">40</td><td rowspan="5">800</td></tr>
<tr><td>丹鳳樓（第 2 座）</td></tr>
<tr><td rowspan="5">二</td><td rowspan="5">1963</td><td>綠晶樓（第 3 座）</td></tr>
<tr><td>白雪樓（第 4 座）</td></tr>
<tr><td>碧海樓（第 7 座）</td></tr>
<tr><td>金碧樓（第 9 座）</td><td rowspan="2">7</td><td>48</td><td>336</td></tr>
<tr><td>金華樓（第 10 座）</td><td>32</td><td>224</td></tr>
<tr><td rowspan="2">三</td><td rowspan="4">1964</td><td>翠瓊樓（第 5 座）</td><td>20</td><td>40</td><td>800</td></tr>
<tr><td>金漢樓（第 11 座）</td><td>7</td><td>30</td><td>210</td></tr>
<tr><td rowspan="2">四</td><td>紅萼樓（第 6 座）</td><td rowspan="2">20</td><td rowspan="2">40</td><td rowspan="2">800</td></tr>
<tr><td>錦雲樓（第 8 座）</td></tr>
</table>

願彩虹再現，望人情永續

彩虹邨落成時，只有 8 幢 20 層大廈有升降機。2011 年前後，房委會為金漢樓、金碧樓、金華樓 3 幢 7 層高的相連式大廈加設升降機，提升居民生活素質。此外，為美化外觀，各大廈外牆刷上彩虹七色，連球場平台亦是色彩斑斕，2014 年時雖減去紅、青兩色，但仍吸引無數遊客和市民前往「打卡」。

由於彩虹邨樓齡較高，政府於 2024 年 11 月公佈了重建方案，11 幢樓宇分三期重建。第一期工程最快於 2028 年展開清拆，可提供約 3,200 個單位，供第二期受影響住戶入住，預計需時 15 年。為加強大眾對重建工作的認識，房委會於邨內設置彩虹生活館，介紹屋邨歷史和重建安排。

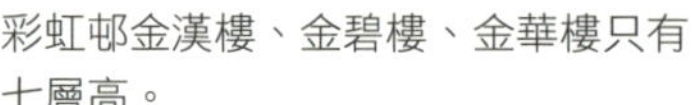

彩虹邨金漢樓、金碧樓、金華樓只有七層高。

清拆前特設的彩虹生活館

期數	預計落成年份	清拆樓宇	住戶搬遷地點
一	2028 至 2029 年度	碧海樓、金碧樓、丹鳳樓、兩所空置校舍	新美東邨
二	2035 至 2036 年度	錦雲樓、紅萼樓、金漢樓、白雪樓	重建完成第一期
三	2042 至 2043 年度	翠瓊樓、金華樓、綠晶樓、紫薇樓、停車場	重建完成第二期

彩虹邨初建時舊貌

屋邨生活點滴

「歡樂滿東華」是東華三院和無綫電視合辦的年度大型慈善籌款活動，星級藝員和歌手施展渾身解數，為機構籌募經費。這活動不但是無綫電視每年綜藝節目的重頭戲，吸引全港市民在家觀看，更是一眾公共屋邨傾力籌款的時刻。為爭奪籌款數字最高屋邨的殊榮，每逢 12 月初，各屋邨都會同心合力，推動街坊慷慨解囊。

1980 年代，彩虹邨長居籌款排行前列，更多次籌得最多善款，獲得「慈善屋邨」的美譽。邨內推動最有力者，首推金碧酒家老闆「秋叔」阮秋先生。秋叔因善於團結坊眾，領導能力卓越，連續 18 年出任區議員，故在他帶領下，各大廈的互委會傾力募捐，邨內商販舉行義賣，從而將彩虹邨街坊凝聚起來。

三院籌款成績創下新紀錄
慈善屋邨賽揭曉
彩虹邨蟬聯冠軍
東頭邨石籬邨分列亞季席

有關彩虹邨在「歡樂滿東華」籌得最多善款的報道

（《華僑日報》，1983 年 12 月 3 日）

屋邨遊蹤

第一站

打卡勝地

彩虹邨牆色多姿多彩，加上色彩斑斕、悅目的球場，吸引無數市民和遊客前來「打卡」。再者，外地和本地歌星紛紛到此取景攝製音樂影片，更令此地人氣高企，遠近馳名。

第二站

屋邨舊店

彩虹邨的低座樓宇有不少地舖，例如雜貨店、鐘錶行、舊式理髮店、酒樓、快餐店等，不少已經營了數十年，令時光恍如定格在 1960 至 1970 年代的舊香港。當中金碧酒家是街坊的聚腳地，在邨內屹立五十多年，主打懷舊菜式，平日一位難求，食客宜預先訂座。這處除了餸菜傳來的香味，還有人情味濃的故事。

第三站

開幕牌匾

港督柏立基於 1963 年 12 月 18 日為彩虹邨主持開幕典禮，有關牌匾仍置於金碧樓的入口通道。1965 年，屋邨獲得香港建築師公會（今香港建築師學會）年度最高榮譽「銀牌獎」後，該邨開幕牌匾便掛上該獎牌，上面刻有表揚巴馬丹拿的兩位設計師 Ian Campbell 及 Dick Pang 的名字。

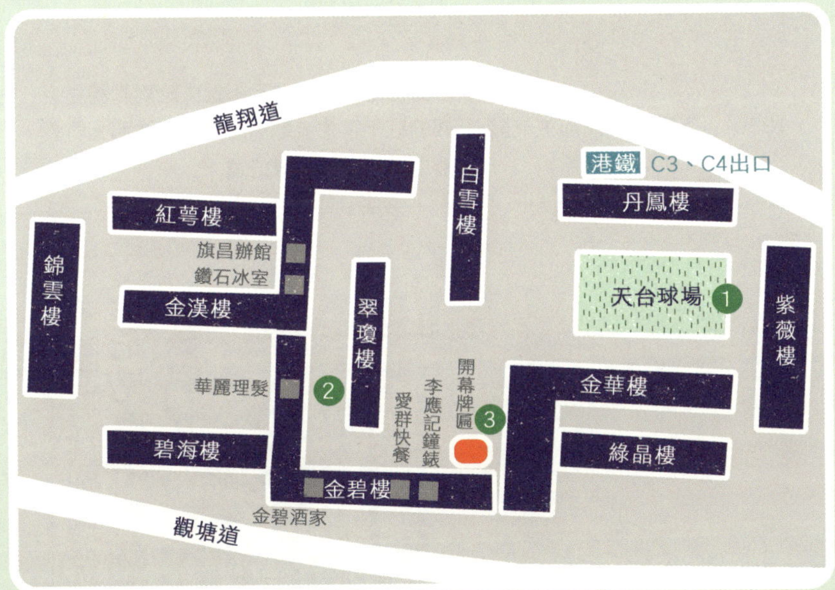

彩虹邨平面圖

歷史知識知多點

香港地少人多，房屋問題嚴峻，惟政府大力興建公共房屋，總算略有所成。因此，外國政要、英國官員甚至皇室成員訪港，常見節目就是參觀公共房屋，而扮演「示範」單位的當然是質素較佳的廉租屋邨了，彩虹邨正是當中的表表者。

年份	探訪名人	活動概況
1964	時任美國副總統尼克遜	到訪彩虹邨，與居民打羽毛球，事後讚揚香港公共房屋建設有一番新景象。
1966	英國瑪嘉烈特公主	逗留約 40 分鐘，巡視商舖，到翠瓊樓探訪住戶崔先生（職業為的士司機）及其家人，並共進茶點。
1980	英國雅麗珊郡主伉儷	由時任港督麥理浩及邵逸夫陪同到訪彩虹邨的紅十字會流動捐血站，中途遇上竹園鄉居民拉橫額抗議迫遷。

美國前任副總統
尼克遜今日訪港

【本報訊】美國前任副總統尼克遜，定今日下午五時五十分乘國泰航機抵港，作為期兩天的私人訪問。

尼克遜抵港後，將由機場逕往一項私人的招待會，該項招待會是此間萬壽製衣廠經理約翰遜為他在香港俱樂部所安排的。其餘的酬酢秩序，亦由約翰遜所安排。

明日上午，尼克遜將拜會本港護督戴斯德，稍後並將與美國駐港總領事艾思其進午餐。

尼克遜將於後日下午二時半，在啟德機場貴賓室接見本港記者，隨即於三時，飛離港。

此次隨尼克遜同來者有美國商務部前任助理部長葛恩斯與百事可樂公共關係主任文德。在來港之前，尼克遜曾訪問東南亞各地，包括新加坡、曼谷、西貢等地。

有關尼克遜訪港的報道
（《工商晚報》，1964 年 4 月 3 日）

福來邨

荃灣首個屋宇建設委員會屋邨

撫今追昔說源流

淺灣變荃灣，福運永來臨

荃灣臨近海旁，古稱「淺灣」，相傳因海灣水淺，退潮時船隻常在此擱淺而得名。《宋史》記載南宋末代皇帝曾南逃到「淺灣」，而明朝《廣東通志》和《粵大記》等書的地圖亦出現「淺灣」一地，足見此地歷史悠久。後來鄉民認為「淺灣」有「龍游淺水遭蝦戲」之意，「意頭」不佳，故改稱「全灣」。由於古代「荃」和「全」兩字相通，故兩者常交替使用，最後由清朝秀才、荃灣鄉紳楊國瑞向政府建議，才統一為「荃灣」。

至於為何稱為「全灣」，新界民政署署長彭德（Ken Barnett）在 1955 年荃灣鄉事委員會會所落成典禮上，曾提出三種說法：一說是此地周圍「全有」陸地遮掩，另一說是柴水食物供應「齊全」，再一說指荃灣地理上屬香港的「前灣」（九龍灣屬後灣），故兩字音近而互通。由於彭德是當時掌管新界的官員，發言場合亦屬正式，故這說法有一定權威性，可補充香港史上空白的一頁。

及至 1960 年代，政府在荃灣曹公潭出海口的填海地，興建廉租屋邨，後來稱為「福來邨」，取其福運齊來之意。事實上，中國傳統社會講求「好意頭」，屋邨命名常會寄予美好的祈願和祝福，令居者心安，社區和睦。

從生人勿近之地，到繁華衛星城市

據說昔日荃灣鄰近港島，位處珠江口之側，海陸交通四通八達，外國商船雲集，故海盜視之為「天堂」。英艦參孫號艦長曾憶述多次在荃

《粵大記》地圖也有記錄「淺灣」，位於葵涌旁，急水門（今汲水門）之下。

灣大戰海盜的經過，1810 年《澳門航道圖》也標注荃灣是海盜出沒處，故本地船隻避之則吉。此外，荃灣位處城門河谷之下，區內河涌縱橫，蚊患嚴重，瘧疾流行，加之河流兩岸山坡有大量有毒植物馬錢子，食水常受污染，令居民時患重病，坊間於是流行「發達去金山，要死去荃灣」的諺語。

英國租借新界之初，荃灣工商業並不發達，只有製香、釀酒、染織等作坊，大小村莊約有 26 條，居民 3,270 人，大多以務農為生，主要聚居於沿海地帶（今海壩村古屋一帶）、城門河谷，以及青衣馬灣等離島。1930 年代，大量修建城門水塘的工人遷入，政府又在此修建了一個市場，帶動當地經濟漸趨活躍。1949 年前後，大量內地人民來港，令荃灣人口大增至八萬，亦帶來大量廉價勞動力，吸引不少內地商人在此設廠，荃灣也蛻變為香港的工業中心。

1950 年代，政府為疏導市區人口，鋭意將荃灣發展為第一個衛星城市，展開大規模填海工程，填平了德士古道至青山公路九咪半的海灣，陸續開闢了楊屋道、大河道、沙咀道等地，創造大量工業及住宅用地。1962 年，政府將一塊填海所得土地，交予屋建會興建廉租屋邨，定名為福來邨。

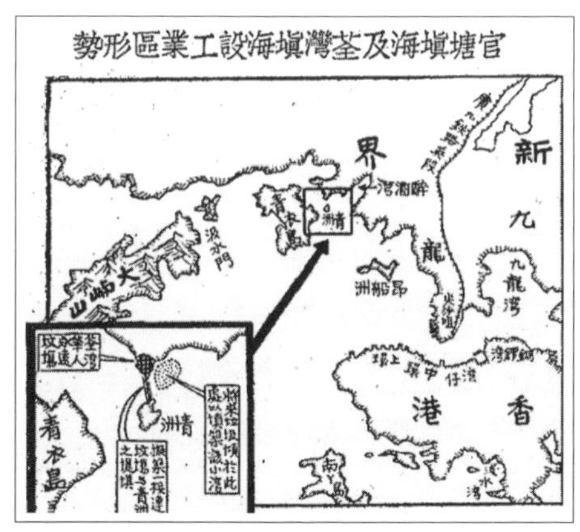

地圖列出荃灣填海工程所在位置

（《華僑日報》，1954 年 9 月 21 日）

屋宇建設委會

荃灣闢福來邨

打樁工程已開始

【中國社】香港屋宇建設委員會，繼[illegible]道彩虹村及官塘和樂村之後，又在荃灣興建另一廉租屋宇村，該村亦經定名爲「福來邨」，乃該會屬下之第七個廉租屋宇邨。

該邨位於荃灣海小輪碼頭附近之新填地，佔地約十六英畝，刻已開始打樁工程，約需時四個月完成後，始招商承建上蓋，該村將來共有二千六百八十個居住單位，可住一萬六千八百人，估計興建費用約需款一千八百餘元。惟該屋宇係分期興建，預料第一期屋宇須俟明年夏季始能完成。

有關福來邨打樁工程的報道

（《工商日報》，1962 年 3 月 26 日）

建邨歷程回顧

1960 年代，屋建會於荃灣興建了其第七個屋邨，也是新界荃灣市中心的首個政府公共屋邨。與同期的觀塘和樂邨一樣，選址設於衛星城市，是首次由政府職系的華裔建築師負責，正是日後的房屋司廖本懷。

福來邨昔日是一片灘頭，鄰近曹公潭出海口，地質鬆軟，故須進行大規模打樁工程，方可建屋。1962 年，待地基工程完成後正式動工，計劃興建 8 幢舊長型大廈。首先建成的是樓高 7 層的永寧樓和永興樓，1963 年中正式入伙；至 1964 年，再建成餘下 2 幢 7 層高和 4 幢 16 層高的大廈，後者設有升降機。

後來，屋建會有意從日本引進「預製混凝土組件」的建築方式，便在福來邨近路德圍一面，多建一幢大廈永隆樓作為試驗。該大廈於 1967 年落成，是全港首次採用預製組件技術築成的公共房屋，大廈亦增至 9 幢，為香港屋邨建築史寫上新一頁。

落成年份	樓宇	每幢層數	每幢單位數目
1963	永寧樓（第 1 和 2 座）	7	224
	永興樓（第 4 和 5 座）		
1964	永昌樓（第 7 和 8 座）		
	永定樓（第 10 和 11 座）		
	永嘉樓（第 3 座）	16	510
	永康樓（第 6 座）		
	永泰樓（第 9 座）		
	永樂樓（第 12 座）		
1967	永隆樓（第 13 和 14 座）	7	224

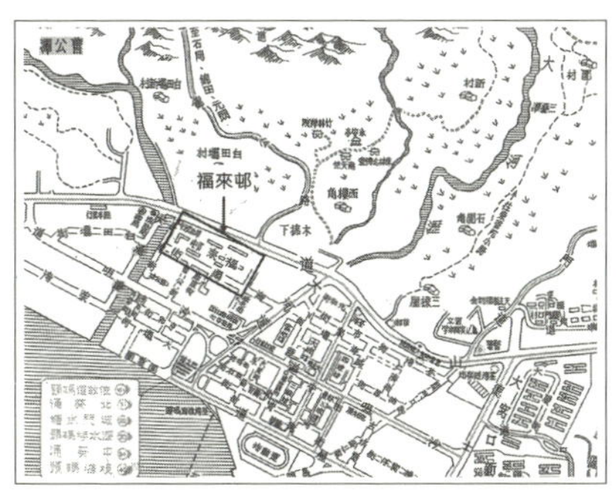

1971 年的荃灣地圖，圖中福來邨在青山道旁，右方的大涌仍在，這一帶正是昔日曹公潭的出海口。

最後落成的永隆樓是香港首幢採用吊嵌預製混凝土牆建成的樓宇

屋邨生活點滴

元老級的屋邨，已老化的社區

落成於 1960 年代的福來邨，是香港現存十大最舊公共房屋之一，已有約 60 年歷史，現時居民以長者為主，是典型的老化屋邨。邨口佇立數棵大樹，偶爾有長者在樹蔭下歇息，閒話家常；舊舖分佈於屋邨外圍，已從昔日的平凡小店變成今日難得一見的非凡老舖；偶爾有小孩在停車場旁空地上玩耍，為此地增添幾分生氣。目睹此情此景，誰會想到此地在 1960 年代是個充滿活力、環境優美、享有獨立廚廁的「高級」平民住宅。

時至今日，屋邨已呈老化，房屋署於 2007 年進行全面結構勘察，結果顯示樓宇飽歷數十年風霜後，已見殘舊，一些樓宇有石屎剝落、地台滲水等問題，但結構仍算安全，故未有計劃拆卸重建。此外，入伙之初，所有 7 層樓宇均沒有升降機，故房委會在 2012 年安裝，以改善居民生活素質。

南豐紗廠編織的荃灣故事

昔日很多人因遠離九龍市區，交通費昂貴，都不願意搬進荃灣居住。及至戰後香港工業迅速發展，大量工廠進駐荃灣，昔日青山道至九咪半變成紗廠、染廠和紡織廠的集中地，今日麗城花園和灣景花園一帶就有南海紗廠、寶星紗廠、東南紗廠的生產基地，不但帶動香港經濟起飛（紡織製造業的產值曾佔整個製造業四成以上），更令荃灣享有「小曼徹斯特」的美譽（曼城為英國紡織業中心）。在荃灣一眾廠房中，由陳廷驊創辦的南豐紗廠名列本港三大紗廠。當時，福來邨為紡織廠提供大量廉價勞動力，每天早上不少邨民走過馬路，在街邊攤檔吃過早餐，再步行到紗廠上班，過著「織織復織織」的生活，養活一家老少，洋溢著獅子山下的精神，這裏就是雜亂中充滿活力的荃灣。

永嘉樓地下有一列舊舖，當中包括舊式辦館。

南豐紗廠是昔日不少福來邨居民工作的地方

屋邨遊蹤

第一站

福來邨

走出荃灣站 A3 出口，眼前是南豐中心（前身是南豐染廠），遠處是愉景新城（部分是昔日的中國染廠大廈廠房）。從行人天橋越過青山公路，經過填海前的海岸線，便走進充滿懷舊味道的福來邨。大家可以在各幢舊式長型大廈間穿梭，欣賞其高低錯落的佈局，或發掘此地埋藏著的港人集體回憶。

第二站

舊式店舖

毗鄰海壩街的永嘉樓及永泰樓，地下仍有不少商舖，當中一些是舊式小店，引人懷緬過去，陶醉於往日時光。要找海味店，不必遠走上環，這處有開業近 40 年的龍記海味，店內散發的不只是海味香，也有濃濃的人情味。此地還有瀕臨絕跡的糧油雜貨店，超市出現前的孩童購物天堂——辦館和舊式文具店，在它們被時代淘汰前，趕快去看看吧！

第三站

南豐紗廠

轉入大涌道往愉景新城方向，就是南豐紗廠舊址。集團創辦人、「棉紗大王」陳廷驊於 1954 年在荃灣開設一至三廠，其後紗廠規模不斷擴大，四至六廠相繼落成，成為香港產量最高的紡織廠。2014 年集團創辦 60 週年之際，其外孫女張添琳決定出資活化尚存的南豐四至六廠，改名為「The Mills」，以保留香港紡織業黃金年代的歷史。場內既有商舖購物區，也設有紡織文化藝術館，介紹紡織業界的歷史故事，更會籌辦各類文化活動、工作坊和藝術展覽。

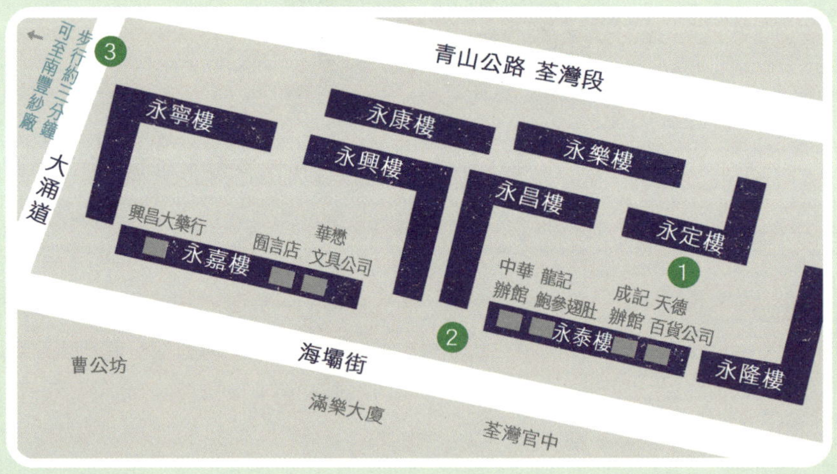

福來邨平面圖

華富邨

坐擁無敵海景的平民豪宅

撫今追昔說源流

雞籠怎樣變華富？

華富邨位處港島西南的一個海灣，昔日稱為雞籠環或雞籠灣，英文名則是「Kellett Bay」（奇力灣），源自英國皇家海軍測量工程師奇力（Henry Kellett）之名。1841 年，他在硫磺號（H. M. S. Sulphur）擔任船長卑路乍（Edward Belcher）的副手，負責測量香港島及其周邊海域的工作，故雞籠環就以他的名字「奇力」（Kellett）命名，作為紀念。順帶

香港

○潔淨局會議　初七日下午潔淨局聚會第一欵是提議雞籠灣華人墳場之事經已畫有一圖由輔政司付與潔局各員閱看擬于一千九百零八年正月一號開設墳場中有地數段將租與東華醫院以為收葬死者之用○第二欵是提議闔人葬地事前有來函言及在九龍城有地一區為闔人墳場今日將圖置在桌上

潔淨局提議將「雞籠灣」華人墳場，租予東華醫院以收葬死者。

（《香港華字日報》，1907年11月13日）

一提，港島第三高峰奇力山（Mount Kellett）及馬灣以南的燈籠洲（又稱奇力島，英文 Kellett Island）等地，也因他而得名。

中文名「雞籠環」則可追溯到清代，那時已有人在此定居，建立村莊，因山上有很多迂迴曲折的小路，遠看就像由竹篾織成的雞籠，故稱為雞籠環村。此處地曠人稀，後枕高山，前擁大海，是華人心中的風水佳地，故逐步發展為有規劃的墳場。廣東話中「環」和「灣」兩字相通，雞籠環和雞籠灣兩個地名都曾經出現在清末時期的香港報章，內容都跟政府將此地發展為墳場有關，難怪「雞籠環等於墳場」的觀念深入人心。

1960年代，興建華富邨時，主建築師廖本懷堅持屋邨不能再用雞籠環這名字。據他憶述，墳場是死人的歸屬，沒有人喜歡入住死人之地；他又希望改名後，人們會漸漸忘記舊名。於是，他與外籍上司商議，決定用鄰近的名勝瀑布灣（Waterfall Bay）為意念，交由中文主任構思，最後一個令人滿意的名字誕生了，就是以「Waterfall」諧音快讀而成的「華富」。

墳地一躍成高樓

1874年的甲戌風災後，政府撥出雞籠環山頭作為義山，埋葬一眾罹難者骸骨，史稱「遭風義塚」，掀開此地作為墳場的第一頁。1907

年，政府擴大雞籠環墳場，交予東華醫院管理，作為華人墓地，期間不少華人社團如同鄉會、善堂、商會等，在此劃出範圍作為義山，也有人在此埋葬親友。1924 年，應旅港潮州總工會和旅港潮州八邑商會請求，政府再批出雞籠環土地興建潮州墳場。結果，雞籠環墳場漸漸形成了公眾墳場、東華醫院墓地、潮州墳場等幾個主要區域。

及至日佔時期，不少死者埋葬在此，據説日軍也在此地掩埋被處決者，墳頭處處，更有人稱此地為「亂葬崗」。抗戰勝利後，政府在 1947 年下令遷葬 1940 至 1947 年間所建的墳墓；其後又遷移潮州墳場，到 1959 年雞籠環墳場正式停用，大批無人認領的骸骨由當局火化，一律遷往新界和合石安葬，原址便發展為今日的華富邨及雞籠環配水庫。

事實上，香港人口從 1950 年的 230 萬人大增至 1960 年的 310 萬人，1963 至 1964 年間居於寮屋者仍有 60 萬，公共房屋需求與日俱增，政府不得不千方百計覓地建屋。1950 年代，政府建屋的選址多是接近市區的山頭、田地或村落，如李鄭屋、黃大仙、老虎岩等。及至 1960 年代，較為偏遠的地區，又或是山墳墓穴之地，也要列為選址，位於九龍二號墳場的愛民邨、九龍七號墳場的順利邨，以及本篇介紹的華富邨等，都是顯而易見的例子。

建邨歷程回顧

第一個擁有圖書館和停車場的屋邨

華富邨位於香港島南區瀑布灣之上，依山而建，坐擁「無敵海景」，有「平民豪宅」的美譽。不過，屋邨遠離市中心，交通依賴薄扶林道，令居民的出行有諸多不便，有人更以置身監獄作比喻。幸好，廖本懷引入嶄新的「新市鎮」概念，將華富邨規劃為全港首個社區配套齊全、自

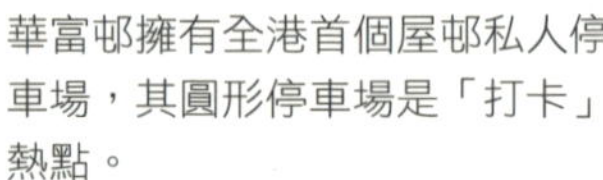

華富邨擁有全港首個屋邨私人停車場，其圓形停車場是「打卡」熱點。

華富邨開屋邨內設置公共圖書館的先河

給自足的公共屋邨。除獨立商場、學校、巴士總站外，屋邨還擁有全港第一個屋邨私人停車場，以及第一個設於屋邨內的公共圖書館，後者更是當時除中環大會堂圖書館以外，港島區第二個公共圖書館。其實，當初政府內部有人反對在屋邨興建停車場，幸得廖本懷擇善固執，才能掀開香港屋邨歷史重要的一頁。時至今日，屋邨停車場已經是必不可少的設施了。

高低有序，海景盡入眼簾

屋建會於 1963 年正式宣佈興建第八個廉租屋邨——華富邨，最初目標是建成 23 幢大廈，為當時全港最大規模的屋邨。1965 年正式落實並開展建築工程，第一期在 1967 至 1969 年間分階段落成，樓層一般較矮，離海邊較近；第二期則於 1970 至 1971 年間完成，離海邊較遠，樓層較高，加上 1978 年增建的華翠樓及華景樓，令屋邨在 1980 至 1981 年有 51,739 人居住，共有大廈 25 幢。

首幢大廈華安樓在 1967 年 12 月落成入伙，之後各大廈陸續建成。

申請住廉租屋好機會
薄扶林華富邨尚有多量空額
屋宇委會印備表格備市民索取

華富邨申請人數未似預期，空置頗多。
（《工商晚報》，1968 年 2 月 12 日）

1968 年 9 月 27 日，時任港督戴麟趾（David Trench）主持屋邨開幕典禮。由於屋邨位置偏遠，初期仍有不少空置單位，在政府大力宣傳下，問題才得以解決。事實上，設計者巧妙地採用前低後高的佈局，按地形高低排列各幢樓宇，近海的樓層較矮，後方的較高，令更多住戶能擁有海景，也有利採光和通風。華富邨的設計不但深受居民欣賞，更成為日後香港大型屋邨的設計典範。

華富一邨：第一批落成大廈

落成年份	樓宇	每幢層數	類型
1967	華安樓（第 1 及 2 座）	13	舊長型（單邊設計）
1968	華樂樓（第 3 及 4 座）		
	華光樓（第 5 及 6 座）		
	華美樓（第 7 座）	16	舊長型（中央走廊）
	華珍樓（第 8 及 9 座）	13	舊長型（單邊設計）
	華康樓（第 10 座）	20	舊長型（中央走廊）
	華基樓（第 11 及 12 座）	7	舊長型（單邊設計）
	華信樓（第 13 座）	16	舊長型（中央走廊）
	華裕樓（第 14 及 15 座）	10	舊長型（單邊設計）
	華清樓（第 16 及 17 座）	16	
	華明樓（第 18 座）		
1969	華建樓（第 19 座）		舊長型（中央走廊）

華富二邨：第二批落成大廈及 1978 年加建的新廈

落成年份	樓宇	每幢層數	類型
1970*	華昌樓（第 20 座）	24（高座）、21（低座）	雙塔式大廈
	華興樓（第 21 座）		
1971	華泰樓（第 22 座）		
	華生樓（第 23 座）		
1978	華翠樓（第 24 座）		
	華景樓（第 25 座）		

* 華興樓及華昌樓是香港史上最早落成的雙塔式大廈

規模最大的廉租屋
華富邨陸續建成

圖片說明

華富邨背山面海，環境幽美。
（《工商晚報》，1968 年 2 月 18 日）

史上最早落成的雙塔式大廈華興樓

時至今日，華富邨已有五十多年歷史，單位漏水、石屎剝落等問題時有發生，故政府在 2021 年公佈重建計劃，工程將分為三期，預計 2041 年完成。政府先發展位於薄扶林南的五幅用地，興建公屋以安置受影響居民，預計可提供 8,920 個單位，而重建後的華富邨，則由 9,200 個單位增至大約 12,200 個，讓整個計劃的單位共有 21,120 個。

<table>
<tr><th>期數</th><th>用地</th><th>預期落成時間</th><th>用途</th></tr>
<tr><td rowspan="3">一</td><td>華景街</td><td>2026</td><td>接收華安、華樂樓居民</td></tr>
<tr><td>華樂徑</td><td>2027 至 2028 年</td><td rowspan="2">接收華昌、華泰、華建樓居民</td></tr>
<tr><td>華富北</td><td>2030</td></tr>
<tr><td rowspan="2">二</td><td>雞籠環南</td><td rowspan="2">2030 至 2031 年</td><td rowspan="2">接收華興、華生、華光、華美、華珍、華康、華基、華信、華裕、華清、華明樓等居民</td></tr>
<tr><td>雞籠環北</td></tr>
<tr><td>三</td><td>華富邨原址</td><td>2040 至 2041 年</td><td>接收華翠、華景樓居民</td></tr>
</table>

華安樓（右）和華樂樓（左）是首批清拆重建的大廈

屋邨生活點滴

華富邨靈異事件簿

華富邨原址是公共墳場，當時不少人會聯想到日軍的亂葬崗，而且施工期間多次發現遺骸，其中一次更多達二十多具乾屍，屍體完整，在山坡的泥土下層層疊疊，與亂葬崗的情況吻合，令此處「猛鬼」和「怪異」之説甚囂塵上。傳聞不管是真是假，都成為華富邨居民的集體回憶。

傳說一： 不化之棺	傳說建築工人曾發現一副棺木，觸碰者不是病倒，就是遇上靈異事件。最終棺木原地保留，封上水泥，位置據說在今日某巴士站附近。
傳說二： 水鬼找替身	華富邨下的瀑布灣常有游泳者遇溺，浮屍又時有發現，令水鬼之說不脛而走。某次一眾小學生傍晚在此玩水，赫見一白衣長髮少女不停洗臉，湊近一看，才發現她臉上沒有五官。
傳說三： 軍魂不散	據說入伙初期，一些居民夜間會聽見奇怪的步操聲，也有邨民表示在升降機內見到穿著軍服的鬼魂，相信跟日軍在此地處決平民有關。

本港新聞

日軍恐怖統治香港

被害者屍體尚陸續發現

鷄籠灣開山又掘出乾屍數十具

（特訊）鷄籠灣華富邨廉價屋建築地盤，日前掘出乾屍廿具以上，男女老幼均有，大部份屍骸仍算完整，皮骨相連，有關方面由前日開始，將該批骸骨移去，昨晨仍有十多具待移。

乾屍掘出地點，在華富邨建築地盤西面山麓，臨近海邊。數日前，工人使用剷泥機開山時，發現泥層下面，埋藏人體殘骸，重重疊疊，堆在一起，全部殘骸，經已變乾，呈啡色。

發現之殘骸，可能係日治時代不幸被集體屠殺者。據附近老村民稱：上址原爲一個亂葬崗，日軍當年在該處殺人無數，由於該處泥土乾爽，故屍體不致腐化，仍能保持完整。

據工人稱：過去數月，曾在該地盤多處不同地點，發現過多具殘骸。（江）

華富邨工程期間多次發現乾屍，又有鄰近老村民指日軍在此殺人無數，作為華富邨的重要歷史文獻。

（《華僑日報》，1965 年 7 月 12 日）

屋邨遊蹤

第一站

雙塔式大廈

從薄扶林道走進華富邨，看到的是華昌及華興樓，兩幢香港最早落成的雙塔式大廈。如高塔的大廈高低相連，當中有兩個巨大天井，既有利採光和空氣流通，又一眼可見各層單位的大門，有助防盜。

第二站

商場平台

乘電梯到華富二邨商場六樓，再上一層，即置身大型平台，此地是休閒的好去處，訪客喜歡在此拍照，有人愛以旁邊的屋邨大樓為背景，有人喜歡遠處的南丫島發電廠及鴨脷洲景色，不知你又會喜歡甚麼呢？

第三站

舊式小店

邨內仍保留不少舊式屋邨小店，滿有懷舊氣息，以及現今日漸淡薄的人情味。華光樓地面的銀都冰室，

是華富邨開設的第二間店舖，也是現存最古老的冰室之一。冰室走過半世紀的道路，舊式的「卡位」（廂座）和瓷磚，以至昔日流行的炸雞髀和樽仔奶茶，都是居民回憶的烙印。

第四站

瀑布灣公園

沿瀑布灣道到達瀑布灣公園，再循右邊梯級下行，正是華富邨瀑布的所在地。這處有壯闊的海景外，也是觀賞日落的絕佳位置。瀑布是清代「新安八景」之「鼇洋甘瀑」。瀑布原寬十數米，氣勢磅礴，後來薄扶林水塘建成，水流大減，景觀也大不如前。

華富邨平面圖

歷史知識知多點

甲戌風災

1874 年，香港遭遇嚴重風災，因該年為甲戌年，故稱「甲戌風災」。風災發生在 9 月 21 日至 23 日，有強烈颱風橫過珠江口一帶，高達兩丈（6.9 米）的巨浪摧毀海堤、船塢、碼頭等沿岸建築物，近岸地區水淹高達四呎，約一千間房屋損毀，數十艘蒸汽輪船擱淺或沉沒，死難者估計約有二千人，以水上艇戶居多。

是次風災影響深遠，它促成船政廳在 1877 年推出本港首套颱風預警信號制度，也促使政府在 1883 年成立香港天文台，後來還導致雞籠環墳場的出現。話說東華醫院在災後僱用工人，乘小艇到各離島沿岸，打撈出多達 399 具死難者遺骸，有部分就地安葬，其餘送到西環牛房義山合葬。

不料數年後，昂船洲上再發現百餘具風災遺骸，故東華醫院總理出資聘人收拾，並發起募捐以修建義塚。1880 年，時任港督軒尼詩（John Pope Hennessy）捐出個人薪俸響應募捐，又撥出雞籠環山頭作為義山，東華醫院才得以將罹難者遺骸合葬於雞籠環墳場，史稱「遭風義塚」。1959 年，雞籠環墳場正式停用，義塚被遷到粉嶺和合石墳場。

愛民邨

女皇駕臨的模範屋邨

撫今追昔說源流

河門田下愛民邨

何文田這地名的由來，向來眾說紛紜，一說是區內昔日有一名地主「陳何文」，故「何文田」意指「何文的田地」；一說是此區居住了何、文及田三姓的人，故將三者結合成地名，但兩種說法皆沒有文獻為證。

其實，「何文田」本應稱作「河門田」，黃佩佳在其 1930 年代的著作《香港本地風光：附新界百詠》，記述本港華人墳場時，就稱此地為「河門田」。1895 年的《香港華字日報》也是用「油麻地河門田村」來稱呼此地。此外，工務司署的地圖也稱此地為「Ho Mun Tin」，當中「Mun」是「門」的音譯，到 1930 年代後才將其改為「Ho Man Tin」。

據魯金《九龍街道命名考源》所言，昔日九龍筆架山有一條大水坑流入旺角村，故區內很多人在此洗滌衣物，其後又有一批染布房出現（洗衣街和染布房街因此得名）。1907 年的舊地圖也顯示了這條溪流，並標示鄰近的九龍京士柏山和採石山也有小溪流入這地區。由於此處為河谷低地，區內有一農村，旁邊是農田和郊野，溪水經此「門戶」流出大海，故稱為「河門田」村，意即河流匯聚的田地，後來才因讀音訛變為「何文田」。

從保民、樂民、治民到愛民

至於愛民邨的命名，實可追溯到 1950 年代政府的房屋政策。當時何文田山頭被列為核准徙置區，供人民和災民搭建平房居住，令此地逐漸發展出保民村、樂民村、治民村等多條木屋平房屋村。後來政府收回

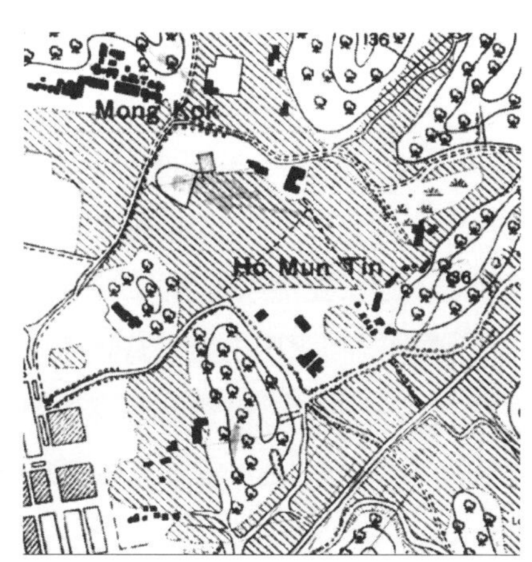

1904 年地圖中何文田的英文名是「Ho Mun Tin」，有數條小溪在此匯聚，再流出大海。

土地，由屋建會在此興建廉租屋邨時，順理成章沿用區內舊有村名，再略加變化，便成為了愛民邨。

從小村到墳場，從墳場變屋村

據許舒所言，何文田村形成於十九世紀中後期，是雜姓客家村落，人口不多，出現時間在旺角村（古稱芒角）之後。《追憶龍城蛻變》指何文田村位於今日麥花臣遊樂場一帶，佔地不廣，此說可以在 1901 至 1913 年的九龍舊地圖得到引證。1920 年代後，旺角區逐步城市化，農村和郊野變成平房和道路，鄰近的何文田村也隨之消失，但隨著新式樓宇和街道的修建，「何文田」由村名變成區名，範圍擴展到東南方鄰近的街道和小山崗。何文田至此脫胎換骨、開枝散葉了。

1910 年代，政府將何文田一帶闢作印度墳場，供染疫死亡的印度軍人下葬，後來又准許廣華醫院安葬天花死者。這些都是何文田區作為墳場的早期紀錄。1921 年，政府正式將何文田列為墳場用地，後來更分為九龍一號、二號和三號墳場，但在 1930 至 1940 年起陸續停止新墳下葬，舊墳亦須遷移。

第二次世界大戰後，大量內地人民湧進香港，於各地搭建木屋棲身，據前文所述，木屋區環境惡劣、人口密集，火災屢見不鮮。自 1950 年起，政府設立兩類徙置區（按：後來改稱平房區，以免跟多層徙置大廈混淆）：第一種「核准徙置區」，准許市民在指定範圍興建合乎標準的徙置平房；第二種「容許地區」，徙置平房會較為簡單，位置也較偏遠。1952 年，政府將前身為墳場的何文田山荒地，列為「核准徙置區」，以安置無家可歸的災民。

當時，何文田山上既有政府設立的平房式徙置區，如文華村、保民村，也有一些宗教團體參與興建的徙置村，如信望村、何文田新村、迦密村、治民村。由於管理有方，政府視之為核准徙置區的模範。

總督前日巡視
何文田區域新建平民屋

（特訊）港督於十三日上午，觀察潔淨局辦公廳，街市及市政衛生局轄下在九龍及新九龍之各部門。港督巡視時，特別關注政府劃出之木屋居民遷建區域，並逗留相當時間，視察九龍城火災善後建設委員會在何文田建築中之房屋。彼對該委員會過去工作極表興趣，並與隨能方及該會之其他委員詳論各項木屋遷徙問題。查該處之建屋計劃，經已按步推進。現所建成之數十間房屋，乃為第一期計劃建築者，將來按照九龍城災民之申請次序，與其居住，至第二期之建屋計劃亦繼續推進云（冰•點）

港督視察何文田核准徙置區
（《華僑日報》，1950 年 7 月 2 日）

建邨歷程回顧

新舊過渡——屋建會最後興建的屋邨

踏入 1960 年代，政府逐步清拆何文田的平房式徙置區，準備在此大興土木；1968 年初，政府批准屋建會興建愛民邨的計劃，選址位於昔日迦密村和治民村所處的土地，將興建多幢舊長型和雙塔型大廈，提供六千多個單位，是該會策劃興建的第十個、也是最後一個屋邨。由於屋邨由 1970 年開始施工，於 1974 至 1975 年間陸續落成，同期屋建會已併入 1973 年成立的房屋委員會。因此，愛民邨也是房委會成立後首批落成的屋邨之一。

四個全港第一

愛民邨地理形勢優越，位處何文田山上，居高臨下，邨內不少大廈可以遠眺尖沙咀全景，甚或維多利亞港，環境優美。廖本懷沿用華富邨自給自足的理念，將愛民邨建成一個不假外求的小市鎮，邨內設施齊全，房間設計完善，開創不少屋邨建設史的先河，使住客恍如置身「豪宅」，故有「九龍模範邨」之美譽。

屋邨低座的嘉民樓和康民樓，是香港首批設有兩房一廳間隔的公屋大廈。該邨也是全港首個加裝公共天線系統的屋邨，加上全港首個設中央空調的屋邨商場，以及嘗試設立全港首創的「冬菇亭」熟食中心，堪稱屋邨中的經典，所以租金雖然較高，但申請者眾。

女皇駕臨，全城佳話

衛民樓和頌民樓於 1974 年率先完工，至 1975 年中全邨落成。落成之年，英女皇伊莉莎白二世（Elizabeth II）訪港時，就參觀了愛民邨，到訪康民樓 609 室鄧紹祥一家，其幼女鄧美心更為女皇獻上一束蘭花，成為一時佳話。當日邨內擠滿圍觀的市民和記者，場面盛大，愛民邨也因此成為聞名全港的「景點」，遊客及市民慕名而至，商舖生意滔滔。隨著女皇帶來的熱潮減退，屋邨回歸常態，加上近年屋邨人口老化，不少舊舖紛紛結業，熱鬧的景象只能成為一眾居民的集體回憶。

英女皇探訪愛民邨情況

（《工商日報》，1975 年 5 月 6 日）

落成年份	樓宇	每幢層數	類型
1974	衛民樓（L座）	24	雙塔式大廈
1974	頌民樓（B座）	18	舊長型大廈（中央走廊）
1975	昭民樓（A座）	18	舊長型大廈（中央走廊）
1975	康民樓、嘉民樓（C、D座）	12	舊長型大廈（露台相連）
1975	建民樓、禮民樓、保民樓（E、F、G座）	19	舊長型大廈（中央走廊）
1975	信民樓、新民樓、德民樓、敦民樓（H、I、J、K座）	24	雙塔式大廈

時至今日，愛民邨已屹立於何文田山半個世紀，經歷歲月的洗禮，漸趨老化。早在 1998 年，政府曾計劃於 2007 至 2008 年間進行屋邨清拆重建，邨內居民則原區安置到 2005 至 2007 年間重建完成的山谷道邨及何文田邨。然而，二十世紀末亞洲金融風暴爆發，政府在 2002 年大幅調整房屋政策，上述兩邨重建計劃告吹，部分土地售予私人發展商，部分則改變用途，何文田邨亦清拆無期。

有見及此，房委會在 2006 至 2007 年間，分階段展開全邨大維修，改善居民生活素質，於 2009 年又宣佈經全面勘察後，愛民邨樓宇沒有結構問題，15 年內不用清拆，令這個饒富特色的屋邨保留至今。

影視作品取景場地

愛民邨的「威水史」除了 1975 年英女皇到訪，還有多次成為電影和電視劇的取景場地。時至今日，這些取景的商舖或已結業，但昔日的美好時光仍為邨民津津樂道。

年份	影視作品	與愛民邨關係
1981	電影 《衝鋒車》	在這齣警匪片中，一間金行被三名持槍匪徒打劫，取景場地正是愛民邨商場。之後該商場 21 號舖民豐珠寶行果真發生轟動全港的大劫案，成為一時熱話。
1995	電影《初戀無限 Touch》	男主角陳曉東飾演的窮小子，家住愛民邨，與女主角梁詠琪於走廊上踏單車，可見雙塔式屋邨大廈的生活狀況。
1995 至 1999 年	電視劇 《真情》	屋邨商場的愛民超市常借予該劇集作為取景場地，劇中人物常在超市內購物和閒談，令該超市知名度大為提升。
2006	電視劇 《阿旺新傳》	劇中主場景「祥旺邨」即於愛民邨取景，邨內公園、大廈、商場多次出現，可窺見邨民日常生活細節。

差佬化裝埋伏 六匪全部就擒
愛民邨警匪戰
探隊大獲全勝
雙方共開四十三槍匪徒一死兩傷三被捕

愛民邨商場劫案，激戰情況和峰迴路轉的過程跟電影情節不遑多讓。
（《工商日報》，1981 年 9 月 8 日）

曾經盛極一時的愛民廣場，是香港史上第一個獨立式的屋邨商場。

屋邨遊蹤

第一站

半圓形停車場

踏出何文田港鐵站 A3 出口，沿著架空行人天橋往前走，再乘升降機往下行，就到達愛民邨停車場，停車場平台是休憩用地，不少居民會在此散步和閒聊。呈半圓形的停車場營造了美麗的景觀，成為了外來參觀者的拍照勝地。

第二站

雙塔式公屋大廈

走進愛民邨雙塔式公屋大廈內，從天井往上拍攝，是不少攝影愛好者的取景地點。處身幽暗的天井下，頭頂是一片藍天，強烈的對比令人心往神馳。每一層的開放式走廊，設計獨特，不但有利採光和空氣流通，而且可一眼看見各層單位的大門，加強防盜功能。

第三站

特色舊舖

露天式設計的街市，位於昭民樓旁邊，充滿老式屋邨的味道。這處有全港首創的「冬菇亭」；舊式地舖小店則分佈大廈地面，如海味店、藥房、辦館、茶餐廳、洗衣舖等。

第四站

歷史遺痕

巴士站旁有一個海報亭（或稱公告柱），常見於 1970 至 1980 年代的屋邨，政府會在此張貼宣傳海報，高峰期全港共有九座，現時僅餘三座（其餘兩座在屯門大興邨和沙田瀝源邨）。全港首設中央冷氣的屋邨商場愛民廣場，亦不可錯過。

愛民邨平面圖

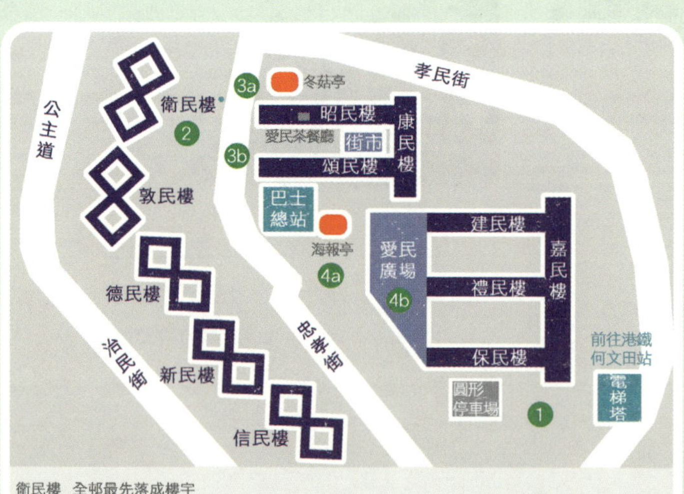

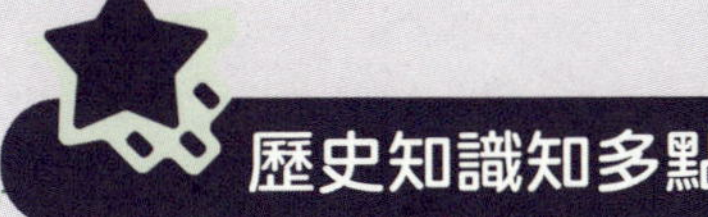

冬菇亭的前世今生

大牌檔和街邊熟食小販不但是香港市民的集體回憶，更是香港飲食文化一大特色。在昔日的公共屋邨也是成行成市，雖為區內居民提供廉價食物，但也帶來衛生問題。踏進 1970 年代，政府鋭意加強規管，公共屋邨範圍亦不例外，冬菇亭就在這背景下誕生了。

1974 年，時任房屋署副署長衛綸書（Bernard Williams）出訪新加坡，行程中考察了當地組屋所設的熟食中心，回港後便引進這嶄新概念，最初坊間稱為「涼亭式熟食中心」。設計者據説是當時房屋署一位馬來西亞籍建築師。首三座冬菇亭設於愛民邨，之後再應用於瀝源邨熟食檔，最終發揚光大，先後開設於三十多個屋邨內，而區域市政局也於青衣、元朗、長洲及大嶼山梅窩等地興建，堪稱遍地開花，成為香港一大特色。

冬菇亭建築呈四方形，可供四間食肆同時使用，分別出售不同食物，各適其適，滿足居民不同需求。冬菇亭尖頂中央有拱形氣道，讓食肆的熱氣和油煙排放升空，座位則設於四周半開放的區域，以加強流通。由於這些「涼亭式熟食中心」外形酷似「冬菇」，故俗稱「冬菇亭」。可惜，因環境衛生和噪音擾民等問題，1990 年代起冬菇亭已被新建屋邨的美食廣場或商場食肆取代，舊有的也被逐步取締，或改建為便利店、餐廳、酒家等，部分甚至已經拆卸，數目大幅減少。

愛民邨冬菇亭已活化為食肆，建築物雖然仍在，但開放式環境進食的風味已不復返。

3
公共屋邨展新顏
香港房屋委員會成立

翠屏邨與秀茂坪邨

艱苦中成長，患難見真情

撫今追昔說源流

由粗俗到優雅之路

位處觀塘茶果嶺及藍田之間的海灣，舊稱「茜草灣」（今日麗港城一帶）。該處自古已有人聚居，但多是山岩石洞，土地貧瘠，居民生活艱苦。於是，據《觀塘風物志》所記，村民李得帶同家人遷往今日翠屏邨一帶沙灘，搭蓋寮屋居住，並在屋內養雞為生，後來仿效者日多，漸漸聚集了幾戶人家，形成一片雞場，坊眾便稱為「雞寮村」。1958 年，政府收回該村土地，興建工業區和徙置大廈，官方稱後者為「觀塘徙置區」（1960 年代後改稱觀塘新區），但坊間多沿用舊名，叫作「雞寮徙置區」。

1973 年房委會成立，徙置區及廉租屋邨一律統稱為「邨」，觀塘徙置區因與觀塘廉租屋邨（後改稱鯉魚門道邨）名字相近，故以鄰近的翠屏道命名，改名為「觀塘翠屏道邨」（因屋邨依山而建，名字有翠綠屏風之意）。這個徙置屋邨在 1982 至 1994 年拆卸重建，期間正式命名為「翠屏邨」。

忘記它吧！令人忌諱的「掃墓坪」

秀茂坪古稱「蘇茅坪」，據説因山上的平地長滿植物「蘇茅」而得名，許永慶和羅文祥所寫的〈新界九約竹枝詞〉就提到「春遊忽到蘇茅坪，睇見牛頭角又生」。這首詞估計寫於民國六年（1917 年）前後，足見這地名已有百年以上歷史，而英國人所繪的舊地圖，也將此地標示為

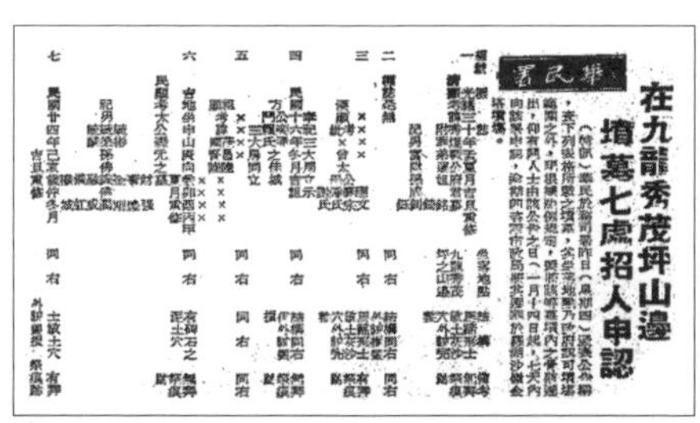

華民署

在九龍秀茂坪山邊
墳墓七處招人申認

秀茂坪昔日確有墳墓的鐵證，反駁了一些人認為秀茂坪沒有墓地的說法。
（《華僑日報》，1965 年 1 月 15 日）

獅子山下木屋將拆遷

居民跪求葉錫恩施援手

葉議員說九號墳場太荒涼
今天決代請當局延期拆遷

有關葉錫恩協助九號墳場木屋區的報道。報道提到墳場如梯形的山地，並鄰近茶果嶺，與秀茂坪的位置相符。
（《工商日報》，1964 年 5 月 19 日）

「So Mau Ping」，兩者可互為引證。後來，可能蘇茅坪鄰近的荒山曾闢作墳場，加上《華僑日報》1965 年 1 月 15 日的報道可證明山上曾有墓地，前來或路經此地的掃墓人士自然不少，故稱為「掃墓坪」。

坊間流行的說法指秀茂坪前身為九龍七號墳場，但此說值得商榷，七號墳場位處今日順利邨一帶，與秀茂坪相距甚遠，反而按 1964 年 5 月 19 日《工商日報》有關葉錫恩援助九號墳場木屋區的報道，掃墓坪鄰近的或是這個九號墳場。無可否認，秀茂坪舊稱掃墓坪，政府於是在 1962 年 11 月 16 日將此地雅名為秀茂坪，才洗刷此地「不吉利」的污名。

從小村、木屋變身徙置大廈

1950 年代前的觀塘是人煙稀少的海灣。當中雞寮位處沿岸地帶，是一片連綿數里的沙灘，有一條小村，居民以養雞為生；位處雞寮之上的山頭則是掃墓坪，也是荒蕪之地。國共內戰期間，不少內地商人和廠家湧進香港，政府便於 1954 年推出觀塘填海計劃，工程於 1956 至 1959 年間分期完成，提供大片工業用地，吸引廠家設廠，範圍包括現時觀塘道、創業街、駿業街等一帶。

1958 年，臨海地帶發展進入完成階段，須進一步開發山邊一側的土地，政府便通過新的觀塘發展計劃，收回雞寮村土地，部分發展為工廠區，部分則闢作徙置區，稱為觀塘徙置區（雞寮徙置區），於 1959 年陸續入伙。

1961 年，觀塘徙置區建成後不久，政府計劃在掃墓坪興建另一批徙置大廈。原來除了商人廠家外，其他來港人士皆在山邊居住。當時政府將偏僻的掃墓坪列為徙置區域，准許搭建臨時木屋，不少鶴佬人便棲身此地。

為進一步安置這些木屋居民，1961 年政府開始清拆掃墓坪一帶的木屋，將山頭平整為梯田狀的建屋土地；至 1973 年，整個秀茂坪徙置區建成，共 44 幢徙置大廈。

雞寮變翠屏，民生得改善

雞寮建屋工程展開後，在 1959 年已有首批 4 幢建成，進展理想。1961 年完工後，共有 23 幢 H 型和 1 幢 I 型的第一型徙置大廈，提供約 1.3 萬個單位，容納 7 萬人，定名為觀塘徙置區（雞寮徙置區），也是觀塘第一個徙置區。當年全港徙置區居民共 43 萬人，單單雞寮已佔六分之一，可見其居民之多、規模之大。

第一型的徙置大廈設備簡陋，每戶不設獨立的浴室、廁廚、自來水供應，須共用位於兩翼中間的公用水喉、浴室、廁所等，煮食要佔用半露天的公共走廊，初期廁所更沒有門，後來才加裝矮門。生活諸多不便之外，更有嚴重的治安和衛生問題。不過，相比起木屋區的生活，能入住徙置大廈已是當時的「幸運兒」。

1973 年，觀塘徙置區因為與鯉魚門道的觀塘廉租屋邨名字相近，加上當年居委會成立後，全港徙置區及廉租屋邨一律稱為「邨」，故改稱「觀塘翠屏道邨」。踏入 1980 年代，為提高生活質素，政府逐漸將徙置區拆卸重建，觀塘翠屏道邨也踏上重建之路。

官塘鷄寮徙置區大廈有六間樓下撥作官校

（新新社）本港徙置當局，自拓闢官塘鷄寮徙置區後，經過多年興建計劃，首批廿四幢七層平民大廈，除部份已先後落成入伙外，其餘將於下（七）月初間，可告全部竣工。

根據徙置當局透露：官塘徙置區首批廿四幢七層大廈落成後，可收容合格徙置居民六萬五千餘人，同時爲解決該區及鄰兒童就讀問題，決定將最後落成之六幢大廈樓下，撥作開辦官立小學校舍用途，估計可闢成課室九十間，並將另一幢大廈之樓下層，闢作社會服務站，藉以促進該區居民福利工作。

除實施上項計劃外，並在該徙置區範圍內，闢建三處小販市場，估計全部將有小販攤位將達七百餘個，並規定劃一管理，以抽籤辦法配給小販攤販。

有關上述各項興建工程，業於本年二月間即着手實施，預料下（七）月初間，可望全部落成。屆時，又有一批相當龐大數字之木屋區居民，將獲得安置，而該區之官立小學，亦可及時籌備開辦，由下學期起，住於該區平民大廈之適齡學童，可獲得就近讀書機會。

觀塘徙置區全部落成，最後入伙的六幢大廈的樓下一層撥作小學校舍。
（《華僑日報》，1961 年 6 月 11 日）

首先，第 17 座於 1979 年動工改建，建成每戶有獨立廚廁的新廈，更名為翠松樓（數年後再拆掉重建）；之後在第 6 和 11 座之間的球場建成兩座新廈，1982 年落成後命名翠楠樓和翠楊樓，單位均用作安置受影響的重建戶。之後重建工程在 1982 至 1994 年間分期進行，期間再開闢鄰近土地加建樓宇，至 1998 年翠楣樓落成，重建項目圓滿結束。

1991 年，屋邨隨著重建改名為「翠屏邨」。所有大廈的名字均以「翠」字為首，之後配上「木」字部的漢字。為方便管理這規模龐大的屋邨，房委會於 1996 年以翠屏道南面迴旋處為分界線，將其分拆為翠屏南邨和翠屏北邨。

翠屏北邨		翠屏南邨	
落成年份	樓宇	落成年份	樓宇
1982	翠楊樓（R 座）	1989	翠桐樓（B 座）
	翠楠樓（Q 座）		翠櫻樓（G 座）
1986	翠桃樓（S 座）	1990	翠松樓（A 座）
	翠榕樓（T 座）	1995	翠樂樓（F 座）
1990	翠梓樓（H 座）	1996	翠榮樓（C 座）
	翠柳樓（J 座）		翠杏樓（D 座）
	翠柏樓（L 座）		翠杭樓（E 座）
	翠桉樓（M 座）		
	翠榆樓（N 座）		
	翠梅樓（P 座）		
1994	翠樟樓（K 座）		
1998	翠楣樓（SHB 座）		

較早落成的翠屏北邨，多屬長型設計，如工字長型、相連長型等。

較晚落成的翠屏南邨（右），多屬較新款的和諧式設計。

秀茂坪——橫跨多年的建屋和重建工程

至於秀茂坪徙置區，在平整好地基後，建築工程由 1963 年 9 月正式開展，到 1964 至 1965 年間陸續落成。第一期原定計劃興建 18 幢，稱為第 1 至 18 座，但礙於曉光街一帶的彎曲地形所限，第 18 座胎死腹中，原址則暫時建成球場，使第一期只有 17 幢 8 層高的第三型徙置大廈。

第二批 23 幢 16 層高的第五型徙置大廈，稱為第 19 至 41 座，1967 至 1971 年間先後落成。最後一批為第 42 至 45 座，在 1973 年落成，屬第六型徙置大廈，至此共建成 44 幢大廈，居民約 13 萬人。其後，房委會於 1984 年在原第 18 座的位置，建成最後一座秀明樓，唯獨它屬樓高 24 層的雙塔式大廈，與其他座數截然不同。

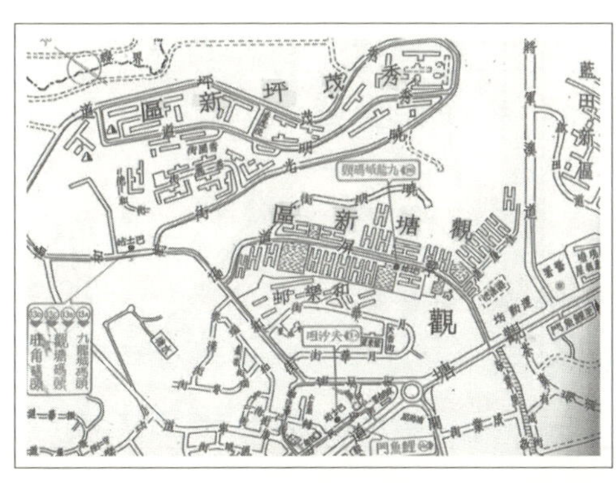

《香港年鑑 1971 年》雞寮與秀茂坪徙置區地圖，當時秀茂坪秀明樓仍未竣工。

徙置區名稱	落成年份	幢數	類型	設計特色
雞寮／觀塘	1959 至 1961 年	24	第一型徙置大廈：H 型和 I 型	樓高 8 層，不設獨立的浴室、廁廚、自來水供應，煮食在屋外半露天走廊。
秀茂坪（第一批）	1963 至 1965 年	17	第三型徙置大廈	各層設有中央走廊，各戶有獨立騎樓，但每兩三戶須共用一個洗手間和浴室。
秀茂坪（第二批）	1967 至 1971 年	23	第五型徙置大廈	設計與第四型相近，因樓高 16 層而設有電梯，每戶騎樓設有獨立廁所，不同者是單位面積的類別比第四型多，中央走廊也較寬闊。
秀茂坪（第三批）	1973	5	第六型徙置大廈	設計與第四型相近，主要分別是單位較長，人均居住面積亦較大。

由於秀茂坪邨規劃過於龐大，難以管理，房委會在 1979 年決定將秀茂坪邨分為四個屋邨管理，詳情列於下表：

一邨	第 19 至 20 座、第 26 至 31 座
二邨	第 21 至 25 座、第 42 至 45 座
三邨	第 32 至 41 座
四邨	第 1 至 17 座

隨著徙置區大廈樓齡漸老，日久失修，房委會在 1990 年提出秀茂坪邨重建計劃，除秀明樓得以保留，其他 44 座舊式大廈將用 15 年分批拆卸重建：1989 年早已拆卸有質量問題的第 26 座及其相連的第 27 座，1991 年再拆卸第 34、36 座，而最大規模的是 1992 年拆掉第 1 至 17 座。此後至 2003 年間，再完成餘下的重建工作，歷時十多年。

<table>
<tr><th>落成年份</th><th>樓宇</th><th>落成年份</th><th>樓宇</th></tr>
<tr><td>1984</td><td>秀明樓（第 1 座）</td><td rowspan="8">2001</td><td>秀雅樓（第 10 座）</td></tr>
<tr><td rowspan="2">1993</td><td>秀富樓（第 2 座）</td><td>秀義樓（第 11 座）</td></tr>
<tr><td>秀安樓（第 3 座）</td><td>秀華樓（第 12 座）</td></tr>
<tr><td rowspan="2">1996</td><td>秀康樓（第 4 座）</td><td>秀和樓（第 13 座）</td></tr>
<tr><td>秀樂樓（第 5 座）</td><td>秀程樓（第 14 座）</td></tr>
<tr><td rowspan="4">2001</td><td>秀裕樓（第 6 座）</td><td>秀賢樓（第 15 座）</td></tr>
<tr><td>季景樓（第 7 座）</td><td>秀逸樓（第 16 座）</td></tr>
<tr><td>秀緻樓（第 8 座）</td><td>秀暉樓（第 17 座）</td></tr>
<tr><td>秀慧樓（第 9 座）</td><td>2019</td><td>秀潤樓（第 18 座）</td></tr>
</table>

重建後的秀茂坪邨煥然一新。秀茂坪商場（左）獲香港建築師學會頒發「2001 年城市設計獎」，以及香港工程師學會與英國結構工程師學會頒發「卓越結構嘉許獎」。

屋邨生活點滴

黑幫橫行徙置區

如今一個家庭可能只有一至兩名子女，青少年也愛「宅」在家中玩手機。然而，昔日徙置區人口密度極高，家中欠缺活動空間，一個家庭養育子女可多達八至十名，父母管教不易，愛於街上或球場流連的青少年，便成為黑幫組織的獵物，輕則受到欺凌，重則被迫或被誘加入黑幫，一生命運從此改變。

那時徙置區內黑幫橫行，龍蛇混雜。有一個屋邨由一個幫會控制，也有一幢樓或一個區域代表一個幫會，令區內治安不靖，收保護費、開設賭檔、白粉架步等比比皆是。聚眾鬧事，互相廝殺，時有發生，令居民望而生畏。

行走雞寮綫巴士司機

遭黑帮毆打

昨午集體停駛並親赴警署報案

請總站設警崗以保障司機安全

（特訊）兩條行走雞寮綫巴士的司機，近日因有多人在總站遭受黑社會人物恐嚇毆打，昨午曾一度集體罷駛，後又往警署報案，警方答應在雞寮總站設置警崗，事件才告平息。

該兩綫巴士，分別為十一號B，行走九龍城碼頭至雞寮，及十一號C，由雞寮至橫頭磡。據說：由本月十日起，先後有七名司機在雞寮總站被盤踞在區內的「敬義」帮黑社會人物毆打。前晚及昨晨，又發生同樣事件，兩綫巴士司機為己身安全，昨日下午二時許，拒絕駕駛巴士往雞寮，且將廿餘部車停泊在觀塘道天橋附近，引致該處交通受阻。

巴士司機遭毆打之起因，傳說區內黑人物要求司機無論何時何地，遇有人上車或下車，均要如命是從。司機因感此舉是違反交通法例，故部份拒絕遵從，故受對方恐嚇或毆打。

昨晨，一名姓陸司機被毆打後，罷駛行動便於下午開始，巴士公司方面即派出高級職員，率同被打司機往觀塘警署報案。經商議後，警方答應在雞寮總站設立一個警崗，保護司機之安全，廿分鐘後事件乃告平息。稍後，警方又派出一部「鐵馬」，由交通警員前往觀塘道帶領司機將巴士駛回雞寮車站。

警方目前正對此事加緊偵查中。（合）

有關黑幫恐嚇和毆打巴士司機的報道

（《華僑日報》，1977 年 4 月 15 日）

屋邨遊蹤

第一站

走進翠屏

走出觀塘港鐵站 D1 出口，經福塘道轉入翠屏道，右方是翠屏南邨，多屬和諧式設計；前行經過迴旋處，可進入翠屏北邨，途中可一睹各式店舖及不同類型的公屋大廈。

第二站

有關雨災的三個地點

沿翠屏道一直前行，經過翠楣樓後，在觀塘瑪利諾書院下方，可見秀茂坪紀念公園，公園後方還有自動電梯上步至曉光街休憩花園，兩地都是六一八雨災的肇事地點，前者更為紀念這場慘劇而設。秀茂坪紀念公園旁有地藏王古廟，廟內有「崩山罹難災胞紀念碑」，大家可以藉此了解慘劇現場的地理形勢，並懷緬香江歲月中苦難的一頁。

第三站

新舊屋邨

從曉光街過馬路，或經行人天橋可到達秀茂坪邨。此邨重建過程中，不同大廈建成時間的跨度甚大，所以成為全港唯一包羅和諧一至三型的屋邨。同樣值得一看的是秀明樓（觀塘官立小學旁），它是建於 1984 年的井字型雙塔式大廈，不但是秀茂坪邨重建工程中唯一保留的舊廈（第 45 座），也是全港最後興建的一幢雙塔式大廈。

翠屏邨與秀茂坪邨平面圖

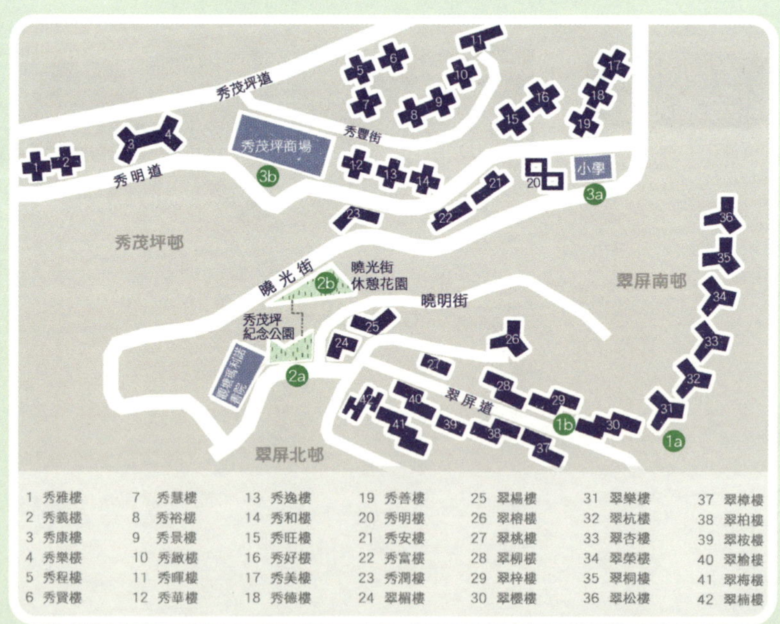

歷史知識知多點

六一八雨災

1972 年 6 月 18 日，香港連日滂沱大雨，多地發生嚴重山泥傾瀉，其中雞寮木屋區災情最為嚴重，造成 71 死 52 傷的慘劇，史稱「六一八雨災」。

雞寮背靠的山坡高約 150 呎，土質鬆散，曾發生多次山泥傾瀉事件，但政府未有汲取教訓，鞏固維修斜坡的工作不足，終釀成慘劇。在秀茂坪徙置區第 14 和 16 座，以及雞寮徙置區第 5 和 6 座之間的山坡下，既有政府核准的木屋安置區，也有一些非法僭建的木屋。當日下午 12 時 45 分左右，秀茂坪山腳有數以噸計的山泥塌下，瞬間沖毀七十多間木屋，多輛汽車更被沖到雞寮第 8 座前，其中一輛滿載煤油的貨車起火，造成三死四傷。山泥更湧到雞寮徙置區第 8 和 9 座的住宅內，且達三層之高，單位內居民突遭厄運。

事發後，附近居民立即幫忙挖掘，奮力救人，如一名老翁被沖到第 8 座前昏迷不醒，樓上的街坊見狀便立即施救；幾位正「飲茶」的工人，立即乘車到現場支援，將傷者移上車送進醫院；也有人聽到嬰兒哭聲，在亂木土堆中將他救出。面對無情天災，儘管人間有愛，事件最終仍造成 71 人死、52 人傷，被稱為「戰後最慘天災」。

六一八雨災當日雞寮現場情況
（《香港年鑑 1973 年》）

慘劇哄動一時，全港市民踴躍捐輸，救助災民。繼電視台麗的映聲邀來台灣著名歌星義演籌得 100 萬元後，無綫電視也舉辦賑災慈善表演節目，連續直播 12 小時，各大紅星紛紛獻技，如李小龍、陳寶珠、任劍輝、白雪仙、新馬師曾、麥炳榮、鳳凰女等，均悉力以赴，終籌得款項高達 900 萬，開創電視直播籌款的先河。

為紀念這次事件，一眾街坊在翠屏道地藏王菩薩古廟立下「崩山罹難災胞紀念碑」，政府則在翠屏道上建成秀茂坪紀念公園。

義唱賑災凌波將展歌喉
為表寸心李菁捐物義賣

銀海微波

當時社會為賑災而舉辦義演節目

（《華僑日報》，1972 年 6 月 24 日）

順利邨與順安邨

高高在上的「堅離地」屋邨

撫今追昔說源流

九龍墳場下建順利村

順利邨和順安邨位處觀塘區，毗鄰九龍最高的山峰——飛鵝山，海拔高度 110 多公尺，雖然與附近的全港最高屋邨安達邨（170 公尺）有一定差距，但也算是高高在上的屋邨。

房委會最初構思興建的只有順利邨，後來為方便管理，才分拆出順安邨。兩邨起源於寮屋小村「順利村」。該村村民本在何文田務農，據説已有數代。1950 年代，政府以發展何文田為由，將他們徙置至九龍七號墳場對下的山坡。

九龍七號墳場，又稱鑽石山墳場和牛池灣墳場，設於 1935 年，其後規模不斷擴大，範圍包括今日順利、順安和順天邨，以及部分安達臣道地區。1940 年進行了一次擴展，因各區舊有墳場亦已飽和，政府便擴大七號墳場以解燃眉之急。但 1950 年代起，政府為配合發展和合石墳場，逐步關閉和遷移各處山墳（包括七號墳場）。政府更限於 1955 年底遷葬當地所埋骸骨，逾期無人認領的則會火化，遷至沙嶺金塔墳場，騰出空地備用。其後村民在附近山坡上開山劈石，艱苦經營，從而擴展成「順利村」。

至 1970 年代初，該村居民多達數十戶，建了不少豬舍和雞寮，以種菜、養豬、養雞為生，牛頭角一帶的蔬菜多靠順利村供應，附近還開設了小商店和學校，生活安穩。

於墳場建木屋小村，再變成公共屋邨

自 1960 年代，政府開始遷拆九龍區木屋，一些不符合徙置資格的居民，只能棲身於七號墳場等核准區域。後來市區可發展用地又所剩無幾，於是在 1970 年，政府以修建道路和廉租屋邨為由，宣佈清拆「順利村」，翌年開始拆屋迫遷，所得土地與鄰近的九龍七號墳場一併發展為公共屋邨。由於新屋邨部分範圍坐落於「順利村」之上，而「順利」一詞對中國人來説既吉祥又「好意頭」，故新屋邨便順理成章地稱為「順利邨」。事實上，昔日恒生銀行的賀年廣告，也曾在此取景拍攝，取其「順順利利」之意。1978 年，房委會為方便管理，從順利邨分拆出順安邨，兩邨如今已變成安居樂業之地，人們早已忘掉過去墳場的暗黑記憶。

補償安置未解決

順利村昨突遭強拆

村民不滿當局食言

他們前曾提出八項合理要求

【本報訊】當局以興建道路和廉租屋及劃，強要收回九龍清水灣道順利村二十多畝土地，聲稱將住在該處的村民遷往油塘徙置區；且在多數村民未獲合理補償甚至未獲安置之前，徙置事務處竟派人於昨天強行拆屋，引起村民極大不滿。村民們據理交涉，徙置事務處人員在拆了幾家屋之後才罷手。

村民強調指出，當局對他們未作合理補償和安置之前，決不能強拆民居。

順利村在七號墳場安置區對下，村民有數十戶，以種菜及養豬為生，他們絕大部分在何文田務農數代。廿年前，當局藉口開發何文田，無償迫使他們到上址，並由有關部門劃圖批准搭屋及繳交牌金。村民在上址開山劈石，再行開村，經過了近廿年艱苦經營，生活才勉可維持。牛頭角附近一帶蔬菜多靠他們供應。現在順利村除了幾戶外，還有商店、工場及學校。

去年八月，徙置當局突然派人前往塵地登記，聲言要追遷，表示要遷他們往油塘，補償補七元一呎；今年六月份，更進一步限令他們今年八月十日前遷出，有

有關順利村木屋區的報道，也點出了日後順利邨命名的緣起。

（《大公報》，1971 年 8 月 29 日）

建邨歷程回顧

本是同根生，一分又再分

清拆七號墳場木屋後，徙置事務處在 1972 年曾計劃在此興建 17 幢徙置大廈，名為「順利新區」。然而，計劃終被擱置，至 1975 年才由房委會宣佈興建順利邨。工程分為兩期，先於 1978 年建成 3 幢樓高 24 層的雙塔式大廈，再於 1980 年落成 4 幢舊長型大廈。1979 年 3 月 22 日，順利邨的開幕典禮由港督麥理浩（Murray MacLehose）主持，其後他參觀邨內設施，再探訪位於利明樓 23 樓的黃先生一家，令順利邨成為名噪一時的屋邨。

順利邨規模本來不只如此，但為免屋宇太多而難以管理，房委會於 1978 年決定將部分大廈分拆出來，另立一邨，是為順安邨。該屋邨分兩期完成，共興建 2 幢 30 層高的大十字型大廈，是本港最後一個採用該設計的公屋大廈；另有 7 層高的舊長型大廈，以及 2 層高的非住宅樓

宇各一幢。

有趣的是，房委會自 1978 年清拆秀茂坪木屋區，原計劃闢地興建順安邨第二期工程，但最終決定分拆為另一個新屋邨，就是今日的順天邨。在 1981 至 1984 年間，建成 4 幢雙塔式大廈、2 幢相連式 I 型、2 幢舊長型大廈，到 1989 年再加建 3 幢相連長型大廈，令全邨增至 11 幢。

屋邨	落成年份	樓宇	類型	單位數目
順利邨	1978 至 1980 年	利恆樓、利祥樓、利明樓	雙塔式	約 4,500
		利溢樓、利富樓、利康樓、利業樓	舊長型	
順安邨 *	1978 至 1980 年	安頌樓、安逸樓	十字型	約 3,000
		安群樓	舊長型	
順天邨	1981 至 1989 年	天衡樓、天權樓	舊長型	約 6,800
		天璣樓、天瑤樓	雙連 I 型	
		天琴樓、天柱樓、天韻樓、天池樓	雙塔式	
		天暉樓、天榮樓、天樂樓	相連長型	

* 順安邨舊長型大廈安澤樓為非住宅樓宇，故不計算在內。

順利、順安、順天三個屋邨，大部分樓宇都在 1980 年前後興建，至今已有 40 年的歷史，外觀略顯老舊，但保養大致良好，當局暫未計劃拆卸重建。

隨著歲月變遷，屋邨設施難免會有變化，當中定要提起「順利戲

清水灣道順利邨將分開爲兩屋邨

【本報訊】在清水灣道旁興建中之龐大公共屋邨順利邨，將分開爲兩個較小之屋邨，以便在管理上有更佳效果。

房屋委員會發言人昨日宣佈此事時說，根據過去之經驗，一個如此面積之屋邨，在管理及大多數其他事務上作爲一個社區來處理，實嫌太龐大，因此而產生社會及管理問題將無可避免。所以我們已決定將該屋邨分開爲兩個較細單位，每個有不同之名稱，而在本身之轄區內維持均衡之人口與附屬設備。

兩個屋邨現分別名爲順安邨及順利邨。

順安邨約有六千六百居住單位，約可容納四萬人。第一期工程正照原定時間進行，三座可容一萬九千人之大廈將於八月落成。第二期工程之圖則已在最後設計階段。

順利邨將有四千四百個居住單位，可容納二萬七千人。三座約可容納一萬五千人之樓宇，預算可於七月落成，其餘四座計劃於明年竣工。

順利邨分拆出順安邨的報道

（《工商日報》，1978 年 2 月 9 日）

順利邨今貌，圖為巴士站一方的利富、利溢和利業樓。

院」。該戲院是全港第一間屋邨戲院，在 1981 年 6 月揭幕，由邵氏公司投得經營權，為鄰近居民提供娛樂，但於 1999 年因經營問題而拆卸，原址先改建為順利商場二期及長者日間護理中心，到 2009 年全幢再改為安老院。這變化不但見證了香港電影業的興衰，也道出了舊式屋邨人口老化的無奈。

公共屋邨內興建第一間戲院

建於順利邨電影院明年六月落成啓用

第二期住宅大廈預料年底建成

順利邨興建全港首間屋邨戲院的報道

（《華僑日報》，1979 年 9 月 15 日）

「四順」的由來

順利邨、順安邨、順天邨加上全港第一個居屋項目順緻苑，以及鄰近的順利臨時房屋區，此地共出現五個以「順」字為首的住宅區，故居民和社會人士多以「五順」來作統稱。及至 2001 年，順利臨時房屋區清拆，「五順」變成「四順」。

由於位置接近，故政府安排區議會分區選舉時，也將這些以「順」字為首的房屋區劃分為同一選區，1980 年代有順利邨和順安邨組成的「雙順」，後來再演變出不同的劃分方法，但範圍總離不開這幾個「順」字頭的房屋區，坊間也因此創出「四順」一詞。「四順」居民關係密切，關心的共同議題不少，如屋邨的擠迫環境、缺乏銀行等民生問題。

當年建築師的精心設計，至今邨內仍可見一二。

屋邨遊蹤

第一站

順利邨

「平民半山區」順利邨地勢較高，遠離港鐵站，大家乘車到順利邨巴士總站後，可以先到商場和街市閒逛，欣賞屋邨老舖；再到公園拍攝屋邨的牌匾。此外，近順安邨一方的獨立式建築物老人院，正是昔日順利戲院所在。另外，利安道對面為香港首個居屋屋苑——順緻苑。

第二站

順安邨

經過戲院後，順安邨就在眼前。順安邨的建築安頌樓先映入眼簾，這處的大廈呈「大十字型」，即「上

窄下闊」的公屋。除了屯門大興邨外，就只可在順安邨看到。這處充滿 1980 年代舊屋邨的懷舊氣息，房屋署還仿效彩虹邨，將該邨的大廈外牆刷上七彩顏色。大家可在順安邨一側經高達 15 層的升降機塔到達安泰邨，欣賞山下美景。

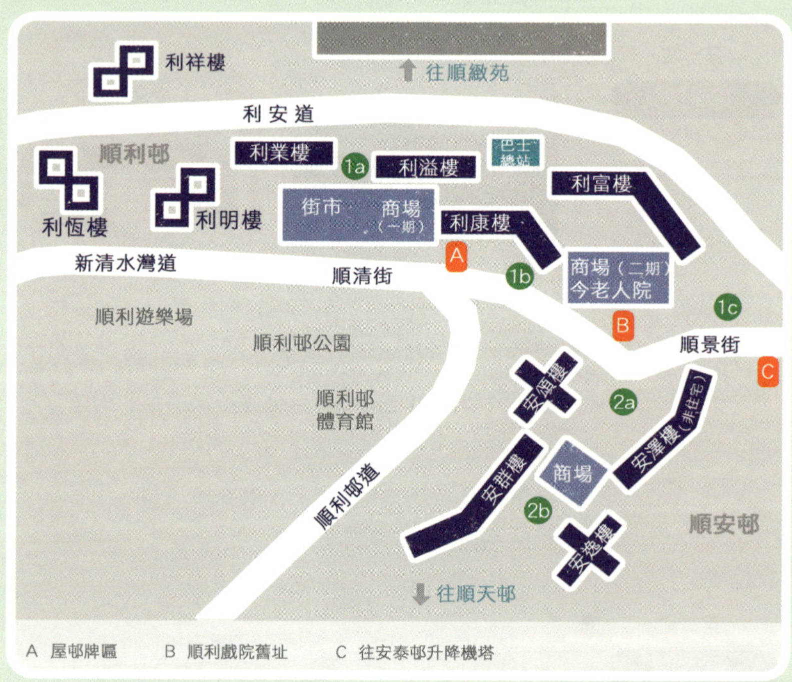

順利邨與順安邨平面圖

平房式徙置區，聊勝於無的一個家

鑑於國共內戰期間的木屋僭建問題，政府劃出「徙置區」以供人們居住。有時政府會提供簡單的建築物料，設立街喉以提供食水，一些福利團體也會從中協助，為居民提供一些民生或教育服務。

順利和順安邨的前身 —— 九龍七號墳場也是政府容許的平房式徙置區。自 1960 年代初，來自九龍洗衣街、何文田、大坑西、落山道、鑽石山大觀新村、觀塘茜草灣等地的木屋區居民，先後被迫遷到這個荒塚纍纍、令人心寒之地。再者，這山頭只靠一條有 283 級、昔日仵工抬棺材上山的長樓梯出入，不少入住的兒童因交通不便被迫輟學；加上缺乏食水供應和街頭照明，生活十分困苦。

然而，當區木屋居民排除萬難，漸漸建成一個人煙稠密的平房式徙置區，區內的小村落有新新村、新觀村、和平村、聖母村等，單是前兩村就有一千多戶，足見本港房屋供不應求的問題由來已久。

四個地區拆遷工友

遷七號墳場建成新村落

重建家園的約二千餘人

政府清拆大坑西等地木屋後，居民被徙置到九龍七號墳場一帶，建成和平村和新新村等。
（《華僑日報》，1961 年 10 月 22 日）

和樂邨

隱藏在鬧市中的舊屋邨

撫今追昔說源流

觀塘區內現存歷史最悠久的廉租屋邨

和樂邨位於觀塘區，觀塘在宋代屬「官富」或「官富場」管轄，西貢大廟灣發現的宋代石刻，就記載了南宋年間官員嚴益彰到官富場任職的史事。官富場位於九龍灣一帶，範圍包括今日觀塘、九龍城等地，因鄰近海灣，盛產海鹽，是當時廣東的重要鹽場。因其經濟價值，朝廷會派兵駐守，明清兩代亦設置「官富巡檢司」一職加以管理。鹽場有官員和士兵駐紮，時人稱之為「官塘」，意思是「官家的鹽塘」或「官家兵船停泊的海塘」。上一代香港人仍習慣將此地寫成「官塘」，到 1953 年政府才易名為「觀塘」。

觀塘發展為衛星城市後，區內興建大量屋邨，當中歷史最悠久而仍然保留的廉租屋邨就是和樂邨。當時屋邨的命名多數跟鄰近地方和街道有關，或含吉祥的寓意（俗稱「好意頭」），和樂邨正是兩者兼備。「和」字取自其毗鄰的協和街，和樂二字正有和諧安樂之意，故樓宇名字亦一脈相承，如長安樓、富安樓、恆安樓、興安樓等，取「長富恆興」、「和諧安樂」之意。

1950 年代，香港工業迅速發展，荃灣和牛頭角兩個原有工業區已近飽和，工業用地漸趨不足。1954 年，政府選定觀塘為新工業發展區，但觀塘屬臨海丘陵地帶，平地不多，故政府先在 1956 至 1959 年

官塘村骸骨
遷葬鑽石山

（特訊）港市衛生局佈告：凡在官塘村新九龍內地段第三五零四號非指定墳場內之墳墓之骸骨，自即日起十四天內，由該局檢執，遷葬于新九龍第八號（即鑽石山金塔墳場）。（永）

當時政府仍用「官塘」作為區名
（《華僑日報》，1947 年 7 月 19 日）

彩虹邨與和樂邨
廉價屋接受申請

申請者之人數起碼應有四名，全家入息每月在四百元至七百元之間，申請信最遲須在下月底之前寄到屋宇會。

從報道可見和樂邨的申請入息須在 400 至 700 元之間，高於同期廉租屋的 500 元上限。
（《大公報》，1961 年 12 月 20 日）

間分期完成填海工程，範圍包括現時觀塘道、海濱道及駿業街一帶，奠定發展的基礎。隨著大量工廠遷入觀塘，徙置區和廉租屋邨相繼落成，吸引大量外區居民定居，他們眼見當地有充足就業機會，能夠維持生計，亦樂意遷入。一個位處市中心以外的工業市鎮便漸漸形成。

最初，觀塘海旁一帶的填海地工廠林立，徙置區比比皆是，但政府將觀塘半山的部分土地規劃為私人住宅區，月華街內修建了不少低密度的新式樓宇。事實上，和樂邨作為屋建會的興建項目，為中等入息但居住環境過擠的住戶而設，屋邨的環境和設計都比簡陋的徙置大廈稍勝一籌。

建邨歷程回顧

和樂邨由屋建會所建，與福來邨同期，都是 1962 至 1963 年間落成的項目，兩者設計也有不少相近之處。由於早期的屋建會項目（如北角邨等）聘用私人建築師負責，造價較為昂貴，需時也較長，故和樂邨這些較後期的項目，設計追求簡約，力求實而不華。和樂邨共有 11 幢樓宇，第一期於 1962 至 1963 年落成，先建成 8 幢，為屋建會少有的 7 層大廈項目（同類的只有荃灣福來邨）；屋邨第二期於 1965 至 1966 年完成，共有 3 幢，兩者在建築規格上略有不同。

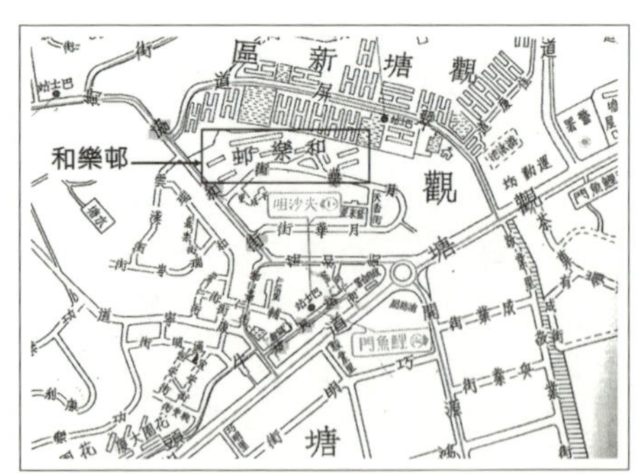

1972 年香港地圖中的觀塘區及和樂邨

期數	落成年份	樓宇	每幢層數	類型	規格
一	1962	建安樓、泰安樓、平安樓、義安樓	7	舊長型（中央走廊式），單位分列走廊兩邊，各單位大門相對。	設五人單位（租60元）及七人單位（租75元）。不設升降機，獨立廚廁和陽台。
	1963	長安樓、興安樓、富安樓、民安樓			
二	1965	新安樓、居安樓	16		設五人單位（租70元）及七人單位（租88元）。設升降機，獨立廚廁和陽台。
	1966	恆安樓			

屋邨生活點滴

和樂邨雖然已建成約 60 年，是觀塘區內現存最舊的公共屋邨，但至今仍未列入重建計劃。這條舊邨與鄰近人頭湧湧、車水馬龍的裕民坊，形成強烈對比，前者予人清幽寧靜的懷舊感覺，彷彿將時間定格在 1960 年代。

像和樂邨這樣七層高的舊式屋邨在今日實屬鳳毛麟角。舊式屋邨沒有大型商場，商舖就開設在每座大廈的地面，街坊與店舖之間存在著一份人情味。要尋訪這種屋邨內的街舖，和樂邨不會令你失望。

昔日觀塘治安欠佳，三教九流混雜，竊匪色魔時有出沒。惟舊式屋邨中門大開，街外人可自由出入大廈，也沒有保安員和閉路電視，治安問題令人憂心。有見及此，早期和樂邨曾自發組織街坊充當「看更」，保障居民安全。及至政府倡導屋邨成立互委會，各家各戶要輪流派人當值，時間由晚上 8 時半至午夜時份，和樂邨也不例外。

每間舊店舖彷彿在
細訴著某個故事

和樂邨「臨時報案中心」被光顧

兩匪襲警刧走一警槍

附近居民咸為治安惡劣而嘆息

灣仔匯豐分行遇劫匪徒鳴槍兩響無所獲

【本報訊】兩名匪徒昨日襲擊九龍觀塘和樂邨平安樓附近的「臨時報案中心」的一名警員，劫走其佩槍和五粒子彈。

被襲傷後失去佩槍的警員梁富，十九歲，編號為PC一一六〇七，據說他才離開警察學校一個多月，被派駐觀塘警署。昨日他被派到和樂邨的「臨時報案中心」當值。這個「中心」是一輛警車，編號AM八一六三，同車當值的有四名警員。昨日下午四時，三名警員出動巡邏，車上只剩下梁富一人。在這個時候，有一男子走到「報案中心」，借問路為名，與梁搭訕，梁不虞有詐，從車內走出，不料才走出車門外，即被人用鐵鎚迎頭猛擊，重傷倒地，接着另一男子用牛肉刀割斷梁富繫在身上的槍繩，奪去佩槍，然後向鷄寮的方向逃去。後來，一名警員巡經該處，發現梁富倒在地上，方才報警。

大批警員到場調查，封鎖現場，搜查附近大廈樓宇，在路旁水渠檢獲一把牛肉刀，相信是匪徒用來劫警槍的利器。警方又用擴音器向居民廣播，呼籲曾目擊事件發生的居民提供消息，協助調查該宗案件。警員經廣泛搜查後，未發現匪蹤。

東九龍偵緝主任布祿士昨日在現場對記者轉述警員梁富被襲失槍經過。被劫警槍的編號是RHKP五七八，是點三八口徑的左輪手槍，槍輪內有五粒子彈。現時警方正通緝兩名劫槍匪徒，兩匪年約二十六歲至三十歲。

案發地點是人來人往的熱鬧地區，匪徒竟能襲警奪槍，從容逃去，居民咸為匪徒之猖獗、治安之惡

和樂邨發生悍匪搶警槍案，
當年治安之惡劣可想而知。
（《大公報》，1977 年 10 月 6 日）

當值者或在樓宇內巡邏，或在地下大堂看守，裝備則有哨子和藤棍，前者用來通知其他人到來支援，後者便是抗賊自衛的「武器」。有時候，「看更」製造了年青人或街坊聊天的好機會，將「差事」變成「樂事」，藉此增進彼此的感情。

1973 年 6 月，政府正式推出互助委員會計劃，由民政署推行，至 1994 年為 1,413 個公共屋邨成立互委會，締造了昔日屋邨居民的集體回憶。

屋邨遊蹤

第一站

寧謐舊邨

走出觀塘港鐵站 D2 出口，穿過休憩公園，到達昔日的區內「豪宅」月華大廈。沿月華街走進邨內，馬路兩旁綠意盎然，盡是當年的「私家靚樓」。再多走幾步，右方映入眼簾的是分屬和樂邨第一和第二期的民安樓和恆安樓，大家既可一覽這個樓齡已近 60 年的舊廈，也可窺探不同層高的設計異同。

第二站

舊式店舖

進入邨內，可以細看屋邨的地舖。在義安樓地下，你會看到昔日小朋友摯愛的「屋邨超市」辦館，以及難得一見的舊式屋邨茶餐廳，那懷舊的陳設和閒適氣氛絕對值得駐足細看，甚至入內來一次「屋邨尋味」。當然，這處還有「瀕臨絕種」的糧油雜貨店，舖內貨品陳設無疑有點雜亂，但足以勾起街坊小時候買罐頭、醬油和雞蛋的回憶。邨內平安樓後方設有五幅壁畫，記錄了屋邨舊舖和居民的故事。

第三站

屋邨公園

遊走於和樂邨的公園，你會發現這裏還保留廣闊的公共空間，滑梯、空地、羽毛球場、健體設施等等，一應俱全，卻缺少了應在玩耍的孩童，坐在公園一角的多是正在閒聊的長者。

和樂邨平面圖

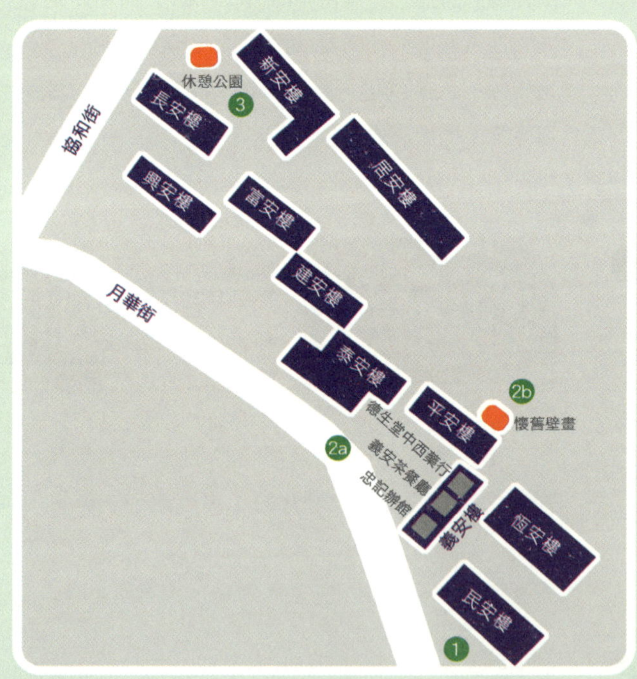

瀝源邨與禾輋邨

走過光輝歲月的屋邨

撫今追昔說源流

由瀝源變成沙田的淵源

沙田在古時稱作椒園、芀園或瀝源，現將三種説法臚列如下：

名稱	由來	出處
棘園	因沙田區於古代是荒蕪之地，徧佈荊棘，因而得名。	《沙田文物誌》
芳園	昔日未有鐵絲網，村民種芳樹圍繞田園，令人畜不能通過，用作防範盜賊和野獸。	〈沙田最早稱芳園〉（《華僑日報》，1987 年 12 月 20 日）
瀝源	「瀝」有清泉流水之意，故瀝源指沙田谷地四周清澈的山澗溪流匯聚於此，流入城門河口，因而得名。	清《新安縣志》有記載瀝源村和瀝源渡（碼頭）

因有不少古代文獻記載，故現時普遍採用沙田區古稱「瀝源」的説法。那麼「瀝源」又為何會變成「沙田」呢？原來瀝源三面環山，大量沙泥經年累月地從山澗沖積至此，在下游形成一片沃土，村民在此開墾耕種，形成「沙田」處處，一些村落更以此命名，如沙田頭、沙田圍等。據説 1898 年英國租借新界後，負責勘察新界的英國人經過沙田圍時，向村民查詢當區名稱，村民以村名相告，英人誤以為所指的是整個區域，故「沙田」便由村落一躍而成地區，並沿用至今。

不過，有指早在英國租借新界前，此區已稱為沙田，如 1866 年意大利神父華隆泰利（Volonteri）繪製的《新安縣全圖》已標示為「沙田」。然而，昔日新界鄉民確實稱此地為「瀝源」，且有大量文獻和實物為證，如 1890 年〈重修車公廟碑記〉的「車大元帥爺爺……實為瀝源萬家生佛也」、1896 年〈建造廣福橋芳名開列〉記載「瀝源九約捐銀五大員」等，可見沙田區在清代稱為「瀝源」乃不爭的事實。

因此，政府在發展沙田新市鎮時，命名其興建的第一個公共屋邨為「瀝源邨」，以反映這段地方歷史。況且，瀝源邨對出的海面正是清代「瀝源古渡」的所在地，有渡船在這碼頭往來烏溪沙和大埔墟等地，故取名「瀝源」亦順理成章。至於稍後建成的禾輋邨，因鄰近區內村落下禾輋、上禾輋（或因在傾斜的山上開闢禾田得名），故屋邨以其鄰近村落命名，也是慣常做法。

至於屋邨各幢大廈，瀝源邨七幢大廈名稱的首字分別為榮、華、富、貴、福、祿、壽，符合中國人重視「好意頭」的習慣；而禾輋邨的各幢大廈，則用上「禾」的同音字「和」，當然也有社區和諧、一團和氣的意思。

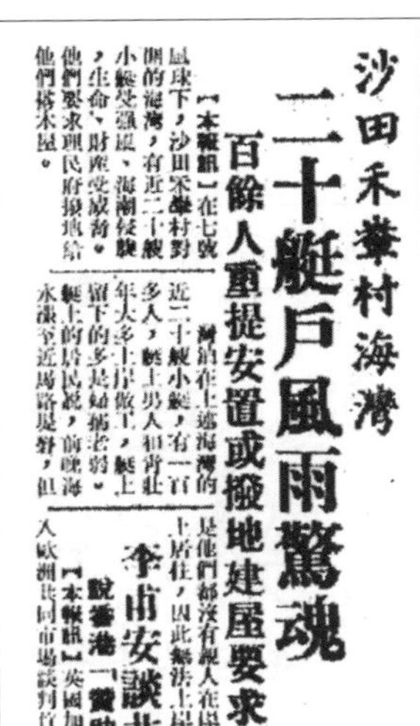

沙田禾輋村海灣

二十艇戶風雨驚魂

百餘人重提安置或撥地建屋要求

【本報訊】在七號風球下，沙田禾輋村對開的海灣，有近二十艘小艇受強風、海潮侵襲，生命、財產受威脅。他們要求理民府撥地給他們搭木屋。

灣泊在上述海灣的近二十艘小艇，有一百多人，艇上男人和青壯年大多上岸做工，艇上留下的多是婦孺老弱。艇上的居民說，前幾海水漲至近馬路堤壩，但是他們都沒有親人在岸上居住，因此無法上岸

說香港「贊助」

【本報訊】英國加入歐洲共同市場談判

昔日禾輋是一條小村，鄰近海邊，有艇戶聚居。

（《大公報》，1970 年 9 月 15 日）

從古村到新市鎮

昔日瀝源居民可以分為本地和客家兩大類，前者於明代已定居於此。明萬曆年間，積存圍（因規模最大，俗稱大圍）已建於今日城門河一帶，屬雜姓村落；另有田心圍（今稱田心村）、小瀝源村、隔田村等。他們多在平原地帶開墾耕種，較為富裕。此外，香港地區先後隸屬於東莞、新安兩縣，兩者均盛產香木，而瀝源正是以優質香樹而遠近聞名。

與此同時，昔日瀝源居民多從事耕作，有種植稻米、蔬菜、番薯等，也有飼養家畜，上山斬柴，所得物產會經慈沙古道帶到九龍城、竹

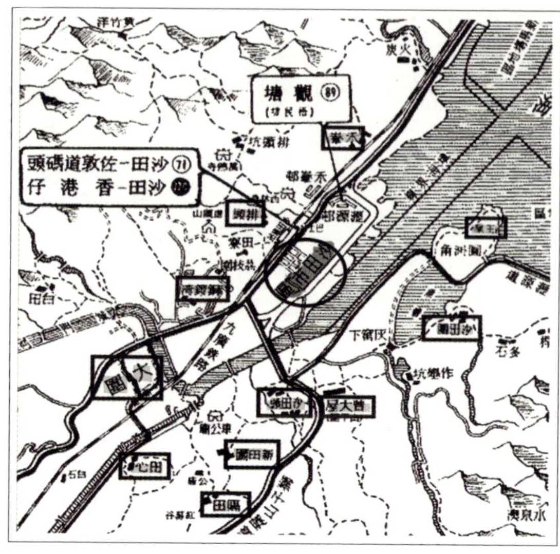

1976 年沙田地圖所見，當時填海工程正在進行中，瀝源和禾輋兩個屋邨也標示在圖中。留意其他沙田古村或地名的位置（見方格標示），未完成填海的圓洲角仍可見小島的地貌，而沙田市區所指的是沙田墟（見圓形標示）。

園，或循水路運到大埔墟等地出售。戰後大量內地人民南來，沙田人口從 1950 年的 8,000 人增至 1960 年的 28,000 人，交通和基建漸有發展，但仍不脫農村漁港、宗教勝地的風貌。至 1970 年代，政府發展沙田為新市鎮，進行大規模填海工程，並興建瀝源、禾輋等公共屋邨，沙田才經歷翻天覆地的變化，滄海農田變身高樓大廈。

建邨歷程回顧

新市鎮上建高樓

港督麥理浩於 1972 年宣佈「十年建屋計劃」，銳意建造大量公共房屋，以容納 180 萬居民。1973 年，為配合大規模建屋工程，政府選擇在荃灣、屯門和沙田發展新市鎮，興建大批公共屋邨。沙田位處城門河口，臨近吐露港，岸邊是沙泥沉積而成的淺灘，而填海工程成本較低，在填海地上建屋也可避免徵收土地、遷拆房屋、賠償議價等衝突，故瀝源和禾輋兩個城門河畔的屋邨，建設過程非常順利，而建成的屋邨連同整個沙田區，更被譽為新市鎮的典範。

沙田區首個屋邨項目

瀝源邨首階段先建兩幢 15 層高大廈，1975 年 4 月落成，6 月入伙；第二期五幢大廈的工程於 1974 年開始，包括兩幢 15 層、一幢 22 層及兩幢 8 層高大廈，也在 1976 年中落成入伙。至於它的姊妹屋邨禾輋邨，首期三幢雙塔式大廈，於 1975 年動工，1977 年 8 月落成入伙；餘下的九幢大廈亦於 1978 至 1980 年間相繼落成，成為沙田第二個公共屋邨。

全港首設架空行人天橋系統

值得一提的是，瀝源及禾輋邨設有架空行人天橋相連，高度與樓宇的三樓平衡，且有上蓋覆蓋，是全港首個擁有行人天橋系統的屋邨。居民從各幢樓宇進出商場街市，或是往返兩邨之間，都非常方便。後來新建的沙田火車站、新城市廣場等私人屋苑的商場，也接上這個行人天橋系統，市民從火車站可一直步行至禾輋邨，過程不需踏足馬路和行人

連貫禾輋與瀝源邨
有蓋行人天橋啟用

【本報訊】一條連貫沙田禾輋邨及瀝源邨的有有蓋行人天橋，昨日下午已經開放給居民使用。

該行人天橋網全長一千公尺，除接連禾輋邨各座樓宇外，並直通至瀝源邨的住宅樓宇及商場。

禾輋邨目前暫時未有商場及街市設備，行人天橋的開放，有利禾輋邨居民前往瀝源商場購物，及使用該邨的設備亦免受風雨的影響。

天橋系統的高度與三樓平行，以便雙層巴士及滅火車等巨型車輛可以從下面通過。同時天橋所經之處，除住宅樓宇的出入口外，另有三座獨立樓梯上落天橋及地面。

天橋所經的地方，分別有四個休憩區，區內種植花草樹木，並建有涼亭，天橋網亦因此成為散步的好去處。

禾輋邨分四期興建，共有住宅樓宇十二座，另有一座購物中心，三

全港首個屋邨行人天橋系統啟用

（《工商日報》，1978 年 8 月 16 日）

2003 年增建的禾輋邨景和樓（左）

路，是為沙田新市鎮的一大特色。

瀝源邨和禾輋邨入伙至今，已有四十多年，雖然保養良好，但屋邨的面貌難免有所變化。瀝源邨富裕樓及華豐樓只有八層高，落成時不設升降機，最終房委會在 2010 年為兩座樓宇加裝了升降機；禾輋邨則在 2003 年增建景和樓，令全邨共有 13 座樓宇。

屋邨生活點滴

禾輋冬菇亭

其實，兩邨變化最大的是商場和食肆。禾輋廣場在建邨之初已設有冬菇亭熟食中心，但近年大牌檔陳根記、津津，以及出售粥粉麵飯茶餐的波記已經結業。改建後雖有新食肆進駐，但戶外進食的風味已失，晚上空地放置大批摺櫈和摺枱的舊貌也不復見。

沙田最新和新界最大的商場

出現巨變的其實是兩邨商場，瀝源邨商場落成之初，是沙田第一個現代化商場，與昔日沙田墟（今沙田港鐵站一帶）的傳統墟市不可同日而語。當時著名的瑞興百貨屬下的「瑞榮大市場」在瀝源商場二、三樓開業，集超市和百貨商場於一身。1977 年英國雅麗珊郡主訪港時，也曾到此參觀，並購買了店內的克力架餅乾。至於 1979 年落成的禾輋廣場，樓高三層，樓面面積 65 萬平方呎，是當時全新界最大的商場。1980 年代著名百貨公司吉利市在香港的首家分店，正是設於禾輋邨。

不過，隨著新城市廣場等私人屋苑的商場相繼落成，因其位置較接近沙田火車站和巴士總站，加上日本百貨公司「八佰伴」於 1984 年在

新界最大購物中心
禾輋商場十月落成
一七九商業單位今起接受申請

【本報訊】位於沙田禾輋邨的新界最大購物中心將於今年十月落成。禾輋商場內一百七十九個商業單位由今日起公開接受市民申請，以競投租金方式出租。助理房屋署長鄔漢通昨日下午引領新聞界代表實地參觀時作上述透露。

禾輋商場位於禾輋邨的中央，是一座

方呎至三萬方呎，特別指定作為超級市場或百貨商店、酒樓、餐廳及銀行用途。

此外，商場內還設有七十五間店舖及九十八個街市檔位，供各行各業所需。商場地下並設有可容三百輛汽車的停車場。

目前居住在瀝源邨和禾輋邨首期的居民達三萬人，禾輋邨第二期年尾入伙後，該兩屋邨的人口將增至五萬。明年以後，穗禾苑、沙角邨、美林邨、乙明邨、新田圍邨等相繼入伙，沙田人口將急劇增加，由現今的八萬人增至八五年的五十萬人。禾輋商場的落成，正好配合今後沙田發展的需要。

禾輋廣場曾是新界最大的現代化購物商場

（《大公報》，1979 年 7 月 13 日）

瑞興屬下瑞榮大市場
在沙田瀝源邨開幕

瑞興百貨公司屬下機構──瑞榮大市場，為拓展業務，在沙田瀝源邨商場（二樓及三樓，面積一萬六千呎）新址開設分行，經於本月十六日開幕。敦請百加先生及電視紅星沈殿霞小姐、溫柳媚小姐等主持剪綵，并有舞金龍舞獅節目慶賀，瑞興公司董事長古勝祥為金龍點睛後，旋即由蔡成功國術健身院人員表演舞金龍及舞獅等節目，到賀嘉賓甚衆。

沙田是正在迅速發展中的衛星城市，瀝源邨是首期完成的現代化的廉租屋邨，可容五萬人

圖為瑞榮大市場沙田分行開幕，古勝祥偕同百加及電視紅星溫柳媚小姐及沈殿霞小姐剪綵情形。

瀝源邨瑞榮大市場開幕，當天請來影視紅星沈殿霞（右一）和溫柳媚（左一）剪綵，場面盛極一時。

（《工商晚報》，1976 年 8 月 22 日）

新城市廣場開設香港首家分店後，掀起一股日本熱，沙田的購物中心隨之轉移。時至今日瀝源和禾輋廣場已不復昔日光輝，與一般屋邨商場相差無幾。

經典劇集取景地

香港電台經典之作兒童劇《小時候》第一輯在 1977 至 1978 年間播映，劇中主角何家其（王書麒飾演）和何小敏（路家敏飾演）正是居於瀝源邨富裕樓 509 室，屋邨景物和設施，如遊樂場、噴水池、商場等在劇中經常出現。這對小兄妹每日乘坐火車往返九龍上課，是當時不少邨中小朋友的生活寫照，而沙田墟火車站的舊貌亦因這情節而留下光影記憶。《小時候》在上一代香港人心中留下深刻印記，而在邨中觀看《小時候》的拍攝情況，則是當年瀝源邨居民的集體回憶。

（右）「小時候」的小主角路家敏。（左上）「小時候」的小哥哥王書麒。（左下）「小時候」劇集的主要演員潘志文黎灼灼。

有關劇集《小時候》的宣傳報道

（《華僑日報》，1977 年 7 月 8 日）

屋邨遊蹤

第一站

屋邨老舖

抵達瀝源邨商場和街市，這裏有大量舊式店舖，如開邨時已開設的豐昌辦館，其貨品和陳設將會帶你越過時光隧道到達 1970 年代。當然，還有入伙前已設於沙田墟的盛記麵家。該店擁有六十多年歷史，開邨時搬遷到此，現早午市賣粉麵，晚市做火鍋，內裏放滿街坊捐出的舊物，令你恍如置身屋邨博物館。豐昌辦館至今仍會容許街坊「賒數」，盛記麵家則招待長者免費吃麵，有情歲月，莫失莫忘。

第二站

標誌性建築

屋邨中央花園還有經典建築，是全港首個屋邨噴水池，建成時也是全港最大的一個。噴水池既美觀，也對屋邨商場中央冷氣系統起散熱作用，是當年屬極具前瞻性的設施。噴水池旁邊有海報柱，是昔日政府張貼宣傳海報之處，現時香港只餘下三條，分別位於愛民邨、瀝源邨及大興邨，相信可列入「瀕臨絕種」類別。

第三站

冬菇亭

從商場返回行人天橋，往前走可到達曾是新界第一大商場的禾輋廣場。其後商場轉由領展管理，內裏老舖早已告別大眾。穿過廣場內的新式食肆和店舖，可以離開商場一探仍在運作的冬菇亭；雖然人面全非，亦已改建，但仍有食肆營運，可讓人懷舊一番，憶起往日種種。

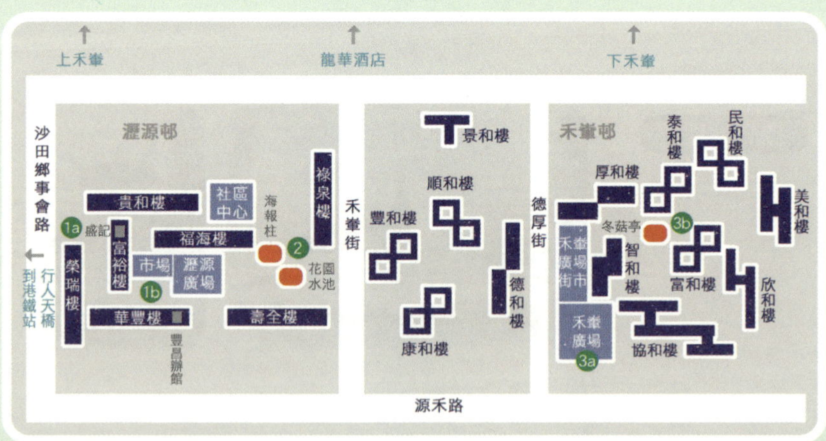

瀝源邨與禾輋邨平面圖

香港房屋委員會成立

1971 年港督麥理浩上任不久，發生秀茂坪山泥傾瀉事件。據他憶述，這是他從政生涯中所承受壓力極大的事件，也驅使他特別關注房屋問題。翌年，麥理浩宣佈「十年建屋計劃」，旨在於 1973 至 1982 年間，為 180 萬港人提供合適居所。為此，政府於 1973 年將徙置事務處及屋建會合併，成立香港房屋委員會。

誰是房委會首個公共屋邨？

房委會於 1973 年 4 月 1 日成立後，最先落成和入伙的公屋大廈是愛民邨衛民樓，時間是 1974 年 4 月 18 日，但整個屋邨要到 1975 年才完工。因此，有人認為美東邨才是首個公共屋邨，該邨於 1974 年 7 月落成，10 月入伙；全邨只有一幢大廈（稱為第 6 座），入伙時間較衛民樓晚，但以整個屋邨計算，卻較愛民邨要早。

不過，愛民邨早在 1970 年已經施工，美東邨興建工程亦是於 1972 年開始，兩者均在房委會成立前。至於瀝源邨，它雖然在 1973 年 3 月已由屋建會展開承建商的公開招標程序，但待 4 月該會併入房委會後才落實及動工，故不少人視瀝源邨為房委會以至香港的首個公共屋邨。

就上述三個不同的定義，得出不同的答案，不知讀者們會採納哪一個呢？

大元邨

滄海桑田話大埔

撫今追昔說源流

大元邨於 1980 年落成，最初定名為「元洲仔新邨」，其誕生與元洲仔這地方有密切關係。元洲仔位於大埔吐露港西北的一個小島，清代已有大量漁民聚居於此，當中既有停泊的船艇，也有岸邊淺灘上搭建的棚屋，衛生環境惡劣，更有報章稱之為「大埔之瘤」。

大埔污點元洲仔

元洲仔聚居的漁民中，有來自本地和祖籍海陸豐的鶴佬漁民。蘇、李、徐、鍾、石五姓漁民，在清末發起募捐，興建了位於今日元洲仔公園的大王爺廟，正是鶴佬漁民定居於此的見證。1920 年代起，停泊於元洲仔的船艇愈來愈多，抗日戰爭爆發後，數量更增加了四倍。及至國共內戰，海陸豐漁民知悉不少同鄉居於元洲仔，紛紛把漁船駛到此處。大王爺廟前的空地，成為了漁民批發和出售漁獲的市集，令元洲仔逐步發展成小漁港，以及水上人的聚居點。一些漁民將舊漁船改裝，固定於港灣之內，長居艇上；也有一些在近岸的內灣（今日廣福邨對面的公園和足球場）搭建簡陋棚屋棲身，令此地成為艇戶和棚屋混雜之地。自此，元洲仔範圍不斷擴大，由最初的小島，變成了廣闊區域，覆蓋大埔公路北面兩旁的淺灘。1970 年代，估計有一千多戶在此聚居，棚屋近五百間，人口一萬左右。

然而，元洲仔衛生環境惡劣，居民將排洩物和日常垃圾隨意傾倒，令海水發出陣陣惡臭，鼠患也非常嚴重，報章更斥其為「大埔之瘤」，時任新界政務司鍾逸傑（David Akers-Jones）則形容為「可恥環境」。至 1971 年，元洲仔發生木屋大火，政府有意加以整頓，在 1972 年表示要進行遷拆，並在大埔新墟廣福橋附近興建可容九千人的廉租屋邨，稱為「廣福邨」，但最終只拆除部分棚屋，居民被安置到船灣安置區，興建公共房屋一事無疾而終。

大埔元洲仔發生
艇屋三級火警
三百人無家可歸

元洲仔在 1970 年代發生第二次大火，事件促成政府填海並發展該區。
（《華僑日報》，1974 年 7 月 9 日）

1974 年，火災再次發生，50 間木屋遭焚毀，近 300 人無家可歸。適值政府準備在大埔填海興建全港第一個工業邨，故決定一併解決元洲仔問題。政府在 1975 年公佈發展大計，將於大埔工業邨汀角路對出的填海地，興建屋邨來安置元洲仔居民。此後政府宣佈發展大埔為新市鎮，大埔工業邨建設工程便於 1976 年展開，至 1978 年落成。元洲仔則在 1977 至 1978 年間逐步遷拆，一些居民選擇入住禾輋邨，其他被安置到漁角臨時房屋區（今救恩書院一帶），待日後入住大元邨（後來部分入住太和及廣福邨）。大元邨最初命名為「元洲仔新邨」，於 1977 年政府又建議改名為「南坑邨」或「大元邨」，由於新屋邨須佔用大埔南坑一帶的土地，故採用因地命名的慣常做法，提出「南坑邨」的建議；至於大元邨的「元」字既反映屋邨用作安置元洲仔居民的事實，也有重新開始之意。最終，各方採納後者意見，將大埔新市鎮首個落成的屋邨定名為「大元邨」。

元洲仔清拆行動展開後，接著是林村河至元洲仔之間的填海工程，元洲仔與陸地連成一片，新填海地變成了吐露港公路交匯處、廣福邨球場、宏福苑等。元洲仔的發展，代表著大埔由漁農業為主的鄉郊地帶，逐步演變為現代化新市鎮，隨著汀角路以東及以南的填海工程全部完成，大量公共屋邨、居屋、私人屋苑落成，大埔迎來滄海桑田的變化，令人耳目一新。

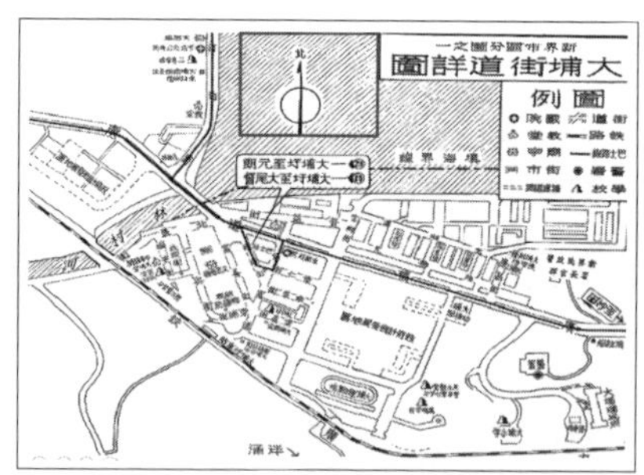

1971 年的大埔地圖，上方舊墟天后廟和汀角道位處海邊，方框位置是今日風水廣場和大埔超級城等地，往上就是大元邨所在。

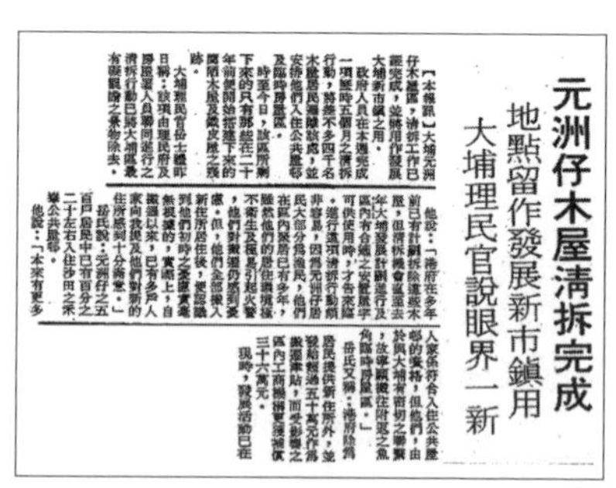
元洲仔木屋清拆完成
地點留作發展新市鎮用
大埔理民官說眼界一新

【本報訊】大埔元洲仔木屋區，清拆工作已告完成，並將用作發展大埔新市鎮之用。

政府人員在本週完成一項歷時五個月之清拆行動，將差不多四千名木屋居民遷離該處，並安排他們入住公共屋邨及臨時房屋區。

時至今日，該區所剩下來的只有那些在二十年前便開始搭建下來的廢棄木屋及鐵皮屋之殘跡。

大埔理民官岳士鐵昨日稱：該項由理民府及房屋署人員聯同進行之清拆行動已將大埔區最有礙觀瞻之棄物除去。

他說：「港府在多年前已有計劃拆除這些木屋，但需待機會逐漸遷去，大埔發展計劃進行及區內有合適之安置屋宇可供使用時，才告來臨。進行這項清拆行動頗非容易，因為元洲仔居民大部分為漁民，他們在該區內聚居已有多年，雖然他們的居住環境極不衛生及極易引起火警，他們對搬遷仍感到憂慮，但，他們全部搬入新住所居住後，更認識到他們初時之憂慮實屬無根據的，實際上，自搬遷以來，已有多戶人家向我提及他們對新的住所感到十分滿意。」

岳氏說：元洲仔之五百戶居民中已有百分之二十左右入住沙田之禾輋公共屋邨。

他說：「本來有更多人家係符合入住公共屋邨的資格，但他們，由於與大埔有密切之聯繫，故寧願搬往附近之漁角臨時房屋區。」

岳氏又稱：港府除為居民提供新住所外，並發給超過五十萬元作為搬遷津貼，而受影響之區內工商機構更獲補償三十六萬元。

現時，發展活動已在

元洲仔清拆工作完成

（《工商晚報》，1978 年 5 月 29 日）

大元邨八幢樓宇的命名，1979 年初原定為豐泰、順泰、民泰、康泰、榮泰、華泰、怡泰和安泰樓，但因部分與其他屋邨雷同，如華富邨已有華泰樓，所以要作出更改，最終定為泰欣、泰榮、泰民、泰樂、泰怡、泰寧、泰熹和泰德樓。欣欣向榮、居民同樂、怡然安寧，都是「好意頭」的祝福語，居民自然喜聞樂見。

大元邨地基工程於 1977 年底開始，1980 年起陸續落成入伙。1980 年 6 月，泰民和泰榮樓率先完工，入伙者為昔日元洲仔的居民；最後一幢泰德樓則於 1981 年 4 月正式落成，全邨竣工後提供約五千個單位。原屬大元邨的泰熹樓，其後因更改為居屋之用（即後來的汀雅苑），故最終全邨只有七幢大廈，而不是原先公佈的八幢。

<table>
<tr><th>落成年份</th><th>樓宇</th><th>每幢層數</th><th>類型</th></tr>
<tr><td rowspan="6">1980</td><td>泰榮樓（第 2 座）</td><td rowspan="2">14</td><td rowspan="2">舊長型</td></tr>
<tr><td>泰民樓（第 3 座）</td></tr>
<tr><td>泰欣樓（第 1 座）</td><td rowspan="4">28（高座）、26（低座）</td><td rowspan="2">工字型（雙連座）</td></tr>
<tr><td>泰寧樓（第 6 座）</td></tr>
<tr><td>泰樂樓（第 4 座）</td><td rowspan="2">工字型（三連座）</td></tr>
<tr><td>泰怡樓（第 5 座）</td></tr>
<tr><td>1981</td><td>泰德樓（第 8 座）</td><td>14</td><td>舊長型</td></tr>
</table>

大埔區第一個屋邨

大元邨七月落成

首期可容一萬三千人

有關大元邨將落成的報道

（《工商晚報》，1980 年 3 月 3 日）

已過四十之齡，重建有期？

大元邨落成至今，樓齡已達四十多年，一些大埔區議員都關注政府是否計劃重建。不少區內人士亦表示即使大元邨未算殘舊，但當局仍可盡快分期重建，一方面改善邨內居民生活素質，一方面可以善用土地資源，如在重建後興建地底商場，提升大元邨的地積比率，有效增加公屋單位的供應。然而，政府認為須全盤考慮各種因素，如修葺工程成本、覓地遷移等，故暫未有重建計劃。

商場翻新，新不如舊？

儘管各幢住宅大樓未有變化，但大元邨內街市於 2011 年完成翻新工程，並於 2012 年中正式開幕。傳統街市環境為人詬病之處，在於濕漉漉的地面、陣陣的魚腥味、空氣不流通、通道狹窄擠迫等。然而，在領展施行改善工程後，街市裝潢簇新，整齊乾淨，予人置身現代化商場或超市的感覺。當然，貨品售價會較為昂貴，一些邨民熟悉的攤檔和商舖消失了，顧客與相熟檔主閒話家常的場面再不復見，欠缺的正是那一點點的人情味。

重修後煥然一新的大元街市

陸上也可「扒龍舟」？

大元邨的首批居民是元洲仔的鶴佬人，也是鶴佬人聚居之地，自此保留了鶴佬人的文化特色。第一代入住的鶴佬人多從事體力勞動工作，飲食上仍保留吃海鮮的習慣，平日衣著與普通居民無異，但在特別日子就會穿上傳統服飾，如親人結婚、天后誕巡遊等，鶴佬婦女（後來男性也有參與）會穿上傳統衣服，悉心打扮，參與「扒龍舟」的儀式。通常會有一人在前頭敲鑼帶領，有時更會舞獅助興，其他在後面作「扒龍舟」的模樣，熱鬧有趣，吸引一眾街坊駐足觀看，甚至拍照留念。要言之，鶴佬人結婚之日，新郎的女性家屬在街上「扒龍舟」接新娘的場面，已變成大元邨居民的集體回憶。

香港歷史博物館舊日展廳展示鶴佬人賽龍舟的模型。昔日婚禮中，男家的女性親屬會在海上划艇迎接新娘，上岸居住後便改為「陸上行舟」的龍船舞。

屋邨遊蹤

第一站

公屋大廈一覽

在大埔墟港鐵站，可轉乘 K12 接駁巴士，在大埔超級城或八號花園站下車，步行經大埔中央廣場，可到達大元邨。首先見到的是一列舊長型大廈，例如泰民樓屬舊長型（連接 E）設計，兩翼呈 135 度擺動，呈 V 型，然後是雙連座和三連座工字型大廈，一些屋邨相連的高低各座會有不同名字，但大元邨是高低座採用同一名字。大家可以穿梭其中，欣賞這款公屋設計。

第二站

對比新舊店舖

泰德樓和泰民樓前可找到大元商場和街市，當中經領展翻新的街市，予人置身現代化商場和超市的感覺，為市民帶來舒適的購物體驗，傳統街市的風貌卻已蕩然

無存。泰德樓和泰民樓樓下還有為數不多的舊式店舖，足以懷緬 1980 年代的屋邨生活點滴。

第三站

天后廟

經過大元街市後，可到達天后廟風水廣場，廣場前的馬路就是汀角路，也就是昔日大埔海岸線。換言之，大元邨所在地、此刻踏足之處，曾是汪洋一片。馬路對面是舊墟天后廟和舊墟直街，此地曾列入新界三大墟市（另外兩個在元朗和上水），街名和廟宇正是這段歷史的見證，似在細說大埔的滄桑變化。

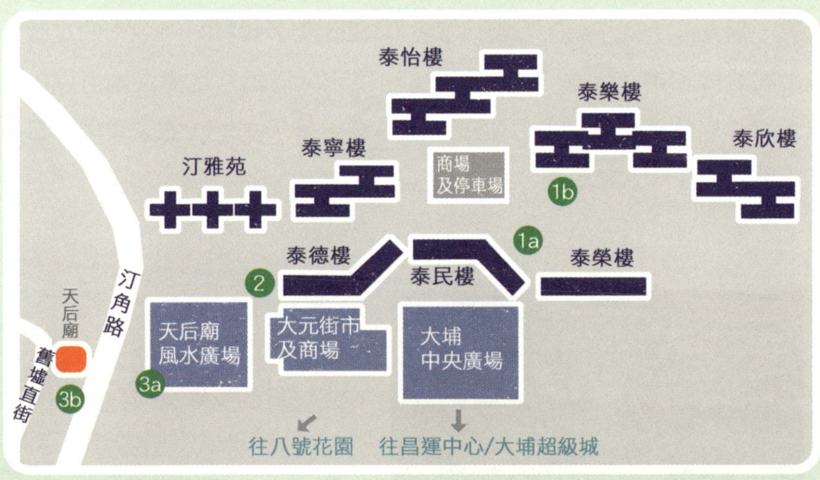

大元邨平面圖

大埔商業中心的變遷

本港三大墟市之一：大埔舊墟

要數大埔史上首個商業中心，當屬大埔舊墟。清康熙十一年（1672 年），大埔頭鄧氏鄉紳在林村河以北（今大埔天后宮附近）建立墟市，是為大埔舊墟。昔日大埔汀角路前汪洋一片，水陸交通便利，沙田瀝源及烏溪沙的村民可乘街渡到此買賣，粉嶺居民則循陸路貿易，使舊墟發展日益蓬勃，成為香港三大墟市之一。

九廣鐵路偶然的選擇：一代新墟勝舊墟

為與鄧族爭一日之長短，泰坑文氏帶領大埔其他村落組成聯盟，稱為「七約」，清光緒十九年（1893 年）於林村河以南的富善街開設太和市，人稱「大埔新墟」。後來九廣鐵路選擇在附近建設大埔墟車站。由於交通方便，舊墟生意一落千丈，新墟發展則一日千里，更成為大埔商業中心。

大埔墟（新墟）富善街兩旁仍有不少舊式店舖，是街坊購物的好去處。

新市鎮下新面貌：拔地而起的購物商場

直至 1980 年代，大埔逐步發展為現代化新市鎮，汀角路對出的新填海地建成大量私人屋苑，屋苑亦開設了各式各樣的新式店舖，大埔中心商場更是區內大型購物中心（1999 年改稱大埔超級城），日資百貨公司吉之島、一田百貨等曾進駐區內。不難發現，大埔的新商業中心已不在大埔墟富善街。

擁有逾百年歷史的富善街，雖是現今罕見的傳統市集，舊式貨品琳瑯滿目，但欣賞者又有多少？現代商場取代墟市，傳統的光景遭抹去，背後代表時代的進步，還是現代人的善忘？大埔墟的命運將會如何，實難預計。

天耀邨

告別悲情，舊貌新顏天水圍

撫今追昔說源流

政府打壓厦村鄧氏

天水圍位處元朗區，其命名要追溯到港英政府在百年前的一個政治權謀。話說 1899 年英國接管新界時，鄧、廖、文、侯、彭五大族聯手抗英，史稱「新界六日戰」。因此，政府掌控新界後，便想方設法對五大族加以監察和壓制，手段之一就是將本來名叫「厦村灣」的天水圍，批租予外來勢力。

厦村灣南面毗連屏山，北面與后海灣相連，兩條河流經屏山和厦村流進后海灣，在靠近厦村一方形成大片泥灘，厦村鄧氏在此養殖生蠔，產量甚豐，鄰近居民也可乘船入厦村市做買賣，兩者均為鄧氏主要收入。

1916 年，政府有意利用「外來人」牽制和削弱鄧氏勢力，便將厦村灣約 490 公頃土地，以低價批租予聯德公司開發。聯德公司由廣東台山趙氏家族的趙心田、趙秋田兄弟組建，他們在獲得批地後，僱用后海灣的水上人，在 1917 年修建了一條 150 多米長的石造「大壆」，阻擋海水進入灣內，以「圍海造地」的方法填平厦村灣。自此之後，鄧氏不能再以養蠔取利，水路交通受阻的厦村市收入亦減少。

天水圍與皇族有淵源？

由於趙氏家族是宋室皇族後裔，在南宋末年蒙古大軍入侵時，避居廣東，所以他們為紀念祖籍甘肅天水的宋太祖趙匡胤，便將圍堤內的地方稱為「天水」圍。踏入 1990 年代，天水圍區內公共屋邨相繼落成，房委會按慣例以代表該地區的「天」字為首，取名天恒邨、天逸邨、天恩邨、天瑞邨等一系列屋邨名字，當然也包括本節介紹的「天耀邨」。

軍警理民府協助搶救
修復天水圍堤岸
屏山鄉民今舉行贈旗表謝意

（特訊）元朗屏山鄉天水圍鄉民，將於今日（星期四）向第六十八啹喀獨立旅，第六啹喀來福槍隊，元朗理民府及皇家香港警察之代表獻旗，對彼等在颱風「維奧娜」過港時所予村民之協助，表示謝意。屏山鄉委員會主席及天水圍村代表將以紀念旗一面獻與每一代表人員。

天水圍村之發言人謂：：在風力最大時，有堤岸一處傾塌，使附近魚塘及稻田受損。由於軍警與理民府人員及時搶救，協力將堤修妥，災情乃不致擴大。

在獻旗儀節目中，並有由村民担任之遊藝表演。

有關天水圍維修堤岸的報道，圍堤岸正是天水圍的「圍」。
（《華僑日報》，1969 年 6 月 21 日）

天水圍的漁農業發展

元朗古稱「圓塱」，「圓」有完整豐滿之意，「塱」則用來形容江邊或湖邊的低窪地帶。事實上，元朗是一片被群山環抱的平原低地，區內河道縱橫，良田沃壤，漁農業發展蓬勃，元朗出產的絲苗大米，品質優良，遠近馳名。原被稱為「厦村灣」的天水圍，昔日也是漁農業的基地。

聯德公司取得厦村灣開發權後，先興建了上文提及的「大壆」，大規模圍海造田，石壆的位置就在今日香港濕地公園紅樹林浮橋附近。初期所得土地主要種植鹹水草，工人在壆上搭建木屋，又或是在水邊建高腳棚屋居住，以捕捉海產及種草為生。趙家的別墅、穀倉、學校等都建在大壆之上，後來稱為聯德里。

日佔期間，聯德公司向內地人民作招徠，將此地開墾為鹹水稻田。他們將大量蠔殼灰投入稻田，中和土壤酸性，令土地可以耕種淡水稻，戰後再開發出大量農田和漁塘。1960 年代，由於養魚的收益遠高於種植稻米，田地紛紛改為魚塘，區內養魚戶數以百計，天水圍至 1970 年代已變身漁業基地。

滄海桑田變身新市鎮

1970 年代，政府大力發展新市鎮，地產商發現天水圍奇貨可居，自此改寫了這地方的命運。1978 年，長江實業轄下的子公司「洛士托」以 4,600 萬元購入過半數聯德公司股權，取得天水圍土地，準備自行發展。此舉受到部分趙氏後人反對，經過一輪訴訟後，法庭撤銷禁制令，但土地須重新公開拍賣，以完成指定法律程序。1979 年，土地由巍城有限公司投得，令人詫異的是公司的大股東竟然變成中資企業華潤集團（51%），其他主要股東有大寶地產（25%）、長江實業（12.5%）、會德豐（5%）等。

元朗天水圍五千餘萬呎土地

三分鐘內完成拍賣

六億成交毫無對手

只屬完成法律程序例行手續

華潤爲首財團順理成章投得

華潤與長實等四大集團投得天水圍土地

（《華僑日報》，1980 年 9 月 23 日）

低價賣地背後的中英角力

華潤參與是次投資，背後原來是英國政府在試探中方對政府賣地契約能否超出 1997 年的政治權謀；中央政府了解低價批地的政治動機後，責令華潤退回土地。有見計劃未能得逞，政府對外宣稱整個新市鎮不宜由私人發展商控制，於 1982 年 7 月宣佈購回天水圍土地，作價 22.6 億元；再以 8 億元代價向長實等批出部分土地，共同參與發展，成就了今日的天水圍新市鎮。

天水圍第一個公共屋邨

政府收回天水圍土地之後，翻天覆地的天水圍發展大計隨即展開，探土工程於 1983 年展開，區內基建工程陸續進行，大量道路和行車天橋相繼落成。遷拆行動則在 1984 年開始，最後一批養魚戶在 1986 年遷出，魚塘陸續填為陸地，居民多被安置到朗屏邨。

最初，政府將天水圍首個公共屋邨命名為天瑤邨，後來才改為天耀邨。1989 年 5 月 24 日，天耀邨舉行動土儀式，至 1992 至 1993 年間落成。由於天水圍位置偏遠，交通不便，故房委會將租金水平定於每平方米 23.1 元，比市區略低，住戶首年只須繳交六成租金，第二年則為八成，更可編配較大面積單位。

和諧式公屋大廈

天耀邨是最早一批和諧式公屋大廈，其設計構思始於 1987 年。舊式設計未能以標準單元提供不同組合的各類型單位，和諧式則可以讓住客因應個人所需自行間隔房間，而且做到每個房間均有窗戶；並縮短大廈各層走廊的長度，避免了舊式大廈長走廊的弊病。而且，和諧式有助預製組件和營造方式系統化，既可加快建屋進度，也可以確保質素。

<table>
<tr><th colspan="3">天耀一邨</th><th colspan="3">天耀二邨</th></tr>
<tr><th>樓宇</th><th>每幢層數</th><th>類型</th><th>樓宇</th><th>每幢層數</th><th>類型</th></tr>
<tr><td>耀民樓</td><td rowspan="5">35</td><td rowspan="3">Y3 型</td><td>耀華樓</td><td rowspan="6">36</td><td rowspan="6">和諧二型</td></tr>
<tr><td>耀富樓</td><td>耀豐樓</td></tr>
<tr><td>耀逸樓</td><td>耀澤樓</td></tr>
<tr><td>耀康樓</td><td rowspan="2">Y4 型</td><td>耀泰樓</td></tr>
<tr><td>耀興樓</td><td>耀隆樓</td></tr>
<tr><td>耀盛樓</td><td>36</td><td>和諧二型</td><td>耀昌樓</td></tr>
</table>

天水圍探土
工程已完成
地盤工程要明年底動工

【本報訊】元朗天水圍的探土工程經已完成，不過第一期填地盤工程最快也要至八四年底才可動工。

據新界拓展處發言人表示：顧問公司經過六個月的探土工程，經已完成了報告，將會呈交給政府。

由於天水圍地盤有不少魚塘，探土工程發現約要三千萬立方米的泥沙，才可將整個地盤填平。

不過由於天水圍是屬於水漥地帶，渠道及平整地盤工程的設計，需要一年時間，所以八四年底才能動工。

天水圍發展工程動工，探土後準備展開基建設計工作。

（《工商日報》，1983 年 5 月 19 日）

天水圍訂成兩發展藍圖
分建公私屋邨
佔地逾廿七公頃天瑤邨容三萬人
西貢填海十一頃興建住宅與商宅
沙頭角闢築通道建臨屋區運動場

（港訊）在明日上午舉行的元朗區議會會議席上，區議員將討論兩份關於天水圍公共屋邨及私人屋邨發展藍圖資料文件。

佔地十五公頃的天瑤公共屋邨工程將於一九八七年初展開，並於一九八八、九年底完成。屋邨落成後，會為三萬五千名居民提供整系列商業、康樂、福利、教育及交通設施。

另一幅面積十二點五公頃的土地將會發展為一個可容納二萬八千七百名居民的私人屋邨。

新界拓展署工程處處長錢元熙及高級城市設計師李智雄將出席會議，向區議員講解這兩個發展藍圖。

區議員亦會研究元朗市（東、西）、東頭工業區及朗屏公共屋邨發展藍圖資料文件。

同日上午，西貢區議會亦舉行會議，區議員將討論一份西貢第五期發展的工程可行性研究報告。

從報道可知天水圍的首個公共屋邨最初叫天瑤邨，後來才定名天耀邨。

（《華僑日報》，1984 年 9 月 12 日）

屋邨生活點滴

交通文娛日漸改善

作為天水圍的第一個公共屋邨，為了吸引市民入住，天耀邨內建有大量文娛康樂設施，如露天劇場、各式球場、社區中心、學生自修室，以及設有小型迷宮的兒童遊樂場等。2003 年末，西鐵正式通車，區內對外交通大為改善，天耀邨又位於天水圍西鐵站旁邊，加上鄰近嘉湖山莊、屏山文物徑、天水圍公園等，令這一帶變成天水圍的中心區域。

2011 年後，政府在區內修建屏山天水圍文化康樂大樓，地下樓層設有游泳池、體育場地等，上層則有被譽為全港最美圖書館的屏山天水圍圖書館。整幢建築物在 2014 年獲得「亞洲最具影響力設計獎」之優秀設計獎，反映當區居民生活素質大為提升。

屏山天水圍文化康樂大樓啟用後，大大改善了當區居民生活。

悲情城市展新貌

當年，天水圍新市鎮位處新界西北，往來市區路途遙遠，車費高昂，居民深感困擾。再者，天水圍公屋家庭社經地位較低，區內就業機會不足，文娛康體和生活所需的配套缺乏，主婦甚至要遠赴元朗市中心買菜，問題之嚴重可想而知。結果，失業率和青少年犯罪率居高不下，加上個別轟動全港的倫常慘劇，天水圍被傳媒標籤為「悲情城市」。

然而，社福機構加強支援服務，區議員為居民爭取各種設施，政府加強各民生配套和服務，在各方努力之下，情況顯著改善。以天耀邨為例，政府牽頭組成的關愛隊，成立後一直用心服務居民，關懷街坊生活所需，如為獨居長者做家居維修、免費中醫義診和針灸服務等，成功營造互相關愛的氛圍，悲情城市的陰霾也日漸消退。

屋邨遊蹤

第一站

遊走屋邨之內

從天水圍港鐵站 C 出口之行人天橋，再沿天耀路有蓋行人路，步行數分鐘即可到達天耀邨的天耀廣場，沿路可看到耀康樓和耀民樓等 Y 型大廈。從商場另一方離開，耀昌樓和耀盛樓等和諧式大廈就在眼前。商場在 2016 年曾經改建，將原有天耀街市變成冷氣商場一部分，曾引起爭議。

第二站

香港最美圖書館

返回天水圍站 C 出口，其東南方可以看到外形獨特的市政大樓，當中有全港第二大圖書館——屏山天水圍公共圖書館。在這幢獲獎建築

內，訪客可以在落地大玻璃窗前閱讀；也可以到戶外閱讀區域，一面沐浴於書海，一面沉醉在草地及花圃的懷抱之中，遠眺天水圍的美景。

第三站

屏山文物徑

與天耀邨相鄰的還有屏山文物徑。這是香港首條的文物徑，全長約 1.6 公里，環繞坑頭村、坑尾村、上璋圍等元朗鄧氏村落，古蹟包括洪聖宮、覲廷書室、鄧氏宗祠等。當然，還有鄰近天耀邨、本港現存的唯一古塔——聚星樓。天水圍經歷了滄海桑田的變化，唯有這座古塔屹立於此，訴說著天水圍的前世今生。

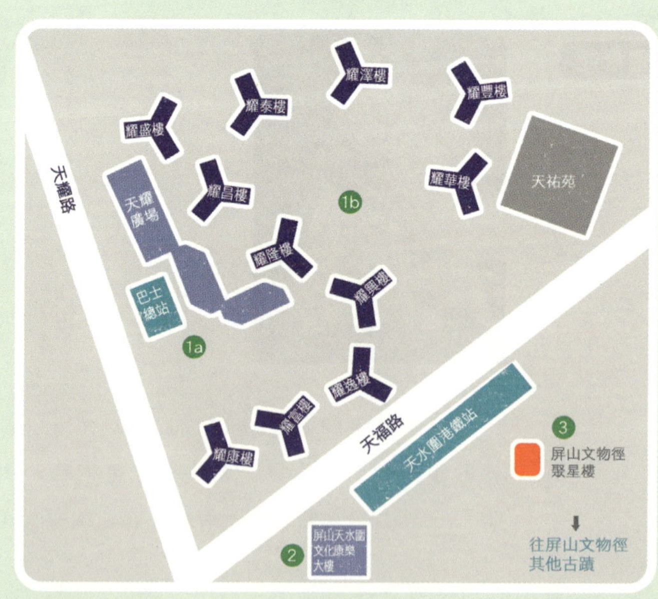

天耀邨平面圖

天水圍發展涉及香港前途問題談判？

上文提到，長實準備發展天水圍之際，中國外貿部（現稱商務部）在香港設立的華潤公司突然加入投資，而且變成最大股東，令人百思不得其解。原來背後並非純粹的商業決定，也不是港資和內地合作這麼簡單，而是涉及政治因素。

根據前港澳辦主任魯平的《魯平口述香港回歸》所述，港督麥理浩在 1979 年訪京會見鄧小平，曾討論新界賣地契約年期可否跨越 1997 年，但不得要領，只換來鄧小平「叫投資者放心」的承諾。那時中英就香港前途問題的談判仍未展開，不知是誰出的主意（魯平指是港商，不是港英政府），有意暗地裏把契約跨越九七。由港商牽頭引入華潤公司，以低價取得土地，合作發展天水圍，造成政府批出地契可跨越 1997 年的案例，而且予人得到中方默許的印象。

魯平指出，是次賣地「是不合法」的，這次投資決定是華潤「偷偷幹的」，「我們知道以後，把華潤公司批了一頓，說，你一定要把這個契約退回去，不能要這塊地！再便宜你也不要，這是立場問題」。香港政府最終只好回購土地。

胡應濱看本港地位問題

天水圍年期長短

港前途敏感關鍵

大寶地產胡應濱（胡應湘之弟）指天水圍批地年期與香港前途息息相關

（《工商日報》，1981 年 8 月 3 日）

傳共反對屬下機構

買地積壓資金過多

政府將出資近十五億購回天水圍

當時市場傳出中央政府反對華潤發展天水圍，但誤以為出於財政考慮。

（《工商日報》，1982 年 6 月 9 日）

馬坑邨

位於豪宅區的公共屋邨

撫今追昔說源流

赤柱一名的由來

馬坑邨位於赤柱，而赤柱之名與木棉樹有關。清人王崇熙在嘉慶二十四年（1819 年）所著《新安縣志》載：「赤柱山，在縣南，洋海中，延袤數十里，諸山擯拱，為海外藩籬，有兵防守。」據稱清朝時，現今赤柱位置有一株木棉樹非常高大，某年颱風吹襲，不少樹木也倒塌，唯獨這株木棉樹仍屹立不倒。每逢黃昏，陽光灑落島上，由遠處看去，猶如一條赤色的柱，所以整個小島有「赤柱山」之名。另外一個說法來自香港史家饒玖才先生，他指出赤柱本區是一個半島，形如一根柱伸進海中，海旁山涯暴露風化，出現赤褐色，因此稱為赤柱。

馬坑命名關乎地勢

赤柱的英文名「Stanley」，則是紀念當時英國政府大臣愛德華·史密斯—士丹利（Edward Smith-Stanley）。當時，清廷割讓香港島給英國時，英方代表大臣便是士丹利。馬坑邨未建時，該區有一條寮屋村，稱為馬坑村。村名有坑字，可見與地形有關。坑是指地面上凹陷下去的地方。馬坑村位於近海出口處，上有馬坑山，地理上較易出現坑。

日軍水坑前牧馬

赤柱的馬坑，顧名思義，其名稱源自當地一條山坑，即地面上凹陷下去之處，山水匯集於此，形成河溪山澗。溪水以孖崗山上老虎坑（因1942 年在此捕獲老虎而得名）一帶為源頭，穿越馬坑村所在地，從天后古廟旁邊流進赤柱海灣。據説三年零八個月的日佔時期，日軍徵用赤柱瑪利諾神父會院為指揮部，士兵則在鄰近的山腳紮營，並在溪水旁放牧軍中馬匹，赤柱村民就習慣稱呼這地方為「馬坑」，意即放牧馬匹的水坑。

改善馬坑村民生活

馬坑村是赤柱鄉村之一，以養豬及種植為生，一直沒有電力供應。經村民多年爭取，直至 1971 年 10 月才獲供電。1971 年 10 月 22 日，該村舉行供電啟用儀式。會場入口用多個小燈泡組成「大放光明」四字。下午 6 時正，由署理離島民政專員梁文建主持啟用儀式，自此之後，全村有電力供應，居民生活素質得以提升。

九龍京士柏・赤柱馬坑村

兩處火燒木屋羣

何文田一處則火燒汽車修理廠

風災過後火災隨來

熄爐不慎起火

當時赤柱馬坑村是一個寮屋村，村名用鄉村的「村」，並非用屋邨的「邨」。

（《華僑日報》，1962 年 6 月 23 日）

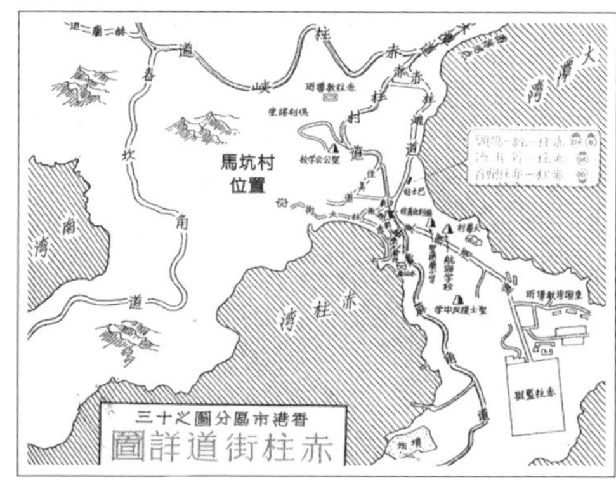

《香港年鑑 1971 年》中的赤柱地圖，圖中標示位置為馬坑村寮屋所在地，下方的廟宇就是著名的赤柱天后廟。

1841. *The Hongkong Gazette* 289

The list is as follows, the names being written as they are pronounced on the spot.

No. 3.

Name	Description	Population
Chek-chu, 赤柱	the capital, a large town.	*Population* 2000
Heongkong, 香港	A large fishing village.	200
Wong-nei-chung, 黃坭涌	An agricultural village.	300
Kung-lam' 公岩	Stone-quarry—Poor village.	200
Shek-lup, 石凹	Do. Do.	150
Soo-ke-wan, 掃箕灣	Do. Large village.*	1200
Tai-shek-ha, 大石下	Stone quarry, a hamlet,	20
Kwun-tai-loo, 群大路	Fishing village.	50
Soo-koon-poo, 掃竿浦	A hamlet.	10
Hung-heong-loo, 紅香爐	Hamlet.	50
Sai-wan, 柴灣	Hamlet.	30
Tai long, 大浪	Fishing hamlet.	5
Too-te-wan, 土地灣	Stone quarry, a hamlet.	60
Tai-tam, 大潭	Hamlet, near Tytam bay.	20
Soo-koo-wan, 索鼓灣	Hamlet.	30
Shek-tong-chuy, 石塘嘴	Stone-quarry. Hamlet.	25
Chun-hum, 春坎	Deserted fishing hamlet.	00
Tseen-suy-wan, 淺水灣	Do.	00
Sum-suy-wan, 深水灣	Do.	00
Shek-pae, 石牌	Do.	00
		4350
In the Bazaar.		800
In the Boats,		2000
Laborers from Kowlung.		300
	Actual present population.	7,450

香港開埠之初，赤柱是當時港島人口最多的市集。

1980 年代，馬坑村村民曾養豬，造成污染。赤柱其中一個旅遊景點便是天后廟，被旅遊協會定為觀光勝地，可惜旁邊水渠被豬隻糞便和養豬的廢物污染，大大影響旅遊業。另外，每天也有不少運豬的車輛在該處起卸豬隻及貨物等，嚴重影響交通。當時，一些馬坑村豬農沒有領取牌照，屬於非法經營。政府面對這些問題，決心加強執法，加以改善。

從寮屋村變公共屋邨

1986 年，政府推行自助潔淨服務合約計劃，馬坑村是全港市區首個推行的地點。目的在於發揮互助精神，鼓勵居民多注意四周環境，保持清潔。及至 1990 年代，政府決定發展赤柱，改善馬坑村環境，清拆村落並重建成今日的馬坑邨。

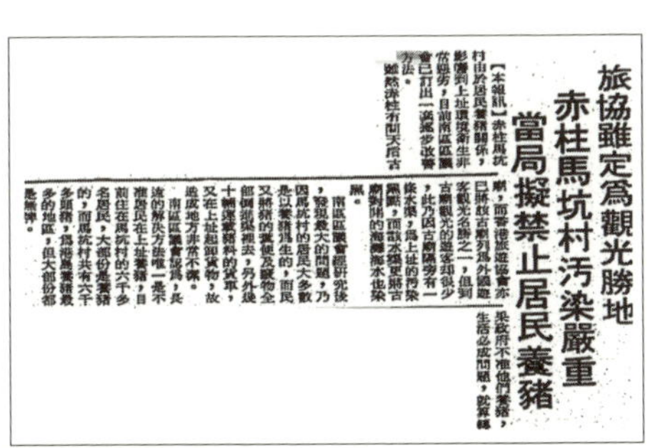

旅協雖定爲觀光勝地
赤柱馬坑村污染嚴重
當局擬禁止居民養豬

【本報訊】赤柱馬坑村由於居民養豬關係，影響到上址環境衛生非常惡劣，目前南區區議會已打出一[illegible]步改善方法。

雖然赤柱有間天后古廟，而香港旅遊協會亦已將該古廟列爲外國遊客觀光名勝之一，但到古廟觀光的遊客卻很少，此乃因古廟隔旁有一條水渠，爲上址的污染黑點，而該水渠更將古廟對開的海灘海水也染黑。

南區區議會經研究後，發現最大的問題，乃因馬坑村的居民大多數是以養豬爲生的，而居民又將豬的糞便及廢物全部傾倒渠裡去，另外幾十輛運載豬料的貨車，又在上址起卸貨物，故造成地方非常不潔。

南區區議會認爲，長遠的解決方法唯一是不准居民在上址養豬，目前住在馬坑村的六千多名居民，大部份是養豬的，而馬坑村共有六千多頭豬，爲港島養豬最多的地區，但大部份都是無牌。

渠政府不准他們養豬，生活必成問題，就算轉

赤柱馬坑村污染嚴重，當局擬禁止居民養豬。

（《工商日報》，1982 年 9 月 6 日）

建邨歷程回顧

清拆木屋區，建公屋樓宇

1990 年 3 月 3 日《華僑日報》記載房屋署副署長出席馬坑村植樹儀式時的發言，他指出該區會興建 16 座公屋樓宇，可容納約 8,000 人，提供 2,056 個單位。受清拆影響的居民可選擇在建屋後返回馬坑邨

居住。後來，政府配合市民及社會需要，改變原有計劃，公屋樓宇由 16 座改為 5 座，部分原先計劃興建的公屋樓宇改建為居屋。

鄉村式和諧型公屋

馬坑邨分兩期興建：第一期（包括鄰近居屋龍欣苑）在 1993 年入伙；第二期（包括鄰近居屋龍德苑）在 2000 年入伙。馬坑邨位於赤柱，配合四周環境，採鄉村式和諧型設計。它是全港唯一一個鄉村式和諧型市區公共屋邨，其餘的鄉村式設計公屋都位於離島。

期數	樓宇 *	每幢層數	類型	設備
一	駿馬樓（第 3 座）	10	鄉村式和諧型一型（第一代）	設有升降機
	良馬樓（第 4 座）			
	健馬樓（第 5 座）			
	觀馬樓（第 6 座）	8		
二	迎馬樓（第 7 座）	10	鄉村式和諧型三型（第三代）	

* 原有發展計劃內的第 1 至 2 座、第 8 至 11 座已經轉作居屋屋苑

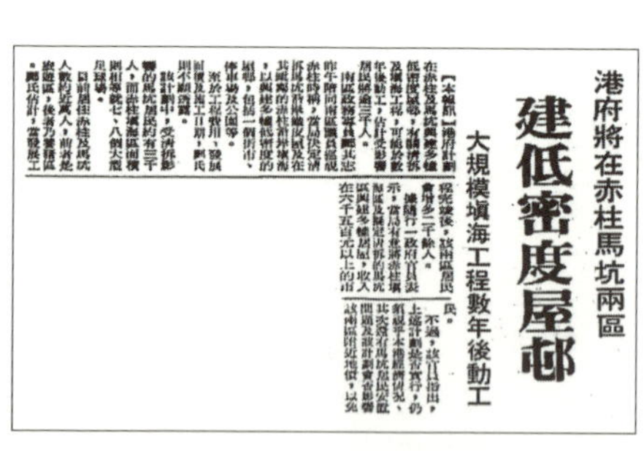
港府將在赤柱馬坑兩區
建低密度屋邨
大規模填海工程數年後動工

政府打算在赤柱興建公屋的報道
（《工商日報》，1983 年 3 月 27 日）

與馬坑邨同期發展的居屋龍德苑和龍欣苑

屋邨生活點滴

自然風光引入邨中

馬坑邨景色優美，鄰近海旁。屋邨建築師將水流融入屋邨園景中，居民漫步亭台樓閣，沿山路而下，心情慢慢靜下來，不再因日常瑣事苦惱。整個屋邨不同地方也有不同的景色，絕不單一乏味。大家每走一步亦是美景，映入眼簾有園林美景，耳朵聽著流水聲音，令人心曠神怡。

景觀怡人，交通不便

馬坑邨屬於低人口密度的公共屋邨，可說是公屋的天堂。惟屋邨位於赤柱，交通較為不便，沒有鐵路到達，只可依靠巴士及小巴等公共交通連接市區其他地方。一些公屋申請者獲派馬坑邨，雖然眼見單位景觀開揚，與翠綠山巒為鄰，依山傍水，可惜交通始終不便，因而卻步，放棄入住。

馬坑邨設計時刻意保留昔日的馬坑，讓它流經邨中園林，見證馬坑村的歷史。

馬坑邨內園林美景處處

藍潔瑛與馬坑邨

馬坑邨屬於鄉村式和諧型的市區公共屋邨，悠閒寧靜。居民可在繁忙生活中找到喘息的空間。馬坑邨最重要的一宗新聞，便是 2018 年被譽為「靚絕五台山」的藝人藍潔瑛倒斃於其馬坑邨內的公屋單位廁所，終年 55 歲。據知藍潔瑛晚年跟娛樂圈友人以及家人斷絕來往，教會是她的心靈歸宿。一位教友於 10 月 29 日最後一次上門探訪藍潔瑛，之後兩天嘗試致電她卻一直沒有人接聽。友人於是登門探訪，發現單位鐵閘鎖上，大門虛掩，屋內漆黑一片，卻有電視聲音傳出，更嗅到濃烈惡臭。友人報警求助，警察破門入屋，發現藍潔瑛倒臥廁所，屍體發臭，估計已死去兩天。這則新聞除轟動全港外，更令平靜的馬坑邨成為不少人來訪的地方，特別是藍潔瑛的影迷。

第一站

馬坑公園

馬坑公園原址本是寮屋村，政府在 1988 年清拆舊村，交給房委會發展，後來在 1990 年代先後建成馬坑邨、龍欣苑和龍德苑。2001 年，房委會原計劃在此處興建以盆景為主題的公園，後來因遭到環保團體批評會砍伐大量樹木而擱置。房委會 2008 年重新提出計劃，以保留該區本貌為原則，工程最後得以進行。馬坑公園於 2010 年秋落成，翌年正式啟用。公園以「保育、教育、休閒」為主題，興建時保留了原本的山形地貌，並設有觀鳥角、健身園、蝴蝶園、歷史廊等不同主題小區。

第二站

天后廟

赤柱天后廟是港島南區歷史悠久的廟宇，位於赤柱大街赤柱廣場旁。這座廟宇建於清乾隆三十二年（1767年），廟內銅鐘可找到建廟的年份。1942年，日佔時期，赤柱時有老虎出沒，居民不堪其擾，後得印度籍警員阿星先生射殺老虎，並將虎皮贈予村民。村民於是將虎皮掛在廟內，供奉天后。該廟是傳統中式建築，屬二進式四合院設計，中間有天井。

第三站

美利樓

位於赤柱的美利樓，建於1846年，原位於中環中銀大廈的所在地。美利樓是昔日美利兵房的軍官宿舍。戰後，美利樓曾為多個政府部門使用。至1980年代初拆卸，1998年在赤柱海旁重建，翌年開幕啟用。2005年，房委會將旗下物業分拆出售，美利樓轉交由領展管理。美利樓糅合中西建築特色，既有西式圓柱，同時亦有中式瓦頂。因美利樓遷至赤柱時，遺失用作通風的煙囱，重建後使用上西營盤高街精神病院的八支煙囱取代。美利樓旁有「同昌大押」石柱，是來自亞皆老街／上海街朗豪坊重建項目中拆卸的建築組件。置身其中，猶如返回十九至二十世紀初的中環，又穿梭於二十世紀的旺角街頭。

駿馬樓
龍欣苑
良馬樓
迎馬樓
健馬樓
環角道
觀馬樓
小巴站
巴士站
佳美道
龍德苑
赤柱
廣場
馬坑公園入口
觀音廟
天后廟
2
往赤柱
市場方向
3
美利樓
馬坑公園
1
卜公碼頭
馬坑公園正門

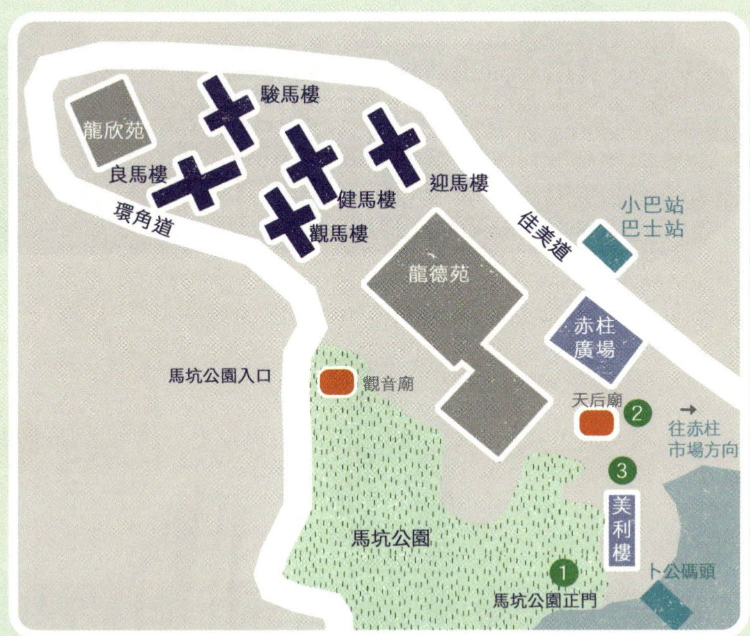

馬坑邨平面圖

逸東邨

東涌新市鎮首個屋邨

撫今追昔說源流

以「東」為名，卻不在香港東面？

東涌以東為名，為何不在香港東面？要解答這問題，就要從東涌這個地名談起。東涌一名首見於明朝《粵大記》，但記載的名字是「東西涌」。昔日，東涌谷地盡是天然林木，流水淙淙而下，兩條小河從今日東涌寨城前一帶出海。在新機場開展填海工程之前，東涌對面的赤鱲角仍是一個小島，兩條河涌就從小島兩邊流入海中。右面一條位處小島東面，名叫東涌；左面一條在西方，稱作西涌。正因有東、西兩涌，所以古籍就稱此地為「東西涌」。

東涌在明代時已是一大聚落，已有汛兵駐防，因此有言先有東涌、後有大澳的說法。及至清道光年間的《廣東海防彙覽》，已明確地把「東西涌」分為「東涌口」和「西涌口」兩個地方，《廣東通志》等書亦然。這一方面反映上述的地理形勢，另一方面顯示了東涌那面的發展較佳，清軍駐守的汛房亦建於此，重要性和知名度日益提高，人們就習慣把這地區統稱為「東涌」。

從東涌古村到新市鎮

及至 1990 年代，政府在赤鱲角進行大規模填海工程，興建新機場，並收地發展東涌新市鎮，作為新機場的「後勤社區」。區內建成的首個公共屋邨正是逸東邨，其命名遵循房委會「就地取材」和「寓意吉祥」的原則，取東涌的「東」字，配上帶有舒適安樂之意的「逸」字，成就了「逸東」這個優雅美好的名字。

明朝《粵大記・廣東沿海圖》記載東西涌的地名

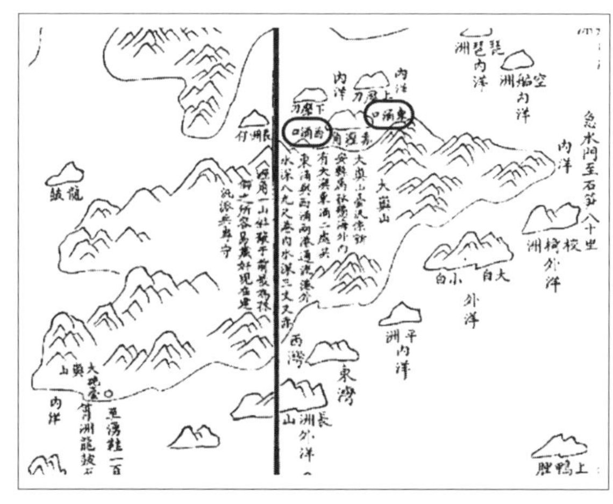

清代中葉編修的《廣東通志》一書已把赤瀝角（赤鱲角）左右兩方的出海口稱為西涌口和東涌口（圓形標示），足見東涌和西涌在古代是兩個不同的地方。

居屋搖身一變成公屋

根據政府原先預計東涌的發展，第一期（1997 年）建成公屋單位 1,720 個，居屋單位 2,620 個；第二期（2001 年）建成公屋單位 3,060 個，居屋單位 4,720 個。後因中英雙方就新機場問題發生爭拗，計劃因而延誤。後來，政府因應樓市變化，改變居屋政策。逸東邨本屬居屋，最終因政策調整而改建為公屋。

逸東邨有 25 幢樓宇，其中 18 幢樓宇原為居屋，入伙前更命名為「逸東苑」。2002 年底，政府宣告停建及停售居屋，最終令逸東邨這 18 幢樓宇由居屋改為公屋出租。

東涌發展龐大公屋
耗資將逾三十億元
共分兩期完成後可容納四萬人

（本報專訊）

政府發展東涌新市鎮
（《華僑日報》，1991 年 12 月 26 日）

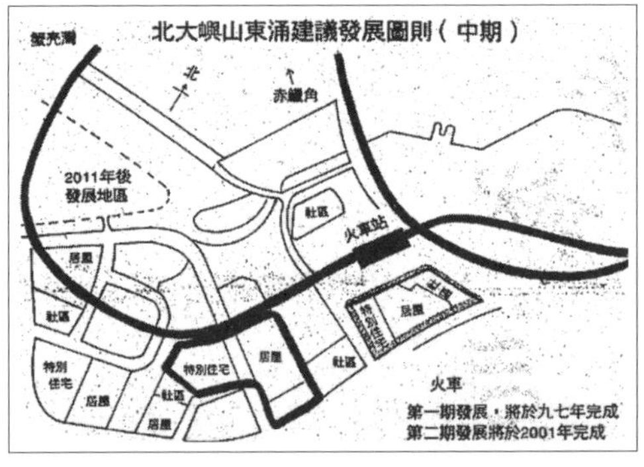

政府公佈的東涌發展圖，圖中的居屋區域最終改建為公屋。
（《華僑日報》，1991 年 12 月 26 日）

建邨歷程回顧

逸東邨位於東涌新市鎮規劃區第 30 及 31 區。整邨的樓宇設計包括康和一型及新十字型大廈。這是原屬於居者有其屋的設計，在入伙前已命名為「逸東苑」。2000 年，政府希望將輪候公屋時間縮減至三年，因此將屬於居屋第 23 期乙逸東邨康和一型及和諧一型樓宇，改作公屋出租。後來，政府於 2002 年 11 月宣告停建及停售居屋，最終逸東邨所有的康和一型及新十字型大廈也改為公屋出租。

逸東邨是現時本港最大型的公共屋邨之一，全邨共有 25 幢樓宇。

<table>
<tr><th>邨屬</th><th>落成年份</th><th>樓宇</th><th>類型</th></tr>
<tr><td rowspan="3">逸東一邨</td><td rowspan="3">2001</td><td>雍逸樓、清逸樓、康逸樓</td><td>和諧一型第五款及第六款</td></tr>
<tr><td>福逸樓、祿逸樓、迎逸樓、漁逸樓</td><td>康和一型第二款</td></tr>
<tr><td>舟逸樓、太逸樓、平逸樓、享逸樓、至逸樓、善逸樓</td><td>康和一型第一款</td></tr>
<tr><td rowspan="2">逸東二邨</td><td>2004</td><td>勤逸樓、傑逸樓、翠逸樓、寶逸樓、悅逸樓、瑞逸樓、德逸樓、謙逸樓、信逸樓</td><td>新十字型</td></tr>
<tr><td>2005</td><td>美逸樓、滿逸樓、居逸樓</td><td>新和諧一型第六款；新和諧一型第一款連新和諧附翼大廈五型第一款</td></tr>
</table>

逸東邨內的商場和公園

發展初期，東涌是新發展區，在政府大力推動和鼓勵下，大量外來人口遷入東涌，聚居於逸東邨。外來人口大多是年輕核心家庭，對東涌社區並不熟悉，鄰居之間亦缺乏認識，以至大多居民遇到生活難題時，不懂得運用區內資源尋求解決方法。

屋邨生活點滴

開創藝術品佈置的先河

逸東邨有一條著名的藝術徑，源自一項公眾藝術計劃，配合屋邨建築工程分兩個階段進行：首階段計劃在 2000 年推出，邀請藝術家為逸東邨設置 16 件藝術作品；第二階段計劃在 2003 年推出，透過公開比賽委約製作 10 件有創意的藝術作品。綜合兩個階段，共有 26 件藝術作品被設置於休憩處、通道、樓梯、花圃等戶外公共空間，形成一條藝術徑，令逸東邨成為具有獨特面貌的公共屋邨。

編號	作品名稱	創作者	編號	作品名稱	創作者
1	門	唐景森、陳國文	14	富貴吉祥	潘瑞華
2	浪	唐景森、陳國文	15	花草	劉偉基
3	東城紀事（庭）	文鳳儀	16	昨日的今天—和諧	李展輝
4	人在自然	靳埭強	17	流輝	莫一新
5	家園	李學迅	18	兩水相連	文鳳儀
6	彩雲處處	呂豐雅	19	微足之道	莫一新、文鳳儀、文寶輝
7	自然在人	劉小康	20	大雁東南飛	李學迅
8	一網千斤	朱漢新	21	翼	高華文
9	日出而作	朱漢新	22	小溪	鄧朝貴
10	東城紀事（家）	莫一新	23	漣漪	陳永業、蘇國堅
11	日出而作	鍾大富	24	魚米之鄉	李展輝
12	日入而息	鍾大富	25	幻彩之城	趙展庭、朱惠兒、文坤寧
13	昨日的今天—互信	李展輝	26	源	曾章成

作品 16《昨日的今天—和諧》

作品 20《大雁東南飛》

街市風情，集體回憶

逸東邨除充滿藝術色彩外，街市亦有獨特之處。逸東邨街市猶如一個主題公園，設計概念以「懷舊香港」為重心，重現昔日九龍城面貌。街市內的橫街窄巷，洋溢懷舊情調。街市在 2016 年啟用，名為「香港街市」。一些外來遊客，來此不是買菜買魚，而是拍照「打卡」，懷緬昔日情懷。在街市入口，放著昔日的英式皇冠郵筒，牆上貼有舊報紙及街招，內有老街路牌和舊燈飾，頭頂更見到傳統的紙紮巨型飛機，更有人力車、舊巴士車頭牆紙和舊戲院等裝置。街市更有模仿已故「九龍皇帝」曾灶財的書法塗鴉。

香港街市除有昔日懷舊情懷外，更是一個現代化的街市。街市內除了有肉檔、鮮魚檔、蔬菜檔及水果檔外，更有東南亞小食店、糕餅店、跌打店和理髮店等。街市配套設施現代化，包括有開放式通道設計、無障礙空間、空調設施、電子會員制度、電子支付服務等，已是一個新世代營造的現代化智能街市。

香港街市充滿懷舊風情

位於信逸樓和瑞逸樓後方的古村馬灣涌村

屋邨背後是漁村

逸東邨旁有古村馬灣涌村，即昔日東涌舊墟，至今仍保留著漁村風貌。村內海邊有棚屋，亦有小商店販賣土產，因此有「小大澳」之稱。逸東邨居民大多稱馬灣涌村為下村。村內有不少店舖，如士多、髮型屋、茶餐廳、海鮮酒家等。一些食肆營業時間較長，甚至有街坊稱入夜後，「下村的一天」才正式開始，不少逸東邨居民喜歡在此享用宵夜美食。

通地鐵民生大改善

逸東邨有 25 幢大廈，屋邨人口更超過三萬人，屬於人口眾多的屋邨，但它附近卻沒有港鐵站，更和東涌市中心相隔了一座小山，交通配套未算完善。因此，港鐵公司會將現有東涌站鐵路隧道向西延伸約 1.3 公里，在逸東邨西建造東涌西站，日後成為東涌綫新終點站。完工後，逸東邨交通會大大改善。

屋邨遊蹤

第一站

古代炮台

逸東邨旁有一個古代炮台陣地——東涌炮台，又稱東涌所城或東涌寨城，是昔日附近村民保家衛土的要地。離開逸東邨後，經過天橋橫過裕東路，便可到達。清代時，東涌炮台稱為「東涌所城」，是當時大鵬灣右營的海軍總部。炮台正門的刻字，説明炮台建於道光十二年（1832 年）。炮台上的北面城牆裝有六尊大炮，其中兩尊分別鑄造於 1805 及 1809 年。1898 年，清政府和英國簽訂《展拓香港界址專條》，將新界租借給英國 99 年。自此之後，清軍撤離炮台。炮台曾用作為警署，後來用作華英中學臨時校舍、東涌鄉事委員會辦公室及東涌公立學校校舍等。

第二站

懷舊街市

如前所述，逸東邨街市十分特別，並非普通的屋邨街市。這個街市名為香港街市，2016 年啟用，整個設計也以昔日香港為設計概念，並以舊日九龍城風貌為主題。當大家走進街市內，猶如置身昔日的香港，不少遊人也到此「打卡」留念。

逸東邨平面圖

歷史知識知多點

東涌海盜及小輪交通

1930 年代末至 1940 年代初，東涌海盜為患，不少報章曾廣泛報道，其中更談及海盜會用槍械搶劫。當時適逢中日戰爭，交通阻塞，一些商人會運送火油和雜貨等往內地。東涌位處重要的海上航道，一些海盜會假裝成漁民，日間駛船網魚，入夜就駛入東涌持械行劫。海盜行劫後，直接與港島拆家接貨，或在東涌暫存，翌日轉至大澳長洲等地沽貨。

當時，大澳是旅遊名勝，如 1950 年 5 月 13 日《華僑日報》記載，當時油蔴地小輪公司主辦星期日遊覽船直航大澳，途中會停泊東涌。由此可見，當時東涌仍未發展，只是交通的中途站。大多旅客以大澳為主要遊覽地，東涌只是路經之處。

東涌海盜猖獗

劫貨艇擄兩人

掠去財物約值三千餘元

艇主脫險昨日返港報案

東涌曾海盜為患

（《香港華字日報》，1939 年 9 月 15 日）

大澳小輪

往返泊東涌

（特訊）香港油蔴地小輪公司主辦之星期日大澳遊覽船（直航），由本月十四日起，從大澳返港開行時間，改爲下午五時半；又由本月十四日起，大澳綫小輪每日來往均須泊東涌，（由東涌開埋駛艇，規定收費每位二毫）云。（濟）

油蔴地小輪公司遊覽船直航大澳，東涌是路經之處。

（《華僑日報》，1950 年 5 月 13 日）

4

居者有其屋

安居樂業利民生

山翠苑

柴灣首個居屋項目

撫今追昔說源流

柴灣變翠灣

山翠苑位於柴灣。柴灣位處港島東部，三面環山，樹林密佈，居民常在此斬柴生火；又有說區內海岸也常有柴木飄浮，任人撿拾，故區內的海灣稱為「柴灣」。早在 1950 年代政府開發柴灣時，有人認為「柴」字不吉利（粵語「拉柴」即「死亡」），建議改名，最終不了了之；但

柴灣易名翠灣
東區區議員認爲較恰當
是否通過有待區會決定

（特訊）部份東區區議員於下月區議會會議上，建議將「柴灣」改爲「翠灣」，現時，柴灣三個分區委員會正諮詢各委員的意見。

羅定邦區議員指出：由於「柴灣」的名稱並不是每名區民接受，所以分區於去年會提出修訂建議，但爲使更廣泛吸收柴灣居民意見，本月內三個分區委會就此構思展開討論。

李成林區議員闡述柴灣的過去時表示：昔日的柴灣又名「西灣」，四十多年前村民將區內小學也命名爲「西灣」。相傳在宋代有很多漁船來往浙江、福建和廣州時都會來柴灣岸上取水。

他說，十八世紀初，柴灣開始有移民出現，大約有三百多人由廣東寶安縣南徙到此，彼等多操客家話，以務農爲生，更逐漸開闢六條村。

他解釋：香港政府曾在一八四三年於西灣（柴灣）建立一個軍營，翌年建了一條馬道，由赤柱直通到西灣。一九五二年柴灣被劃定爲徙置區，安置區內居民。

他認爲由於「柴灣」的柴字予人的感覺欠佳，故用翠字代替比較適合，新建議名稱，會在區議會討論。

沈志堅區議員表示：倘若日後柴灣易名爲翠灣時，地鐵港島支綫的終站也要更改。

有關商區易名問題過去也有先例，諸如咸田改爲藍田，老虎岩改爲樂富等。（輝）

有關柴灣改名爭議的報道

（《華僑日報》，1985年6月23日）

政府為區內道路或屋宇命名時，為求吉利，就捨「柴」而取「翠」。因此，柴灣區內第一個居屋項目，其屋苑就定名為「山翠苑」，一方面反映區內滿山翠綠、林木茂盛的特色，一方面可以避免使用人們認為不吉利的「柴」字。

1980 年代，港島東發展一日千里，新建屋邨和私人樓宇如雨後春筍般湧現，柴灣逐步中產化，爭議之聲隨之再起。當時，有居民認為「柴」字粗俗，又不吉利（如「拉柴」），建議將區名雅化為「翠灣」，但亦有人認為，「柴」字雖不及「翠」字清雅，卻有樸素之感（柴門代表樸素之家）。再者，「翠」字諧音為「脆」，且含有「卒」字（卒也有死亡之意）。區議會經商討後，決定保留「柴灣」之名。不過，自此以後，區內所建屋邨與道路，不少都改以「翠」字命名，如翠灣邨、康翠臺、新翠花園等。

居屋計劃造福市民

1976 年，政府決定開展居者有其屋計劃，房委會負責推行。早於計劃推出的數年前，政府已有建議興建若干居住單位予以出售。1976 年 7 月，港督委任工作小組，由財政局擔任主席。同時，立法局同意設立居者有其屋基金，由政府撥款支持這個計劃的費用，直至出售居住單位獲得足夠經費作進一步發展。房委會負責設計、開闢地盤、銷售及管理居住單位。最初，房委會選出沙田、愛民邨北部、柴灣、荔景和香港仔，作為第一期居屋地點，興建居住單位約八千個。每個單位有一個客廳、兩間或三間睡房、廚房和廁所等，水準可媲美素質良好的私人樓宇。

首批居屋反應良好

山翠苑屬於第一期居者有其屋計劃項目。1978 年 1 月，房屋署在愛民邨商場設立居者有其屋中心。這個中心設有展覽室，陳列了樓宇模型、住宅單位圖則和相片等。當時，申請資格為家庭每月收入不超過 3,500 元和房委會轄下屋邨住戶，後者不論其收入多少，但必須願意交還現時居住的單位。第一期居者有其屋於 1978 年 2 月 15 日開始接受申請，至 1978 年 3 月 31 日截止。當時，市民大眾反應十分良好，房委會共收到 35,822 份申請表，其中 8,008 份申請表來自公屋住戶。當時的居屋回購安排是在最初五年內，住宅單位只可售回予房委會。

HOME OWNERSHIP SCHEME - PHASE I
居者有其屋計劃第一期
RANGE OF FLAT PRICES
住宅單位售價一覽表

Site 苑名	Flat Designation 住宅單位號數	Size of Flat 單位面積 Gross (sq. ft.) 建築面積(平方呎)	Net (sq. ft.) 實用面積(平方呎)	No. of Units 單位數目	Minimum Sale Price ($) 最低售價(元)	Maximum Sale Price ($) 最高售價(元)
Yuet Lai Court, Lai King 荔景·悅麗苑	3,4,7,8	604	520	352	113,200	122,300
	1,2,5,6	491	421	352	90,600	99,000
Shan Tsui Court, Chai Wan 柴灣·山翠苑	3,4,7,8	474	379	448	101,600	114,000
	1,2,5,6	468	374	448	100,300	112,500
Chun Man Court, Oi Man 愛民·俊民苑	1,6	715	596	360	154,500	165,900
	5, 10	665	554	360	144,000	153,900
	3, 8	629	525	360	136,200	145,900
	4,9	623	519	360	134,800	144,100
	2,7	582	485	360	123,500	133,200
Sui Wo Court, Shatin 沙田 穗禾苑	5,11	703	617	396	149,000	164,800
	2,8	626	550	396	132,700	146,100
	1,7	538	473	396	115,200	124,400
	3,6,9	537	472	546	110,500	122,000
	12	520	457	204	108,100	114,900
	4,10	468	411	396	100,200	108,300
Shun Chi Court, Shun Lee 順利 順緻苑	Duplex 1,2,6,9,10,14 複式	838	708	36	148,600	158,100
	5,13	777	656	198	134,400	141,200
	Duplex 3,7,8,11,15,16 複式	765	646	36	135,600	143,700
	1,2,6,9,10,14	663	560	538	114,700	125,100
	3,7,8,11,15,16	565	477	333	97,700	106,100
	4,12	528	446	198	91,300	96,200

第一期居屋單位資料一覽表，
表中第二個屋苑為山翠苑。

地產界支持
出售公營屋
認為不影響地產生意

地產界支持居者有其屋計劃

（《工商晚報》，1976 年 10 月 7 日）

建邨歷程回顧

推出初期銷情稍遜

山翠苑是第一期六個居屋屋苑之一，但最不受市民歡迎。據 1978 年 10 月 10 日的新聞報道可見，當時何文田俊民苑和葵涌悦麗苑單位已售清，順利邨旁順緻苑售出 60%，沙田穗禾苑售出 40%，柴灣山翠苑單位售出只有約 25%。由此可見，柴灣山翠苑似乎不太受歡迎。

「居屋」六個屋邨之一
悅麗苑單位售清
山翠苑仍有四分之三未售

【本報訊】「居者有其屋」計劃的葵涌悅麗苑全部單位已於上星期六售清，該屋邨有七百零四個單位。

房屋委員會發言人表示，「居屋」計劃第一期六個屋邨已售出的單位達五千個，佔全部八千三百七十三個單位的六成。

何文田俊民苑及葵涌悅麗苑的單位售清後，清水灣道順緻苑的單位亦已售出六成，沙田穗禾苑售出四成，而柴灣山翠苑及香港仔漁暉苑均售出四分一以上。

發言人說，預料餘下的單位可在年底前售出。第一次抽籤候補的第一批人士，已於昨日獲得接見，而第二次抽籤的中籤人士，亦獲得邀約見面。

推出之初，山翠苑銷情未如理想。

（《大公報》，1978 年 10 月 10 日）

工程延誤掀法律風波

1978 年，房委會發售山翠苑後，因工程延誤，未能如期交樓。不少業主表示不滿，認為要交租又要供樓付出利息，深感不值。山翠苑在 1978 年 5 月 12 日發售，預期在 1979 年 6 月入伙，合約期指出如因幾類人為或天災等因素，入伙期不得延遲超過 365 天。

1980 年 11 月 4 日，山翠苑仍未入伙，已是中籤後的 465 日。因此，業主在該天遊行至房屋署，表達不滿。1980 年 11 月 17 日，一些山翠苑業主決定聘請律師控告房屋署毀約，要求合理賠償。1981 年 4 月，高等法院宣判房屋署違反合約，15 名業主獲得勝訴。14 名業主獲得賠償，由 1,200 至 25,500 元不等，另一名業主獲象徵性賠償 50 元。同時，山翠苑首幢（D 座）亦在該時入伙，其餘各幢亦逐步入伙。

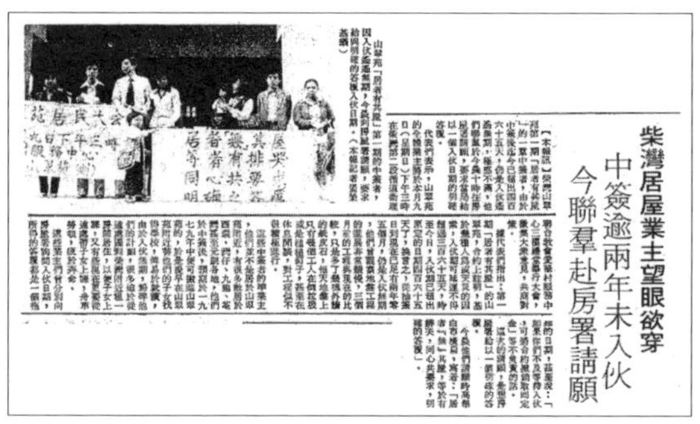

柴灣居屋業主望眼欲穿

中簽逾兩年未入伙

今聯羣赴房署請願

山翠苑業主赴房屋署請願

（《工商晚報》，1980 年 11 月 4 日）

不滿房屋署不依期交樓

山翠苑「居屋」業主決聘律師告房屋署

提出三項問題向房署質疑

山翠苑業主聘律師控告房屋署

（《工商日報》，1980 年 11 月 17 日）

落成年份	樓宇	類型
1981	翠珮閣（A 座）	十字型
	翠瑜閣（B 座）	
	翠琳閣（C 座）	
	翠碧閣（D 座）	

屋邨生活點滴

屹立半山，清幽寧靜

山翠苑距離柴灣市中心較遠，購物和交通較為不便；不過因遠離鬧市，環境較為清幽，自成一角。山翠苑依山而建，位置不便，加上沒有商場，因此日常生活所需多依賴鄰近的興民商場。興民邨鄰近山翠苑，有 3 幢 45 層高的公屋，分別在 1982 至 1983 年落成。

山翠苑遠離柴灣市中心，位處半山之上。

鄰近商場轉型，居民生活不便

興民商場原本有不少商戶，包括超級市場、便利店、香燭舖、牙科診所、補習學校、髮廊、藥房、洗衣店、麵包店、茶餐廳等。昔日二樓更設有茶樓，也有街市。然而，2005 年街市檔位陸續結業。2010 年，酒樓不獲領展續租。2016 年 2 月，領展以兩億港元將商場售予佛山順聯集團。2017 年，商場除百佳超級市場外全數結業。商場經過翻新工程後，新加坡國際學校茵維特中學於 2019 年進駐。現時，商場只有超級市場、便利店和學校，山翠苑居民的生活素質大受影響。

屋邨遊蹤

第一站

鯉魚門公園度假村

離開山翠苑，沿柴灣道往筲箕灣方向前行，便可達鯉魚門公園度假村。度假村佔地 22.97 公頃，四周環境優美，景色宜人，能遠眺鯉魚門海峽美景。度假村前身是鯉魚門軍營。鯉魚門扼守維多利亞港東面入口，具重要軍事地位。1885 年，英軍在此興建軍事設施，1889 年開始修建軍營，當中分中央區（主兵房）、西灣山（上堡壘）和岬角（下堡壘）三部分。

1986 年，軍營停用，土地交回政府以規劃作其他發展。1980 年代中期，政府興建東區走廊第三期，高速公路延伸至柴灣，軍營被東區走廊分割為南北兩部分。南面軍營營房等設施改建為今日的鯉魚門公園度假村，並於 1988 年啟用。北面炮台和堡壘則在 2000 年改建為香港海防博物館（2024 年改名為香港抗戰及海防博物館）。

第二站

客家村屋

羅屋是一間有二百多年歷史的客家村屋。清初，朝廷為斷絕明朝遺臣鄭成功的支援，要求沿海居民遷入內地，是為遷界令。康熙八年（1669 年），朝廷撤銷遷界令，允許居民「復界」。一些本地人已在內地定居，不再回來，於是外來居民便來港發展，當中包括廣東東江客家人。他們南遷至柴灣，在此建立六條客家村，其中就有羅屋。客家人多以姓氏命名族屋群，因屋主姓羅，便稱為羅屋。

羅屋後面是一座山，村旁有數塊耕地，村民以飼養禽畜和種植蔬果等為生。1941 年，日本進攻香港，部分農舍被炮火毀壞。後來，地鐵港島綫通車至柴灣，不少地產商收購舊村屋，改建高樓大廈。然而，羅屋後人已移民歐美，地產商無法收購業權，羅屋便成為柴灣碩果僅存的客家村屋。1976 年，政府將羅屋修復，在旁興建展覽廳和中式花園。1989 年，羅屋被列為香港法定古蹟，翌年正式開放供公眾參觀。

羅屋面積約 120 平方米，建築佈局簡約對稱，屬於典型三間兩廊式客家民居。民俗館內復原了昔日客家村屋的面貌，放置了家具、農具、日用品等展品，包括燒柴爐灶、掛蚊帳的床、俗稱「激死蟻」的酒罈醬缸、嬰兒吊床等。

鯉魚門度假村
小路往
鯉魚門度假村
1
吉勝街
華廈邨
柴灣港鐵站
羅屋
2
柴灣道
翠珮閣
翠瑜閣
翠琳閣
翠碧閣
興民邨
興華邨
消防局
大潭道

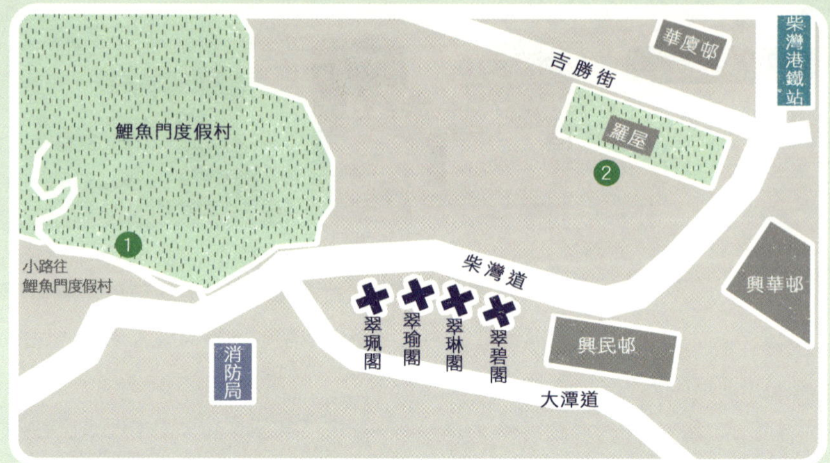

山翠苑平面圖

歷史知識知多點

柴灣旁小西灣，為何不是小柴灣？

不少人也會問，柴灣旁有小西灣？為何這處有小西灣，卻沒有西灣？或是小西灣為何不稱為小柴灣？這要先了解柴灣一名讀音。十八世紀，柴灣一帶已有客家人居住，常在山上斬柴，因此得名柴灣。客家話中的「柴」音與粵語中的「西」音相近，因此早期這處被稱為「西灣」，英文也曾譯成「Sai Wan」。小西灣和西面無關，只是因為它位於柴灣以東，是鄰近柴灣的一個小灣，曾被稱為小柴灣，所以亦被稱為小西灣（Little Sai Wan）。小西灣便是這樣誕生的。柴灣和小西灣可説是兄弟灣。

1960 年代，小西灣是英國空軍宿舍所在，附近更有軍人墳場——西灣國殤紀念墳場（Sai Wan War Cemetery）。墳場位於西灣（柴灣）南，安葬為保衛香港而犧牲的軍人，建成於 1946 年，佔地約 9,000 平方米，共有 1,578 個墓碑。墳場設計簡潔莊嚴，環境寧靜，適合大眾前來追思和學習歷史，明白和平的重要和珍貴。1957 年，一些報章稱這墳場為「小西灣軍人墳場」。

小西灣塡海建空軍球場

【本報專訊】昨日總督又公[illegible]佈小西灣之塡海計劃，小西灣位於港島東部一個避風地方。塡海面積約爲八英畝，在灣內之淺水地方，其工程將由本港皇家空軍協助負責進行。

小西灣方面，現有大批皇家空軍人員居住，當地缺乏遊樂地方，塡海計劃係供添設球場之用。預料塡海工程在完成一切法律手續之後，將於三個月左右即可開始，約期一年即可完成。

小西灣填海建空軍球場

（《工商日報》，1956 年 6 月 30 日）

小西灣軍人墳場

親王獻花默哀致敬

三軍司令各國領事均參加儀式

菲臘親王 1959 年訪港到小西灣軍人墳場獻花

（《工商日報》，1959 年 3 月 9 日）

俊民苑

位處何文田的「居屋王」

撫今追昔說源流

從治民、保民到俊民

俊民苑是房委會第一批居者有其屋計劃的六個屋苑之一，其命名沿用房委會慣用的「就地取材」和「寓意吉祥」原則。先就前者而言，俊民苑與愛民邨一樣，均坐落於昔日的何文田墳場。第二次世界大戰後，香港人口急增，墳場停用後，何文田區在 1950 年代被政府列為核准徙置區，搭建合乎標準的平房，供內地來港居民或木屋區火災災民居住，後逐漸發展出多條木屋平房屋村，詳見下表：

平房徙置區	設立機構
信望村	基督教世界服務委員會
迦密村	聖公會諸聖堂及尖沙咀潮人生命堂等
何文田新村	浸聯會
治民村	天主教瑪利諾女修會
文華村	香港政府
保民村	香港政府

由於當時兩個平房區的名字都有「民」字，當地亦有一條街道被稱為「治民街」（1950 年代舊地圖稱為治民道），而「民」字與何文田的「文」字發音相同，故俊民苑與愛民邨都加以沿襲，取了「民」字。當然，「俊」字有出色卓越和漂亮秀美的意思，用來形容住宅屋苑，寄託美好的祝願，實在最好不過。

曾是墳場的何文田山

何文田是一個山崗，地勢崎嶇，發展較難，故原何文田村坐落於旺角麥花臣球場一帶。英國侵佔九龍半島後，將何文田山一帶規劃為墳場用地。及至 1910 年代，此地曾供染疫身亡的印籍士兵下葬，廣華醫院也曾安葬院內去世的天花病人，是為區內設置墳場的早期紀錄。

1921 年，政府將何文田山正式列為墳場用地，更在 1930 年重新規劃，將墳場劃分為三個區域。按鄧家宙〈香港之墳場列表〉，並綜合昔日報章報道，墳場三個區域劃分如下：

墳區	用途	地點	關閉時間
九龍一號墳場	歐洲人墳場	今九龍醫院一帶	1933 年停止新墳入葬，三年後關閉。
九龍二號墳場	華人墳場	今何文田愛民邨一帶	1947 年關閉，1949 年後遷走所有墳墓。
九龍三號墳場	回教墳場	今培正道與公主道交界一帶	1963 年停止新墳入葬，三年後遷走墳墓。

《香港年鑑 1958 年》內的地圖，可見位於培正道和楠道（後改稱公主道）交界的回教墳場仍在使用，政府的保民村、浸信會的何文田新村就在昔日華人墳場的位置。

明年三月起
何文田墳場
停止埋葬屍骸
……在牛池灣新闢墳場……

（專訪）本月九號、定例局召開財政會議時、非官議員布力加、曾將何文田墳場遷移事、提出討論、結果、主席輔政司曾允許將布氏提議加以考慮、昨據布氏語記者、謂輔政司已通知本人、謂政府決在牛池灣另闢新墳場、至何文田墳場、則由明年三月起、停止埋葬屍骸、至埋葬已滿七年者、亦須起出骸骨、另葬別處云、（良、漢）

政府決定停止何文田華人墳場新墳下葬，其後更下令已埋葬者亦須於限期內遷移。
（《天光報》，1936 年 11 月 3 日）

改頭換面建新邨

如前所述，政府停用何文田墳場之後，先在此設立核准徙置區，再發展公共房屋，在 1973 年建成何文田邨，而愛民邨則於 1975 年全部落成。

俊民苑的出現與居者有其屋計劃息息相關。踏入 1970 年代，社會人士已呼籲政府出售公屋樓宇，推行居者有其屋計劃。1976 年 7 月，政府成立一個由財政司為主席的工作小組進行研究，最終建議以合理價錢向公屋租戶和中下入息家庭出售樓宇，再於 1977 年委託房委會負責推行。房委會亦不負眾望，在 1978 年推出第一期居屋六個屋苑，包括何文田的俊民苑。

居者有其屋計劃面世

俊民苑在 1978 年 2 月 14 日舉行破土儀式，是第一期居者有其屋計劃的第二大屋苑。申請日期為 1978 年 2 月 15 日至 3 月 31 日，申請登記費 30 元。俊民苑是當時最受歡迎的屋苑，很快便沽清。1978 年 12 月 4 日，房屋司施恪（Alan Scott）在俊民苑第 1 座建至樓頂時進行平頂儀式，居屋進入另一個里程碑。

落成年份	樓宇	類型
1980	文福閣（A 座）	非標準型
	文斌閣（B 座）	
	文蘭閣（C 座）	
	文賀閣（D 座）	
	文宗閣（E 座）	

落成年份	樓宇	類型
1980	文凱閣（F 座）	非標準型
	文雄閣（G 座）	
	文禧閣（H 座）	
	文明閣（J 座）	
	文愛閣（K 座）	
	文瑞閣（L 座）	
	文彥閣（M 座）	

第一代「居屋王」

俊民苑有第一代「居屋王」之稱，更屬於免補地價居屋，買賣方便，故不少購買居屋人士也對俊民苑感興趣。第一代居屋大多在 1980 年代初落成，最大特色便是當時未有補地價政策。業主在禁售期過後，不用補地價便可在自由市場進行買賣。當時，政府未有考慮過居屋業主會轉售，故未設相關限制。

居屋補地價政策在 1982 年 5 月政府推出第三期乙項目後，才開始實施。在這個日期前發售的居屋，並沒有受到補地價轉讓限制，俊民苑便是其一。免補地價居屋屋苑如下：

香港區	漁暉苑（一、二期）、宏德居、山翠苑、怡翠苑
九龍區	順緻苑、俊民苑、悅麗苑、油塘中心、翠瑤苑、清麗苑、康田苑、怡閣苑（一期）
新界區	穗禾苑（一、二期）、置樂花園、愉城苑、汀雅苑、兆安苑

俊民苑內的設施完備

不過，一代「居屋王」俊民苑已建成多年，不少建築較為老舊，維修需求日漸增加，是所有經歷過歲月洗禮的屋苑的必經之路。

屋邨生活點滴

第一所火柴盒小學

俊民苑內有一間小學，名為天主教領島學校，屬一所俗稱「火柴盒小學」的校舍。火柴盒小學是香港最早期的標準型獨立校舍，多是獨立建築物，除位於黃大仙的溥仁小學連接著東頭邨第 22 座。後來，東頭邨第 22 座拆卸重建，溥仁小學也改建為獨立建築物。

這些火柴盒小學在 1965 至 1980 年間落成，逐步取代徙置區的天台小學。火柴盒小學奠定了香港學校建築的發展基礎，如 1974 年更引入 24 個課室和特別室的開放式走廊標準設計校舍，以符合政府所規定的採光及通風標準。

位於俊民苑內的火柴盒小學——天主教領島學校

由火柴盒小學改建而成的荃灣象山邨「樂屋」

拆卸重建或改變用途

隨著舊徙置區大廈（後稱新區大廈）拆卸重建，相連或鄰近的火柴盒小學亦不能倖免。1987 年，政府推出擴展重建計劃及整體重建計劃，不少位於徙置區或政府廉租屋邨的同類校舍，陸續拆卸重建。另外，一些公共屋邨的火柴盒小學因收生不足而殺校，騰空校舍又無人問津，故自 2010 年代起開始拆卸重建為公屋，如葵青區居屋青俊苑的位置，前身為長青邨內的小學校舍——香港四邑商工總會陳黎繡珍紀念學校。一些社福機構亦將部分校舍改為暫住房屋，樂善堂社會房屋計劃荃灣象山邨「樂屋」，便是由前荃灣信義學校校舍改建而成。

屋邨軼聞

入伙後管理費爭議

俊民苑最先入伙的是 K 和 L 兩座。住戶剛入伙後，房屋署即通知要增加 50% 管理費，令一眾業主嘩然，稱「揼住嚟搶」。居民多次表達不滿，又以遊行抗議，但政府沒有改變，管理費增幅依舊。政府指出，提升三年前所訂的一百元收費是有必要的，以應付多項日益增加的支出及有足夠儲備應對未來所需。官員又指出，購買居屋者已享受樓宇低於市面格價和貸款條款等優惠，因此政府不可能再提供任何補助。

剛告入伙房署即來通知
居屋俊民苑管理費
要增加百分之五十
業主嘩然指為揼住來搶

【本報訊】第一期「居屋」的何文田俊民苑，今年二月才開始陸續入伙，但入伙不久，各業主昨日已收到房屋署通知，要增加管理費百分之五十，各業主無不嘩然，認為房屋署「揼住來搶」。

俊民苑位於公主道愛民邨對面，目前已入伙的有四座，其中第一、二座於今年二月入伙，而第三、四座則於本月初才開始入伙。

據已入住的業主說，俊民苑現時的管理費是每戶一百元，並不比一般私人樓宇的管理費便宜，昨日，他們都收到一封房屋署公函，說是為了保持高水平的管理，定於八月一日開始調整管理費，由原來的一百元增加至一百五十元。

業主們表示，他們入住最久的，也不過五個月，房屋署便要增加管理費，而且一加就加百分之五十，似乎「離譜」。

生產力中心等
昨舉行研討會

【本報訊】香港生產力促進中心與香港專業行政人員協會有限公司，昨日在生產力中心總辦事處舉行研討會，香港總商會執行董事麥理覺

俊民苑加管理費 50% 的報道

（《大公報》，1980 年 6 月 28 日）

本港新聞

居者有其屋計劃創新里程碑
俊民苑首座樓建成
施恪昨日進行平頂
首期八百單位將於月底全部售出

俊民苑首座樓建成並舉行平頂儀式

（《華僑日報》，1978 年 12 月 5 日）

屋邨遊蹤

第一站

東何文田配水庫

香港配水庫建於高地，因高地才有足夠水壓，輸送食水到低地的用戶。此水庫建於 1968 年，充滿歐陸式風格，配上鮮艷藍色倉門，十分懷舊。不少建築設計師會在水庫之上修建康樂休憩遊樂場，鄰近俊民苑的東何文田配水庫也是如此。遊樂場設施雖然不多，但有天然草地球場和 200 米緩跑小徑，空曠寬敞，居高臨下，可將眼前的九龍海景盡收眼簾。如遇上晴天，藍天白雲，更是不少文青的「打卡」熱點！

第二站

何文田公園

何文田公園位於忠義街 1 號，設有兩個籃球場、一個七人硬地足球場兼手球場，以及一系列健身器材和兒童遊樂設施等。公園更有一條緩跑徑圍繞足球場一圈，沿途擺放健身設施，供遊人使用。公園有豐富的綠化設施，包括草坪、樹木和花卉等，是一個放鬆和休閒的好地方。

第三站

忠義街花園

花園位於何文田忠義街，設於半山之上，地方空曠，可供附近居民散步休憩。園內設有不少座椅，也有一個露天多用途場地，大家可在此進行不同類型活動。前往這個花園，除經樓梯出入外，亦可使用電梯上落。花園設有無障礙設施，包括出入口、通道、升降機、育嬰室和暢通易達洗手間等，設計充分考慮到行動不便人士的需要。

俊民苑平面圖

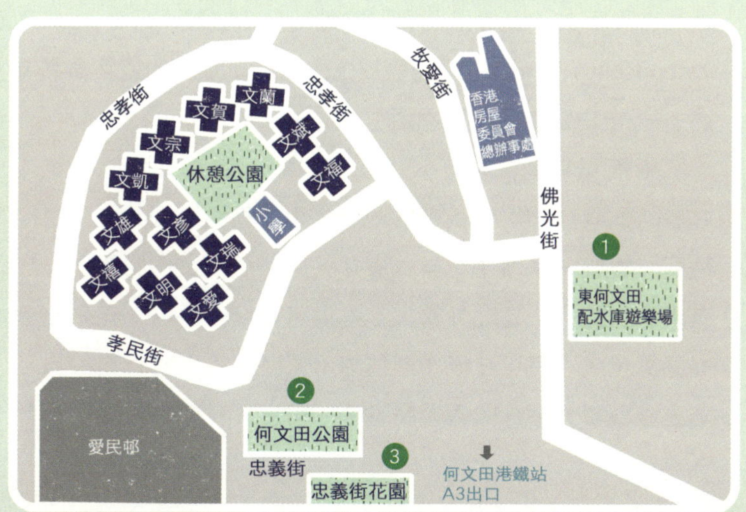

何文田花園城市計劃

俊民苑位於何文田區，何文田與葡萄牙人原來有密切關係。二十世紀初，何文田屬偏遠地區，一些葡萄牙人覺得此地遠離繁囂，決定在此安居和發展。葡萄牙人為何會來港？這要由十九世紀中葉説起。當時，中外貿易頻繁，英國在港所設公司，需要翻譯人才，因此聘請來自澳門、懂雙語（中英）的葡萄牙人工作。他們大多定居在維多利亞城附近。

二十世紀初，維多利亞城不斷擴展，商業區擴展至原本住宅地。葡萄牙人唯有另覓居住空間，向政府提出發展何文田。1912 年 1 月 29 日的《孖剌西報》（*Hong Kong Daily Press*）一篇名為〈香港住屋計劃——葡牙人專用住宅區與花園城市〉的報道，便分別介紹了兩項由葡萄牙人提出的房屋發展計劃。一是在黃泥涌開闢葡萄牙人專用的住宅區，一則提出在九龍半島鐵路沿線興建花園城市。前者因成本太高而放棄，後者則於 1913 年落實，開發九龍區何文田地段，並於 1919 年完成土地平整工程。適逢 1918 年第一次世界大戰結束後不久，負責這個發展的葡萄牙人梭椏（Francisco Paulo de Vasconcellos Soares）便將發展區內三條新落成的道路命名為「太平通」、「自由道」及「勝利道」。

梭椏和其他葡萄牙人組成合作社，買入九龍地段第 1283 及 1284 號兩塊超過 23 萬呎的地皮，再分租給不同人士，由他們自行建屋，梭椏一家則住在自由道 2 號。這個何文田花園城市計劃主要有兩個目的，一是為外籍人士提供可負擔的房屋，二是在區內發展園藝文化。居民可在後花園種植水果蔬菜等，實行自給自足。合作社更會負責分銷，收入撥歸基金。可惜，花園城市僅出現數十年，政府在第二次世界大戰後大力發展何文田區，這些小屋子最終清拆，改建為高樓大廈。

現時，何文田區有三條街道的命名是為了紀念梭椏開闢此地的功勞，分別是：梭椏道，紀念梭椏本人；艷馬道，紀念梭椏妻子 Emma；棗梨雅道，紀念梭椏女兒 Julia。

生人多起來

何文田墳塲要遷避

—另建新墳場於牛池灣—

新建牛池灣墳

何文田墳場要遷移的報道

（《工商日報》，1936 年 11 月 13 日）

本港當局

積極開闢九龍新界

何文田九龍塘等處已進行拓闢

新界東部開新路與中西三大道聯接

政府開闢九龍新界，何文田等地已被開發。

（《大公報》，1937 年 6 月 25 日）

穗禾苑

沙田半山樂安居

撫今追昔說源流

從禾輋到穗禾

穗禾苑與禾輋邨一樣，鄰近區內村落下禾輋、上禾輋，故屋苑取名自鄰近村落，取「禾」也是慣常做法。「輋」是我國南方土著，在古時曾活躍於香港，屬聚居於山麓之上的古越族分支，多以漁農為生，所居之處多稱作「輋」，至於沙田「禾輋」是否古代輋族聚居之地，已難以考證。

「輋」字也可解作近山之地，據定居於上禾輋村百多年的藍姓村民所言，該處傾斜的山坡上昔日有人開闢禾田耕種，因而稱為「禾輋」。同時有上、下兩村之分，山腰上的是「上禾輋」，山麓的是「下禾輋」。因此，當政府在此興建公共房屋時，便因地命名，稱此地為禾輋邨，而建於禾輋邨背後山坡上的穗禾苑，也以「禾」字命名，並配上「穗」字，可說是天作之合。

遷界令後頓成廢墟

沙田古稱瀝源，地處海濱，城門河沖積而下的沙泥，經年累月形成一片耕地，而禾輋邨所在之海灣，以往也是農田，明代時已經開發，以種植稻米而聞名，香木業也盛極一時。然而，清朝為防止沿海居民接濟鄭成功，實行遷界，下令所有沿海居民內遷五十里，瀝源因而成為廢墟。

客家人遷入發展

遷界令取消後，回來的居民不多，清政府便鼓勵客家人遷入，一批客家村落由此誕生，當中最著名的有沙田圍和山廈圍（今曾大屋）。位於山腰上的上禾輋村，也遷入藍、陳、黃、張四姓居民；山麓之處的下禾輋村，昔日有陳、張及梁三姓，為同屬客籍人士的雜姓村落。村民早期多從事耕作，以種植稻米、蔬菜及番薯等為生，並飼養牲畜家禽。村前海灣則停泊了一些漁船，在 1970 年代初有近二十艇戶，聚居的水上人有一百多人。

1970 年代，政府發展沙田為新市鎮，在禾輋村對出的海灣填海，修築道路和興建公共房屋時，須遷拆十數間下禾輋的村屋，艇戶亦被迫遷移，數個小村化身為多個屋邨。區內的面貌為之一變。

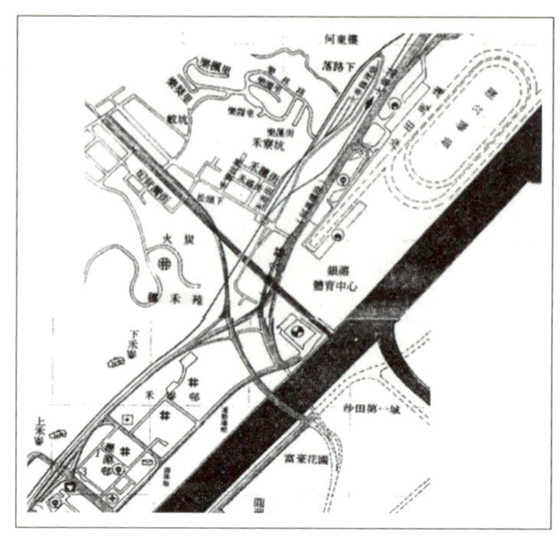

1984 年的沙田地圖，從中可見穗禾苑左下方為上、下禾輋村。

建邨歷程回顧

位處半山，俯瞰沙田

穗禾苑是由本地老牌則樓巴馬丹拿（Palmer & Turner）設計的，主要建築師是日本人木下一先生。屋苑運用了大量幾何圖形線條設計，穿插在圓形、方形之間，這是木下一先生特別設計的通風對流安排，也是為了營造出光影流動、景觀變化的效果。設計心思在於令穗禾苑更加人性化，做到宜居適居。因此，穗禾苑雖位於沙田半山，交通不是太便利，但也很受市民歡迎。

穗禾苑是首期居屋中規模最大的屋苑，有 2,334 個單位。屋苑位於沙田馬場對上的山腰，與山下的禾輋邨相對，沙田谷和吐露港美景盡收眼簾，猶如半山豪宅。屋苑內設有商場及停車場等設施。穗禾苑有六種不同面積單位，分別為 703、626、538、537、529 和 468 平方呎。一年後，房委會再推出穗禾苑第二期，反應未如理想，因為樓價比一年前攀升了不少，一些上次申請失敗者沒有再申請。

居屋首期六個邨
穗禾苑單位最多

穗禾苑是首期居屋中規模最大的屋苑

（《華僑日報》，1979 年 7 月 28 日）

漁暉苑穗禾苑愉城苑單位推出
索取居屋申請表格
首天情況未見踴躍
樓價平均升六成使吸引力略減

穗禾苑第二期居屋開放申請首天，市民反應未見踴躍。

（《華僑日報》，1980 年 2 月 26 日）

期數	落成年份	樓宇	類型
一	1980	豐裕閣（A 座）	非標準型（錯層式十字型設計大廈）
		豐逸閣（B 座）	
		豐年閣（C 座）	
		慶宏閣（D 座）	
		慶盛閣（E 座）	
		慶安閣（F 座）	
二	1981	詠茂閣（G 座）	
		詠昌閣（H 座）	
		詠興閣（J 座）	

屋邨生活點滴

第一間居屋小學

居屋屋苑內的第一間小學，便是位於穗禾苑的保良局蕭漢森小學。學校在 1980 年 3 月 11 日由房屋司施恪主持開幕禮。該校可容納上午及下午班學生合共 2,160 人就讀。政府負責校舍建築費用，由安利（蕭氏）建築有限公司負責人蕭漢森捐出 30 萬港元作為開辦費用。該校是保良局的第八間小學。因應校舍空間不足，學校已於 2019 年向政府申請遷校，並獲分配位於同區私人屋苑星凱・堤岸的預留用地建校，新校舍已落成啟用。

保良局在沙田穗禾苑內

居屋首間學校開幕

可容上下午班學生二千一百名

居屋首間學校位於穗禾苑

（《大公報》，1980 年 3 月 12 日）

保良局蕭漢森小學是首間位於居屋屋苑內的學校，也是香港所餘無幾的火柴盒小學校舍，該校已搬遷至坳背灣街星凱・堤岸旁。

猴子擾民，入侵屋苑

穗禾苑景色怡人，除了吸引居民入住，更吸引不少猴子來訪。這些野外猴子，經常進入穗禾苑商場的便利店偷取食物，得手後便迅速逃離現場。居民表示，屋苑一直以來也有猴子出沒，連途人也成為目標。如果途人一邊走路一邊進食，猴子會跟著走一段路，飢餓時更會出手「搶劫」。更為誇張的是，管理方曾經在球場放置捕獸籠。猴子不時出沒，其活動範圍很廣，並不是長駐屋苑。便利店店員也不會追趕猴子，若牠們搶走麵包，店員們頂多只用掃帚驅趕，不會窮追猛打。

除了商場店舖外，猴子有時更會出現於屋苑露台。一些街坊曾拍下猴子進入單位內偷走食物的影片，此類事件較多發生在二期的單位。當屋苑進行維修時，猴子更會沿維修棚架向高處攀爬。不過，就算穗禾苑經常有猴子的蹤影，居民也不覺得受到嚴重滋擾。一些街坊更指，已經習慣與猴子共存，大家河水不犯井水，只要鎖好門窗，不讓牠們進入單位即可。大多居民覺得穗禾苑環境清幽，景色美麗，猴子問題亦可勉強接受。

穗禾苑商場為開放式設計，樓高四層，提供居民生活所需。

由於屋苑位處半山之上，須安裝九層高的登山升降機，以貫通屋苑第一、二期。

屋邨遊蹤

第一站

彭福公園

彭福公園位於沙田馬場跑道的中央位置，在非賽馬日對外開放。公園佔地逾 20 英畝，由香港賽馬會（馬會）撥款興建和管理，於 1979 年 5 月落成啟用。1979 年 9 月 18 日，馬會宣佈沙田馬場公園改名為彭福公園，以表彰即將卸任馬會首任總經理的彭福將軍（Robert Penfold），紀念他任內對籌建沙田馬場和發展賽馬事業的貢獻。彭福公園內有大坪草地、人工湖噴泉、兒童遊樂場等設施。一直以來，彭福公園扮演著「沙田市肺」的角色，遊人可享受園內廣闊的綠茵美景。

第二站

稻鄉飲食文化博物館

火炭區除坐擁大公園外，亦是一美食中心。稻鄉飲食文化博物館位於稻香酒樓內，大家可於指定時間內參觀。博物館展出了不同時代、不同地區的煮食工具、容器、食材等等，讓大家了解昔日的飲食文化。館內分為五個區域，也有舊式大牌檔、茶樓的佈置，甚至有昔日龍門大酒樓婚宴等模擬場景，全部都是「打卡」拍照的好地方。

1977 年，香港國賓酒樓受日本電視台委託，曾經以 10 萬港元製作一圍共 108 道菜的「滿漢全席」，酒樓動用了 160 人，足足花了三個月才籌備完成。這個「滿漢全席」的場景也在博物館中展出。

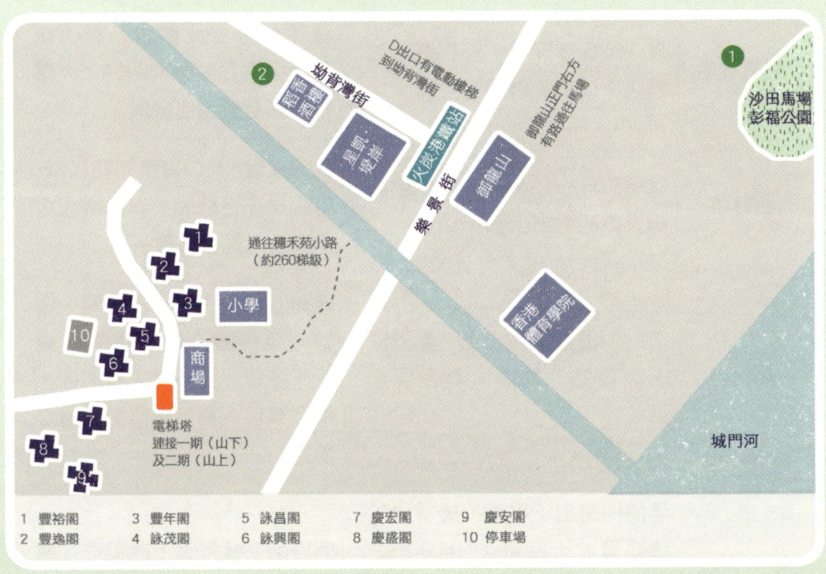

穗禾苑平面圖

歷史知識知多點

昔日的旅遊勝地——沙田

1911 年九廣鐵路通車後，往來市區與沙田的交通大為改善。1920 至 1930 年代，區內建立了不少寺觀，加上環境清幽、依山傍水，令沙田自此變成港人的旅遊勝地，假日到沙田旅行成為一件賞心樂事，位於下禾輋的龍華酒店，更是遠近馳名，一房難求。當時沙田的著名景點如下：

景點	歷史源流	特色
龍華酒店	於 1938 年開業，沙田園林式酒店，以燒乳鴿聞名全港。	粵語片常到此取景，李小龍《唐山大兄》也不例外，大量名人影星愛到此度假。
西林寺	1923 年，由梁子衡創建於沙田火車站對出山腳。	佔地甚廣，入口有牌坊和荷塘，寺內是亭台樓閣，有西鄉園提供素食，並設茶室。
萬佛寺	位於沙田排頭村山上，鄰近沙田火車站，創辦人為月溪法師。	建有五殿、四亭、一廊和一塔等，萬佛殿內供奉佛像一萬三千多尊，殿外有大量造像，精巧奪目，為不少電影取景之地。
車公古廟	建於何時已不可考，最早見於清嘉慶二十四年（1819 年）的記載。所供奉的車大元帥曾助沙田驅除瘟疫，香火鼎盛。	假日前來參拜者不絕於途，農曆新年期間更是人山人海。
沙田畫舫	1963 年建成，最初停靠於何東樓一帶，後移至沙田墟外。	是沙田區內唯一的海上食肆，海鮮舫的裝潢美輪美奐，大大促進沙田旅遊業。

沙田畫舫

Sha Tin Floating Restaurant Ltd

Shatin N.T. Kowloon Hong Kong

定座電話 TEL: 12-611686 12-613221

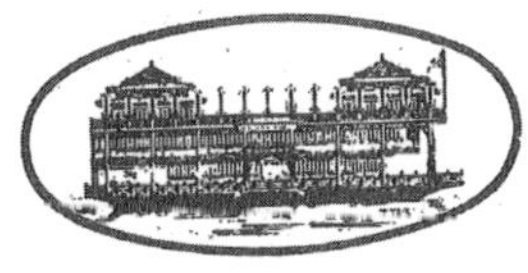

沙田畫舫
裝飾豪華
珍奇海鮮
中西美酒
壽筵喜酌
社團宴會
雀局遣興
一律歡迎
交通方便
郊遊勝地

1970 年代沙田畫舫廣告。從其英文名稱，可見它是一艘浮動船隻，有別於 1980 年代於沙田第一城外所建的固定石舫。

沙田龍華酒店

盛大菊展會

沙田龍華酒店秋菊盛放，主人鍾鑑檸特將選異種逾百盆公開展覽，雞黃雪白，姹紫嫣紅，盛是菊譜名花，「龍華菊展」經已開始，預計展出一月，不收門券，歡迎參觀展出的品種計鳳凰球，硃砂紅，蟹爪白菊花盤，龍菊和北京名種「美人抓破臉」……等不下十餘種，嬌態極媚，綽約多姿。

其中以一株蟹爪白長約一尺較大的菊花凡一百二十七朵，更是蔚爲奇觀。據「龍華主人」鍾君說，這些展出的名花都是龍華酒店的花王自栽，是心血與經驗的結晶，以一百二十七朵的菊王爲例，去歲農曆十月十五已開始摘枝，經一年的悉心栽培，盤屈剪數，然後才培養出這枝錦，一般的名花。

鍾于鑑檸學按陶朱之外。多藝多才，十分風雅，食飲之道，更有稍研，俟稀如隨園之當年。龍華乳鴿膾炙人口，成爲沙田吸引遊客的主要條件，週末和星期大座無虛席，每日售出乳鴿凡三千隻，其受歡迎於此可見。

據主人云，乳鴿除了紅燒，鹽焗，豉油浸之外，尚有五十餘種製法，足見烹調學問，實在深得很。

龍華酒店的老闆鍾鑑檸先生，重金禮聘華爾登酒店的花王徐錦打理酒店園林。每年秋天，酒店內的菊花盛放，吸引無數遊客到此賞花品茗，就如今天港人到日本賞櫻一樣。

（《華僑日報》，1969 年 11 月 30 日）

旭埔苑

上水首批公共房屋

撫今追昔說源流

上水：河流之上的圍村

上水北面有「雙魚河」，上水和粉嶺一帶的古稱為「雙魚市」，其時亦未有上水之名。明末清初，南中國一帶盜匪為患，治安不靖，新界五大族之一的廖氏族人合力建立圍內村，四周建有圍牆，抵禦盜匪。圍內村因位處梧桐河之上，故族人稱之為「上水」。上水一名自此廣為流傳，至明末清初期間出現於典籍之中，如清康熙年間成書的《新安縣志》。當中的「水」就是區內的梧桐河，而「上」字則顯示了地區所在的方位。

從彩園邨分拆出旭埔苑

1970 年代末，為完成「十年建屋計劃」，政府發展上水新市鎮，在九廣鐵路上水段南方石上河一帶，以及石湖墟以南等土地上，興建公共房屋。該公共屋邨鄰近石湖墟，故最初命名為「石湖墟邨」。然而，當局最終以就地取材的原則，因其建於上水菜園村上，取其諧音而定名為「彩園邨」。彩園邨原先計劃興建八幢公屋大廈，後來將其中兩幢土地（彩瓊樓和彩霞樓）改為居屋，成為本篇主角旭埔苑的部分佔地。

旭日光照掃管埔

旭埔苑的命名源自距離屋苑最近的兩個上水地標，即掃管埔村和石湖墟，取掃管埔村的「埔」，加入有「旭日朝輝」意思的「旭」，寄託對屋邨居民的美好祝願。旭埔苑的八幢樓宇則取石湖墟的「湖」字，結合商、周、秦、漢、晉、唐、明、清八個中國朝代改名，例如商湖居、周湖居等。

明朝《粵大記》稱上水及粉嶺一帶為「雙魚各村」

沙田 大埔 上水 粉嶺 新邨版

「居屋」計劃向北區發展
上水彩園邨兩大廈
將來用作居屋用途
彩園邨首期樓宇預期下月入伙

彩園邨其中兩幢大廈將會改建為居屋（後旭埔苑的部分佔地），令全邨只有六座建成。

（《華僑日報》，1982 年 2 月 16 日）

寮屋菜地之上建新居

正如上文所述，彩園邨和旭埔苑同根同源，本屬同一個建築項目，位處之地包括上水菜園村、石上河邊的寮屋和工廠等，鄰近上水火車站。火車站東面一方有菜園村木屋二千多戶，居民約一萬人，多以務農和飼養牲畜為生，在 1970 年代初仍是大片菜園。上水站以南則有散佈於石上河岸邊的寮屋、工廠和養殖場，其中佔地較多的有牛皮廠，對河道構成污染。

為完成「十年建屋計劃」，政府發展上水新市鎮，政府先清拆石上河一帶的寮屋和廠房。據 1977 年 5 月 19 日《華僑日報》報道，政府計劃在清拆後的皮革廠原址上興建公共房屋。至於菜園村土地，政府於 1978 年初進行遷拆，2 月發出搬遷通知，4 月展開拆卸行動，菜園村被夷為平地，居民可遷往沙田禾輋邨或粉嶺臨時房屋區等。最終，上水新市鎮首個公屋項目彩園邨，就誕生於木屋和菜園之上了；屋邨東面的土地，近粉嶺彭氏掃管埔邨一帶，則建成區內第一個居屋屋苑旭埔苑。

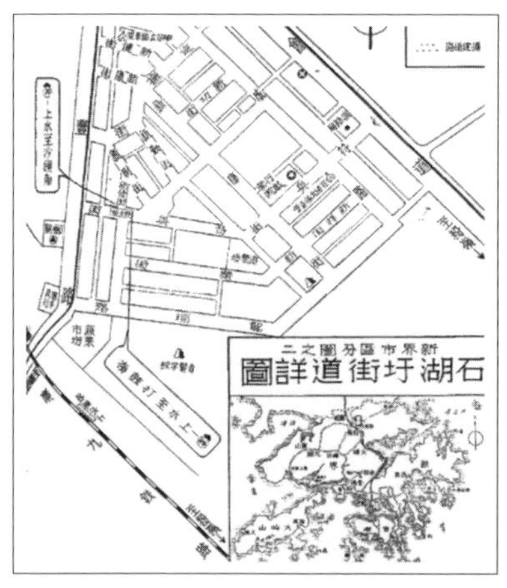

《香港年鑑 1967 年》內載上水石湖墟一帶地圖

粉嶺石湖墟建市鎮
耗五千萬改善道路
建跨鐵路橋樑・改善石上河道
批出合約動工廿一月完成

（港訊）工務司署新界拓展署批出一份與粉嶺石湖墟新市鎮改善道路計劃有關的主要土木工程合約。是項合約價值超過四千九百五十萬元，已由大埔及粉嶺拓展工程處署理處長錢元泰與永建商生利建築有限公司之代表曾國華簽署。

錢氏說：是項道路建築及改善計劃，爲政府在粉嶺與石湖墟進行新市鎮發展計劃之一部份，新市鎮將可容居民十七萬人。

合約工程包括興建一條行車橋樑，橫跨九廣鐵路，及建造總長度約一點五千米的道路。新行車橋樑建成後將代替位於新豐路的現有平交道。

錢氏說：合約工程包括改善石上河河道，計爲建造三百五十米的暗渠和九百米的新河道。

合約工程將於本周稍後時間動工，需時約二十一個月完成。

有關工程由茂盛（遠東）顧問工程師代工務司署路政處設計及監督。

政府發展粉嶺及上水新市鎮，並改善上水石上河環境。
（《華僑日報》，1980 年 8 月 8 日）

建邨歷程回顧

區內第一個居屋屋苑

旭埔苑是區內第一個居屋屋苑，與鄰近的彩園邨於 1982 年同步落成，兩者都是當時上水最高的建築物。那時，上水市中心尚未發展，包括現今的上水廣場等購物商場仍在規劃中。旭埔苑和彩園邨的居民早期的日常消費主要依賴屋苑內的街市，或前往石湖墟。

旭埔苑共有 1,248 個單位，屬於第四期甲居屋。在規劃旭埔苑時，政府將其視為「彩園」區域的一部分。由於百和路將旭埔苑分割為東西兩部分，這使得旭埔苑的範圍相對於其他同期建成的居屋屋苑小。西面部分包括彩園邨至上水站天橋南側的羽毛球場、園圃和四幢樓宇四周的空間，而東面部分則涵蓋百和路、彩園路和香海正覺蓮社佛教陳式宏學校之間的空間。

上水第一個公屋
彩園邨落成入伙

【本報訊】上水第一個公共屋邨——彩園邨的首期建築工程已完成，居民正辦理入伙手續。彩園邨是房屋委員會轄下第一百零七個出租屋邨。首批辦理入伙手續的一百五十個家庭，將遷入該邨最近落成的四座住宅大廈，邨內有廣泛的康樂、教育及社區設施。

該四座新大廈有單位二千八百七十五個，可容納一萬一千三百人，另外兩座出租大廈及八座居者有其屋計劃大廈，已正在興建中，共有三千四百個單位，供大約一萬七千四百五十人居住。

彩園邨位於上水火車站旁，新入伙的居民主要是受發展清拆影響及登記冊上輪候的申請家庭。

彩園邨於 1982 年落成入伙

（《工商日報》，1982 年 4 月 4 日）

石湖墟居屋「旭埔苑」
運動設施完備
緩步跑徑網球排球及籃球場
運動設施多姿多采屋邨之冠

旭埔苑落成時，運動設施數量冠絕全港公屋。

（《華僑日報》，1982 年 7 月 2 日）

落成年份	樓宇	類型
1982	清湖閣（A 座）	舊十字型
	明湖閣（B 座）	
	唐湖閣（C 座）	
	漢湖閣（D 座）	
	晉湖閣（E 座）	
	周湖閣（F 座）	
	商湖閣（G 座）	
	秦湖閣（H 座）	

本地及外來住客各適其適

旭埔苑是上水第一個居屋屋苑。當時，北區新市鎮才剛發展，上水只有彩園邨和旭埔苑等新式建築，其他區域仍以鄉村村屋為主，建築最多也只有幾層。當時旭埔苑居民主要分兩大類。第一類是原本居住在北區及周邊的人士，他們大多在附近工作，對石湖墟非常熟悉，他們入住旭埔苑只不過是居住地點的變化，從村屋變成高樓大廈。

第二類是來自外區的人士。政府發展北區新市鎮，建設屋邨及居屋，入住旭埔苑對他們來說，是整個生活方式的轉變。他們對北區並不熟悉，遷入上水就像是開荒者。他們大多數人工作地點仍在市區，親友也多集中於此，每天乘坐火車或巴士外出工作，深夜才回到北區。當時，北區交通仍未發達，例如九巴 70 號車程需要一個多小時才能到達市區，而電氣化火車則要到 1983 年 7 月才全面運行至羅湖站。對來自外區的居民來說，需更多時間適應居於上水的生活。

照片前方為旭埔苑，後方為彩園邨，當中有行人天橋連接上水港鐵站。

屋邨生活點滴

運動設施全港最多

旭埔苑的運動設施相當完備，建成時擁「全港之最」的名銜，包括一條當時全港屋邨獨有的 1,800 米長緩跑徑、2 個球場、5 個排球場、7 個籃球場、8 個羽毛球場和 20 張乒乓球桌。此外，屋苑附近還有一個足球場。兒童遊樂設施方面，則設有休憩公園和兒童遊樂場，停車場上蓋還有一個多用途的有蓋遊樂場。

夜市小販絕跡，是好是壞？

旭埔苑和彩園邨居民主要依賴天橋往來上水站。這條天橋的面貌會隨著時間而改變，白天是居民忙碌往返的道路，到了晚上則化身為夜市天橋，許多小販在此售賣香氣四溢的各式美食，如魚蛋、燒賣、串燒和糯米飯等。數十年前，上水一帶的食肆大多在晚上 10 時或 11 時便關門，夜歸居民的選擇不多，夜市天橋恰好為深夜回家的上班族提供熱騰騰的小食。然而，2013 年底開始，管理彩園廣場及天橋範圍的領展開始驅趕夜市小販，期間曾發生多次衝突。最終，房屋署及警方介入，導致夜市小販幾乎絕跡。

傳統屋邨商場轉型，此情不再？

旭埔苑本身並沒有商場，居民的日常生活需求主要依賴鄰近的彩園商場，即今天的彩園廣場。以往的彩園商場屬傳統公屋商場設計，頂層為酒樓，平台層則有普通商舖，如文具店、雜貨店和五金店等，還設有美食廣場，地下則是街市。自領展收購後，商場進行了翻新，並改名彩園廣場，引入中高檔消費品牌店，成功吸引了大量內地遊客前來購物。

屋邨遊蹤

第一站

彩園廣場

彩園廣場前身是彩園商場，在 2011 年翻新後改為現時名字。商場現在是領展旗下十大商場之一，是新界東北區的大商場。商場鄰近旭埔苑，最初為傳統公共屋邨商場設計，只有三樓和四樓，三樓為商場主要區域，東南角曾為美食坊，四樓則是彩城皇宮酒樓。經過翻新後，商場擴建至三層，分別為地下、三樓和四樓。新商場設計充分利用自然光，空間感十足。戶外花園平台增添了綠化環境，中庭位置設有扶手電梯。

第二站

石湖墟

到訪新商場後，大家可以參觀傳統上水市集石湖墟。石湖墟位於上水火車站旁，至今已有超過三百年歷史。早期石湖墟以一、四、七日為墟期，附近居民前來「趁墟」，交易農產品、牲畜和家禽等。最初的石湖墟簡陋狹小，集中在今日的新功街和巡撫街一帶的「咱婆街」。到了 1930 年代，石湖墟已發展成北區主要墟市。可惜，1950 年代中期，石湖墟接連發生兩次大火，直至 1960 年代初才完成重建。如今墟內仍有不少民生小店；近年，一些售賣本地產品、藝術手作和傳統製作的小店也紛紛進駐。

第三站 北區公園

購物後，大家可去北區公園休息一下。旭埔苑旁有一個超大的公園，位於粉嶺和上水之間，總面積超過 8 公頃。公園是上水市中心的市肺，採用清代揚州式亭台樓閣的園景設計，古色古香，置身其中仿似回到了古代。每逢花季，大家更可欣賞到不同的花卉及植物，例如 1 月有紅葉、2 月中至 3 月底可以看到黃花風鈴木。對於北區居民來説，此地是重要的休憩區。

旭埔苑平面圖

歷史知識知多點

上水墟市

康熙初年，清政府為防止沿海居民勾結鄭成功，進行反清活動，而實行遷界令，下令沿海居民內移五十里，沿海地區變為荒地，無人居住，上水廖氏全族亦棄村內遷。康熙七年（1668 年），廣東巡撫王來任向清政府呈上奏疏，指出遷界弊端，並請求復界，但未被接納。同年 10 月，兩廣總督周有德勘復邊界，奏請政府准許居民返回原居地，但不得出海。

康熙八年（1669 年），清政府接受了周、王兩人建議，准許復界，香港原有居民紛紛回鄉復業，包括上水廖氏族人等。為了紀念周、王二人恩德，上水廖氏、龍躍頭鄧氏、河上鄉侯氏以及泰坑文氏四個宗族在康熙二十年左右（約 1681 年）於今日的石湖墟建造了周、王二公報德祠。該祠初建的資料無法考證。遺憾的是，報德祠在 1955 年的石湖墟大火中被燒毀，僅剩下負責管理報德祠的「周王二院有限公司」的招牌。

清政府准許復界後，上水逐漸發展，上水廖氏、河上鄉侯氏及龍躍頭鄧氏共同建立了天岡墟（今上水一帶），是上水首次有墟市的記載。根據康熙《新安縣志》記載，當時香港地區內已有大橋墩墟、天岡墟和大步頭墟三個墟市。根據嘉慶二十四年（1819 年）《新安縣志》，香港設有圓朗墟、石湖墟（由天岡墟遷移至今上水）、大步墟和長洲墟等四個墟市，可以看出上水在古代作為貿易中心的繁榮興盛景況。

上水石湖墟火災空前浩刦

焚屋二百餘災民四千

成立急賑會趕辦善後

焚斃一女童財物損失極重

上水石湖墟火災被形容為「空前浩劫」

（《工商日報》，1955 年 2 月 22 日）

上水石湖墟今貌

龍門居

開山填海建新居

撫今追昔說源流

古代屯兵之門

龍門居所在地，昔日是屯門散石灣前的一片汪洋，隨著政府發展屯門新市鎮並進行填海工程，龍門居和富健花園兩個居屋屋苑便相繼落成。

屯門的名稱意指「屯駐士兵，扼守門戶」。屯門位於古代海上絲綢之路上，中外船隻在進入珠江、前往廣州之前，經常會在此停泊，以便補給或避風。唐開元年間，唐玄宗曾派遣二千軍隊駐守屯門，以保護這條具有軍事和經濟價值的貿易通道，因此《新唐書》亦有記載：「有經略軍，屯門鎮兵。」

英國租借新界後，當地統稱為「青山」，如海岸是青山灣，通往九龍的公路是青山公路，政府部門如青山警署也是如此，故發展之初屯門被稱為「青山新市鎮」。然而，1973 年，政府接納屯門鄉事委員會的建議，認為青山只是區內一座山巒，不應包括山下的平原地帶，因此正式改回古名「屯門」。

一登龍門，聲價十倍

屯門散石灣距青山村約一公里，是一個狹長的海灣。昔日灣前有一片石灘，佈滿碎沙和亂石，因此得名為「散石灣」。在 1970 年代，為了配合「十年建屋計劃」，政府決定發展屯門新市鎮，隨即展開填海造地的工程，其中一個地點正是散石灣。隨著各項基建的陸續完成，從屯門通往龍鼓灘的公路被命名為「龍門路」。隨後，在龍門路前興建的居屋便稱作「龍門居」。其中，「門」字反映了屋苑位處屯門，「龍」字則帶有美好祝願，寓意著「一登龍門」，象徵進步與發展，這也使得龍門居成為受區內外人士歡迎的屋苑。

歷史考據源流已久

青山正名屯門新市

青山一詞並不包括山脚平原

政府部門今後用新名

政府宣佈將青山新市鎮改名為屯門

（《華僑日報》，1973 年 1 月 20 日）

人民山坡上搭建木屋

龍門居所在位置屬填海地，昔日是散石灣前的海面，灣前有狹長的平地，多條山坑經此處出海，水源充沛。1920 年代，已有人在此開墾農田。1950 年代，大量內地人民到港，在區內平地和山坡上搭建木屋，漸漸形成一條村落，位置就在今日屯門高爾夫球中心和歷奇公園一帶。

發展屯門，政府收地填海

1972 年，時任港督麥理浩宣佈「十年建屋計劃」後，拓展署於 1973 年正式指定屯門為新市鎮，鋪設水管電纜、修建道路、填海造地等工程隨即展開。1976，政府宣佈清拆散石灣沿岸 1,164 間建築物（當中民居佔 282 間），以便在山坡挖泥，供填海工程之用。受影響的村民約 2,000 人，他們多以經營農場、果園、小工場、小商店等為生，最終被安置到臨時房屋區或大興邨。部分憂心公屋租金過高、無法務農的村民，則獲准在青山山腰建立新村。填海所得的土地，南面於 1988 年建成輕鐵車廠及其上蓋物業新屯門中心，北面則發展為居屋龍門居和富健花園。

屯門散石灣建公屋邨
可容五萬人
公佈收地一批拆屋三百餘間
居民分配公屋或臨時屋農作將獲補償

政府計劃於散石灣興建屋邨
（《華僑日報》，1977 年 7 月 1 日）

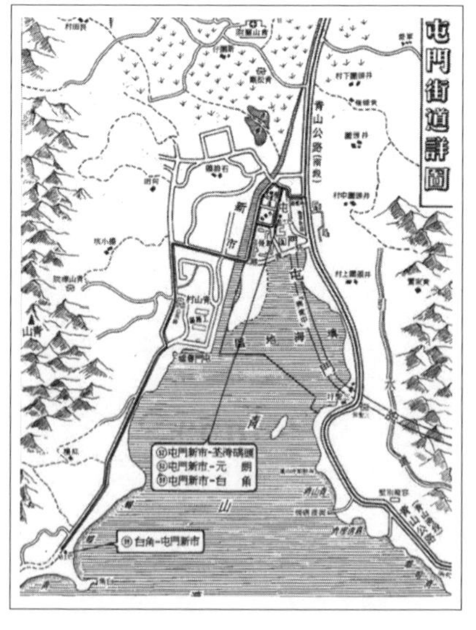

《香港年鑑 1976 年》收錄的屯門地圖，可見左下方的散石灣仍未填海。

建邨歷程回顧

龍門居屬於私人參建居屋屋苑，於第 19 期甲的居者有其屋計劃中出售，於 1998 年正式落成。屋苑由 16 幢大廈組成，規模較大：

<table>
<tr><th>落成年份</th><th>樓宇</th><th>每幢層數</th><th>類型</th></tr>
<tr><td rowspan="4">1998</td><td>第 1 至第 4 座、
第 6 至第 7 座</td><td rowspan="2">26</td><td rowspan="2">私人機構參建居屋計劃
（不規則設計）</td></tr>
<tr><td>第 5 座</td></tr>
<tr><td>第 8 至 10 座、
第 14 至 16 座</td><td>30</td><td rowspan="2">私人機構參建居屋計劃
（十字井型）</td></tr>
<tr><td>第 11 至
第 13 座</td><td>32</td></tr>
</table>

龍門居由周氏建築師事務所有限公司（周念申建築師）設計，由 16 座樓宇組成，提供約 3,800 個單位和 400 個車位。龍門居設有各種社區設施，如籃球場、壁球場、排球場、羽毛球館、遊樂場、緩跑徑和兒童遊樂場等。

龍門居交通便利，有輕鐵及巴士等，方便居民前往屯門其他地方和港九新界各地。龍門居的落成不僅為屯門地區的居民提供更多的居住選擇，也促進了當地社區發展。龍門居建成後，周邊設施不斷改善，

龍門居內康體設施一應俱全

例如有巴士總站及學校等。龍門居成為一個宜居地方，吸引不少區內外家庭在此定居。

鄰近其他屋苑，共建好社區

龍門居落成後一年，旁邊便有新的居屋屋苑建好，這便是富健花園。富健花園是私人參建的居屋屋苑，和龍門居一樣。富健花園屬於第 19 期乙居者有其屋計劃項目。富健花園在 1999 年落成，由其士發展國際有限公司全資附屬的騰寶有限公司發展。屋苑由 12 幢樓宇組成，提供 3,026 個單位。單位建築面積介乎 500 至 750 平方呎。

除了富健花園外，龍門居旁有一個公共屋邨，也以龍字為首，這便是龍逸邨。龍逸邨在 2013 年 6 月入伙，於龍門居入伙 15 年後才建成。全邨共有兩幢 34 層高樓宇，分別是健龍樓及康龍樓。兩幢樓宇每層分別設 13 伙和 17 伙，面向皇珠路的一面因噪音聲源關係，只設走廊及花槽，不設任何單位。邨內有停車場、社區會堂，但沒有商場，故邨內居

富健花園、龍門居、龍逸邨（從左至右）沿屯門河而建

民多前往龍門居及富健花園的商舖解決日常生活所需。2024 年單幢式的顯發邨建成前，龍逸邨是屯門區內規模最小的屋邨。

三個屋苑的居民共同生活，形成良好的社區氛圍，增強了社區的互助精神。

美食街與屯門河

龍門居最著名的便是食街。這是屯門區一個受歡迎的美食熱點，為當地居民和遊客提供多樣的美食選擇。這條小食街有多間售賣香港經典小吃的小店，如魚蛋、燒賣、腸粉和煎餅等，不少夜歸的街坊也喜歡在此享受美食。除了本地美食，食街還有一些提供日式、韓式和東南亞風味美食的小店，滿足不同人士的口味。因此，龍門居食街可說是附近居民的聚腳點。

除了美食，龍門居還鄰近屯門河。許多居民喜歡在屯門河旁的小公園和緩跑徑上散步或跑步，沿途欣賞河流及周圍的自然風光，享受清新的空氣和放鬆的氛圍。不少龍門居的居民也喜愛這種河邊生活，晚飯後一家老幼走到河旁，感受微風輕拂，消除一整天的疲憊。雖然屯門河時有臭味，但政府正不斷改善水質，相信在不久的將來，屯門河將更美好，愈來愈多居民和遊客將到此一遊。

龍門居食街是區內美食熱點

屯門河畔是不少市民運動休閒的好去處

屋邨遊蹤

第一站

屯門高爾夫球中心

屯門高爾夫球中心鄰近龍門居，位於龍門路，是香港首個公眾高爾夫球練習場，佔地 48,500 平方米。該中心主要設施包括兩層共 91 條球道的發球練習場、練習草坪和沙池。中心還定期舉辦不同程度的高爾夫球訓練課程及相關活動，旨在提升公眾對這項運動的認識和興趣。

第二站

后角天后廟

龍門居鄰近屯門舊墟。后角天后廟位於屯門舊墟天后路。這裏曾是屯門河流入大海的地方，因此最初稱為「口角天后廟」。隨著 1970

年代屯門開展填海工程，廟宇已不再位於海邊，而是被四周的工廠大廈所圍繞。廟宇由屯門氏族陶氏和村民所建，後經歷多次擴建和重建。廟內有一個清康熙三十六年（1697 年）的鐵鐘，是這個廟宇的歷史見證。廟宇前的天后廟廣場是一個寬敞舒適的公共休憩空間，不少大型文娛康樂活動也在此舉辦，如天后寶誕巡遊、抽花炮儀式、年宵市場及千人宴等。廣場內設有花炮展覽館展示實物大小的花炮，並透過展板、影像和照片，讓訪客更全面認識后角天后廟、天后誕及相關民間習俗。

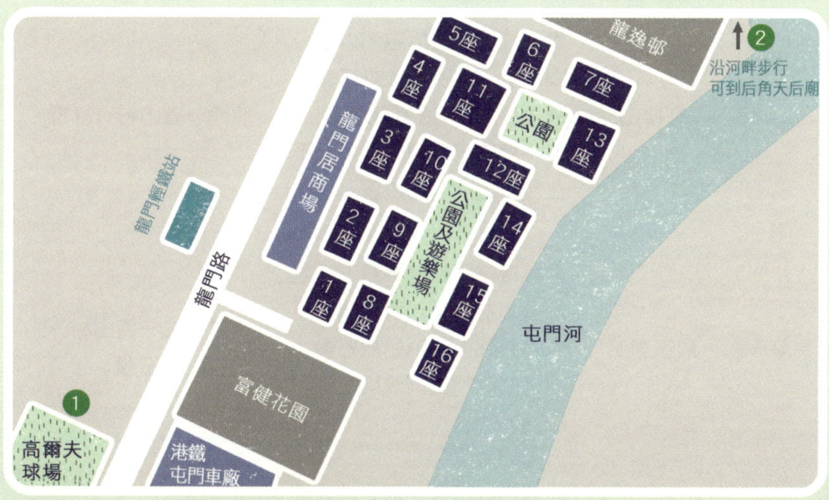

龍門居平面圖

歷史知識知多點

「龍門站」的改名史

輕鐵全稱為「輕便鐵路」，昔日叫作「九廣輕鐵」，是新界西北的輕型鐵路系統，為新界西的屯門、天水圍及元朗的居民提供列車服務。隨著地區發展，輕鐵路線不斷擴展，至今已有 68 個車站。當中有多個車站的名稱因周邊環境的變遷而作出更改，龍門居所在的龍門站正是最好的例子。

年份	車站名稱	命名緣起	當時車站路線和名稱
1988	紅樓站	青山紅樓（位於屯門中山公園內），傳說為辛亥革命的運動基地，遠近馳名。另外，當時已有龍門站，但不在今日龍門居的位置。	龍門→青山村→紅樓
1989	散石灣站	因紅樓站距離紅樓有一公里之多，易引起混淆，故改用原有和鄰近的地名散石灣，原來的龍門站則改稱工業學院站。	工業學院→青山村→散石灣
2003	龍門站	龍門居落成後，散石灣站改為龍門站。而屯門工業學院改名後，工業學院站也以鄰近的青雲路來命名。	青雲→青山村→龍門

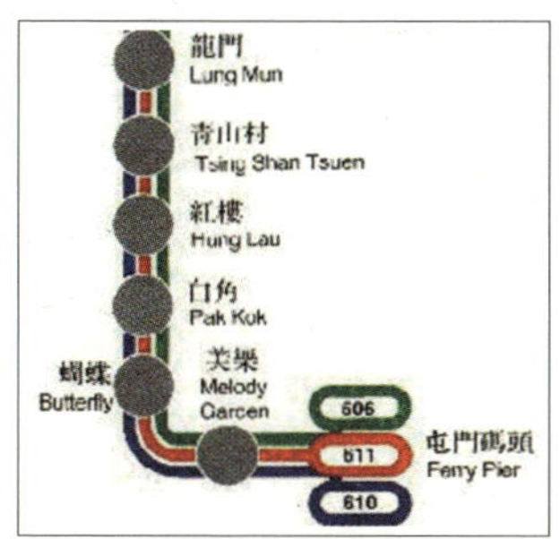

1988 年輕鐵路線圖顯示，今日龍門站稱為紅樓站。

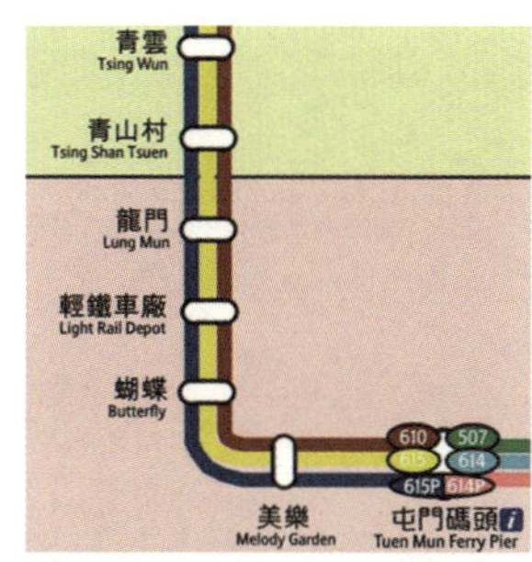

原龍門站變成現青雲站，原紅樓站則因龍門居的落成而命名為龍門站。

今日位於龍門居旁的龍門站

5
資助機構房屋
官民同心齊參與

模範邨

現存歷史最悠久的公共房屋

撫今追昔說源流

模範邨的前世今生

上世紀，香港不少地方也有「模範邨」。除了本文介紹的北角模範邨外，港島寶雲道、九龍等地亦有模範村。1946 年 2 月 28 日《工商日報》就介紹九龍模範村民在戰後向當局請發契證，以保資產。當然，最為人熟知的是香港北角模範邨，只因它是公屋歷史上重要的里程碑。

香港小上海

自從上海易手後，這個號稱繁華的地方，便帶有濃厚的上海風。你最容易感受到的，就是可以隨處聽到的「阿拉」、「儂」聲音，其餘吃、穿、着，凡是上海有的都有。北角，這個過去是荒僻的地方，這裏因時移勢易，現在也變成上海人的世界了，住的大都是上海人，因此一些生意，都以上海人為對象，那些店員如果不懂得上海話幽默，那才是奇跡哩！你看左面的一個圖片，就可知道這個「小上海」的驚人發展。在英皇道的一座樓宇，相距不過六層樓，但樓下已有三間商店是冠有「上海」字樣的，那是：「上海四五六菜館」，「上海士多」，「上海大光明理髮廳」，還有那「九華酒館店」，也是陳設上海氣的。這個情形發展下去，「海派」更可成為一種風氣的代表了。（本報記者攝）

北角被稱為「小上海」
（《工商晚報》，1950 年 4 月 11 日）

從偏遠之地變身小上海

開埠初期，北角仍是一片荒涼之地。當時，中環、上環已經發展成人口密集的地區，北角則尚未被開發。直到維多利亞城土地不足，政府才開始向外擴展，在北角進行填海，興建油庫、發電廠、炮台、倉庫和碼頭等，這個遠離維多利亞城的地方逐漸變成支援市區發展的地方。油街、電廠街、大強街和堡壘街等街道名稱，正好見證昔日北角的重要性。

第二次世界大戰後，北角和其他地區一樣，有大量內地人民湧入。1940 年代，許多上海商人因戰禍攜帶資金到此，不少旅館、餐館、服裝店、夜總會和遊樂場等先後出現；多間戲院如都城、璇宮、國都和國賓亦先後開業，北角化身娛樂中心，成為「小上海」。其後，福建人也陸續來北角定居，建立了「小福建」。戰後，香港進入了黃金發展期，經濟急速增長，人口急劇膨脹，不少公共房屋如模範邨、健康村和北角邨相繼落成，北角漸成為一個安居樂業的好地方。

政府設木屋模範村

北角模範邨最初並非今天的高樓大廈。根據 1947 年 5 月 5 日《華僑日報》所載，當時衛生局注意到戰後環境問題，便劃出原北角名園地

◆小木屋林立◆

◆模範村未成◆

政府鼓勵市民在北角建模範村，當時此處只是一個木屋村。

（《華僑日報》，1947 年 5 月 5 日）

模範屋宇會成立

擬在北角興建

平價樓四百層

港府撥給公地滙豐低息貸款

一廳一房月租約六十元

香港模範屋宇會成立

（《工商日報》，1950 年 7 月 26 日）

段，呼籲一些木屋居民遷至此處居住，稱為「模範村」。當時，居民大多不太願意，因為生活和工作地點多在中上環一帶，居於北角不太方便，可見當時北角模範村不受歡迎。

香港模範屋宇會建模範邨

1950 年，香港模範屋宇會成立，得到政府和滙豐銀行支持，決定在北角英皇道興建多幢大廈，照顧中低收入的香港市民。香港模範屋宇會的主席是律敦治（J. H. Ruttonjee），副主席是周錫年。該會發言人指出，自二戰後，對於有能力支付租金之人來說，住屋情況已漸改善，惟政府、工業界領袖和社福團體對於入息較少的市民缺乏關注。這個地段價值為 125 萬，已獲政府撥用。當時，原計劃所建樓宇可容納居民 2,000 人，每個單位有一廳一房和廚房等設施，建築費用為 300 萬元，由滙豐銀行以特別低微的利息借給香港模範屋宇會，預計單位每月租金為 60 元。

平民屋宇，令人期盼

推出之初，模範屋邨深受歡迎。據 1951 年 11 月 13 日《工商晚報》所載，香港模範屋宇會計劃興建平民樓宇，引起社會人士極大關注。當時，石硤尾大火仍未發生。政府仍未有包寧平房或六、七層徙置大廈的建築計劃。報章指出一廳一房月租只是 60 元，困居白鴿籠式舊樓或木屋之居民，均盼望居於此種模範屋邨。

申請入住，關卡重重

1952 年 4 月，香港模範屋宇會公佈申請資格。申請條件包括：（一）居港五年以上；（二）有一名以上兒女由其供養；（三）全家不逾五人；（四）個人收入每月不逾 700 元或全家收入不逾 800 元。具體申請辦法是申請者帶同人口登記局發給的登記證，到都爹利街甸那行（Dina House）二樓的模範屋宇會辦事處領取表格。表格要用英文填寫。填寫完成後，除要申請者簽名外，還要僱主簽字證明所填屬實。最後，申請者要找一位太平紳士簽字證明。由此可見，想入住模範邨並非易事。

每層月租六十元之平民屋在興建中

香港模範屋宇會開始建築平民樓宇，引起社會關注。
（《工商晚報》，1951 年 11 月 13 日）

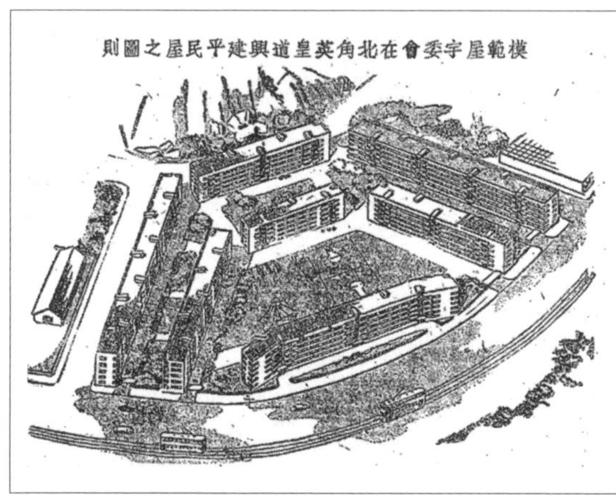

北角模範邨最初圖則
（《工商晚報》，1951 年 11 月 13 日）

北角模範屋宇
申請租住辦法
須憑身份証到會領表填報
並由僱主及太平紳士簽証

北角模範屋宇申請租住辦法
（《工商日報》，1952 年 4 月 1 日）

新建模範屋宇 六一可以入住

【本報專訊】香港模範屋宇會所增建之一百二十層洋房，現已完成，並可于六月一日遷入居住。

此批新樓位于北角，係該會興建之第二批房屋，目標為解決居民住屋問題者。

凡本港居民，如居留本港五年以上，全家不逾五人者，均可向該會申請，但須具太平紳士之保証書。

新樓租金為一百四十元，但須另付差餉地稅二十元零三毫。（日）

模範邨於 1955 年 6 月 1 日入伙
（《工商晚報》，1955 年 4 月 1 日）

首兩幢大廈落成

1952 至 1956 年間，香港模範屋宇會先後建成低座 A 至 F 座，共七座大廈（現存的僅有低座 A、B、D、E 及 F 座）。在這七座大廈中，首先建成的兩幢大廈分別是 A 和 B 座，於 1952 年 3 月竣工，並開始接受申請，6 月 1 日正式入伙，時間略早於房協興建的上李屋邨（該邨在同年 5 月開始接受租住申請，8 月建成，並於 9 月入伙，而 1958 年又加建一座），但整個模範邨完工時間要到 1956 年，略晚於上李屋邨。模範邨單位設有客廳、房間、廚房、廁所浴室和露台；邨內亦設有籃球場、花園和遊樂場等設施，堪稱當時建屋「模範」。

不過，根據 1955 年 4 月 18 日《華僑日報》所載，此等模範屋邨租值為每層月租 140 元，另加差餉 20.3 元。因此，此等模範屋邨環境頗為清靜，適合中等階層居住，惟對於一般中下階層，則頗有「吃不消」之感。

計劃重建，改善生活環境

1967 年，香港模範屋宇會為配合屋邨發展，計劃重建該邨。計劃由周耀年建築師擬定，政府於 1969 年 9 月批准了第一期工程，並於 1970 年正式動工。同年，香港模範屋宇會開始接受市民對新住宅單位的申請。整個重建計劃分四期進行，共六幢新住宅大廈，分別命名為 1A、1B、2、3、4A 和 4B 座。其中第 1A、1B 及 4A、4B 座設計為 T 字型，並配置各種設施，如升降機、電錶房、垃圾房和走廊等。而第 2 座及第 3 座則沿英皇道的微微彎曲，設計成長條型，外觀獨特。

職員貪污，房委會接管

然而，因該會內部問題，重建工程未有完成。模範邨業權由香港模範屋宇委員會持有，但該會負責人去向未明，故此第三及四期重建工程擱置至今，只有第 1A、1B 座及第 2 座按計劃落成，其餘的第 3、4A、

4B 座尚未動工。

事緣 1979 年模範屋邨發生重大事故。屋邨經理彭寶德自 1979 年 10 月起失蹤。根據 1980 年 1 月 6 日《工商日報》所載，這位屋邨經理懷疑涉及貪污。記者調查發現，原有 55 戶家庭原居於模範邨，因重建遷入私人樓宇，卻沒有任何賠償，他們以為完工後可遷回新大廈居住。另外，又傳有人付出兩萬元，企圖入住模範邨單位。適逢 C 座（民康樓）重建完成時發生此事，還引致無法進行單位分配的風波。面對種種問題，房委會在同年 11 月按模範屋宇會要求，接管該邨。

現時，模範邨共有六座，當中只有民康樓（C 座）於 1973 年獲重建。

<table>
<tr><th>落成年份</th><th>樓宇</th><th>類型</th></tr>
<tr><td rowspan="2">1952</td><td>民順樓（A 座）</td><td rowspan="2">非標準型</td></tr>
<tr><td>民景樓（B 座）</td></tr>
<tr><td>1973</td><td>民康樓（C1 座）</td><td rowspan="2">舊長型（中央走廊式）</td></tr>
<tr><td>1979</td><td>民康樓（C2 座）</td></tr>
<tr><td rowspan="3">1953</td><td>民寧樓（D 座）</td><td rowspan="3">非標準型</td></tr>
<tr><td>民祥樓（E 座）</td></tr>
<tr><td>民樂樓（F 座）</td></tr>
</table>

1970 年代重建工程落成的民康樓，樓高 20 層，與其他只有 6 層的舊樓形成鮮明對比。

北角模範邨房屋委會

前任經理失踪三月

廉署進行展開調查

新建成大廈暫由房屋署管理

房屋委會接管

英皇道模範邨

月租為六百七十五及九百四

【本報訊】已由房屋委員會接管的北角英皇道模範屋邨，月租由六百七十五元及九百四十元。

現時房屋委員會的其中一項首要工作，是安排出租一座內有一百九十個住宅單位及八間舖位的二十一層高新建大廈。

住宅單位的面積，介於四百八十三平方呎（四十五平方米）與六百七十二平方呎（六十二平方米）之間，建築達到很高水準。

該座新大廈是在多年前拆卸兩座舊樓後的原址興建，當時受影響而需遷出的家庭共有五十五戶。

房屋委員會發言人昨日稱，由於新單位的建築達到很高水準，加上該屋邨所在地點適中，管理小組委員會已將兩種新單位的租金，分別

前任經理失蹤三個月，廉署展開調查。

（《工商日報》，1980 年 1 月 6 日）

房委會接管模範邨

（《工商晚報》，1980 年 2 月 11 日）

屋邨生活點滴

成立互助委員會以改善治安

據 1978 年 3 月 17 日《華僑日報》所載，模範邨治安差劣，匪徒潛入大廈，搶劫居民。不同座數也發生劫案，一些惡匪更偷偷進入大廈走廊梯間，脅持戶主開門後洗劫單位。邨內住戶鑑於治安問題，召開會議，通過成立互助委員會，以改善治安。

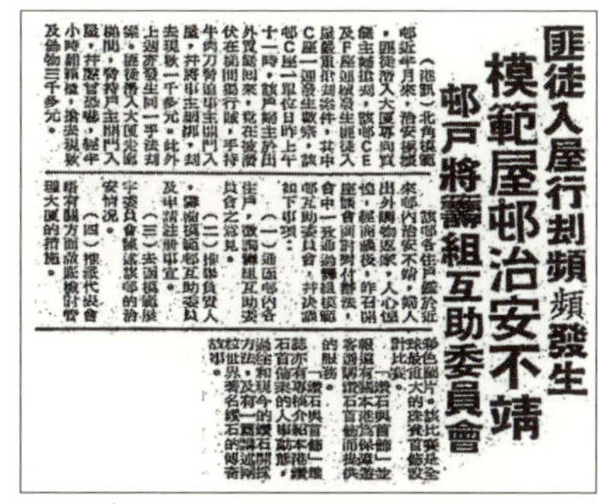

匪徒入屋行刦頻頻發生

模範屋邨治安不靖

邨戶將籌組互助委員會

模範邨治安不靖，居民籌組互助委員會。

（《華僑日報》，1978 年 3 月 17 日）

1976 年，時任港督麥理浩在《施政報告》中提出在不同大廈及屋邨成立互委會。互委會由屋邨或大廈居民選舉產生，可向政府部門尋求意見及協助。互委會的主要任務是促進鄰里關係，增加居民社區參與。互委會工作包括推廣地區活動和社區服務，並就該區發展事宜和政府部門會面和表達意見。2022 年，民政事務總署指出互委會角色日漸式微，決定在 12 月底解散所有互委會，由新成立的十八區關愛隊取代。

屋邨遊蹤

第一站

模範邨內園

北角模範邨內園綠意盎然，種植了不少植物和花卉，四季更替時，色彩斑斕，居民可感受到大自然的氣息。一些樹木更提供陰涼的休憩空間，讓居民可在這裏放慢其急促的腳步。內園更是居民交流的地方，大家會在這裏聊天、舉辦一些小型活動，促進鄰里之間的關係。與繁忙的城市生活相比，模範邨內園提供一個安靜的避風港，適合繁忙的都市人在此靜心片刻。

第二站

大壁畫

北角模範邨是香港東區一個大社區，居民對這裏有著深厚的歸屬感。因此，這幅歷史悠久的社區大壁畫不僅是藝術作品，也是大家的共同心血，展現居民對模範邨的熱愛。壁畫有兒童遊玩的情景，更有色彩繽紛的彩虹，充分展現模範邨美好的生活。壁畫更強調愛護及清潔模範邨社區的重要性，加強居民對社區的認同感。

第三站

七姊妹道

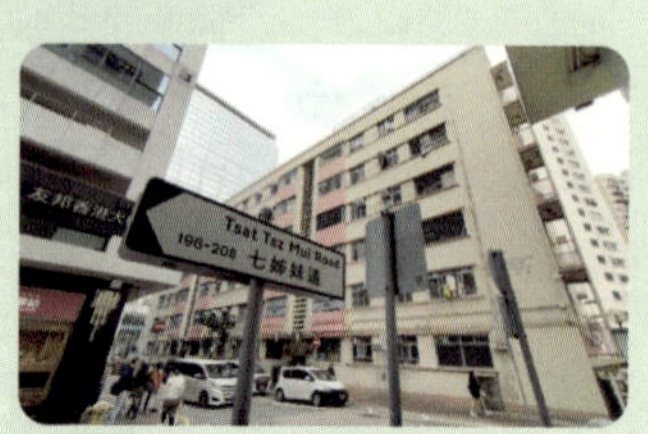

七姊妹道由西至東貫通北角南部，其中東面的一段被模範邨割裂開，一分為二。七姊妹道的傳說深具情感與悲劇色彩，故事講述了七名結義姊妹之間的深厚情誼，她們發誓終身不嫁，卻因現實壓迫而面臨分離。三妹被迫婚一事讓她們感到絕望，於是決定以死抗爭，展現她們對命運的反抗和無法割捨的姐妹情。最終，七姊妹的靈魂化作七塊礁石，象徵她們永恆的連結與守護。這區後來被稱為七姊妹，海旁處曾先後有浴場、油倉、貨倉和戲棚等。

模範邨平面圖

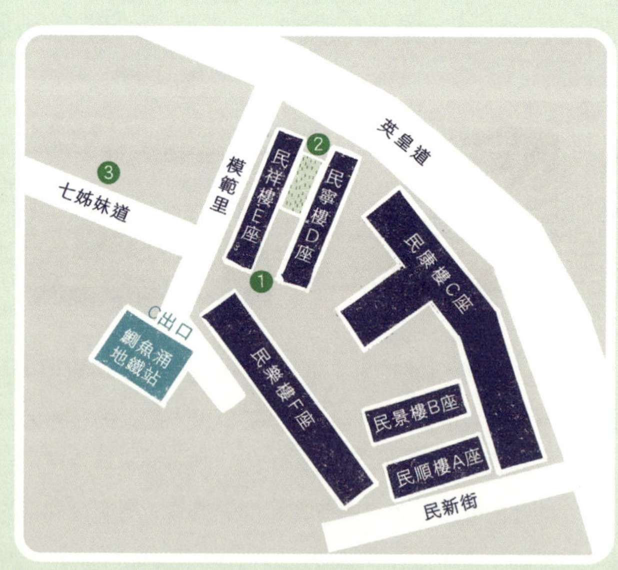

歷史知識知多點

四個資助房屋機構

除政府的房屋委員會提供公共房屋外，一些建屋機構也會興建一些租金低廉的房屋供市民大眾申請。香港有四個機構致力解決屋荒問題，包括香港房屋協會、香港模範屋宇會、香港平民屋宇有限公司和香港經濟屋宇協會，全是非牟利機構。《香港年報 1970 年》稱這些機構為志願屋宇建設機構；《香港年報 1971 年》則稱這些機構為義務屋宇建設機構。

機構名稱	簡介
香港房屋協會（房協）	香港房屋協會是現時香港最大的資助房屋機構，是一非政府及非牟利機構，興建及管理不少屋邨，包括漁光邨、明華大廈、滿樂大廈、花園大廈、勵德邨、祖堯邨和乙明邨等等。第一個興建的屋邨是上李屋邨，1990 年清拆，後改為樂年花園。
香港平民屋宇有限公司	1952 年，平民屋宇有限公司已在九龍仔大坑西（光民村）、九龍城東頭村（培民村）及紅磡石山（樂民村）興建平房區，後於 1955 年在蝴蝶谷興建平房區，安置大火災民。隨後，香港平民屋宇有限公司於 1961 年獲政府以特惠地價批出一幅土地，興建大坑西邨。2014 年，大坑西邨展開重建計劃。
香港經濟屋宇協會（經屋會）	香港經濟屋宇協會興建葛量洪夫人新村，合共有四幢大樓，在 1955 年 6 月落成，同年 7 月啟用。1976 年，屋邨因地契期滿不獲續期，遭政府接管，並因配合興建西九龍走廊而於 1977 年拆掉一座樓宇。1982 年，葛量洪夫人新村由房協接手，後透過「市區改善計劃」遷移剩餘居民，並於 1984 年 2 月遷移全部居民後安排重建，1988 年建成頌賢花園。

機構名稱	簡介
香港模範屋宇會	香港模範屋宇協會在 1950 年成立，為低收入居民提供廉租房屋，興建模範邨，由香港政府撥地，香港上海滙豐銀行出資興建。模範邨其後交給房委會管理，但業權仍然歸模範屋宇會所擁有。

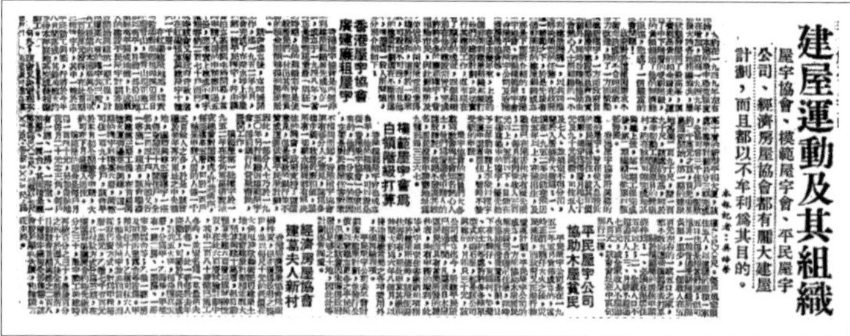

建屋運動及其組織

屋宇協會、模範屋宇會、平民屋宇公司、經濟房屋協會都有龐大建屋計劃，而且都以不牟利爲其目的。

本報記者：吳岭峯

平民屋宇公司協助木屋貧民

香港屋宇協會廣建廉租屋宇

模範屋宇會爲白領階級打算

經濟房屋協會建葛夫人新村

介紹 1950 年代香港建屋運動及其組織的報道

（《華僑日報》，1955 年 4 月 24 日）

觀龍樓

恍如飛龍在天的屋邨

撫今追昔說源流

何處是西環？

觀龍樓位於西環堅尼地城。西環，亦稱西區（Western District）或西點（West Point），位於香港島西部，涵蓋上環以西，包括西營盤、石塘咀和堅尼地城，但不包括摩星嶺。西營盤是該地區最早開發處，堅尼地城則是後來通過填海工程開闢而來。儘管西環包括堅尼地城、石塘咀

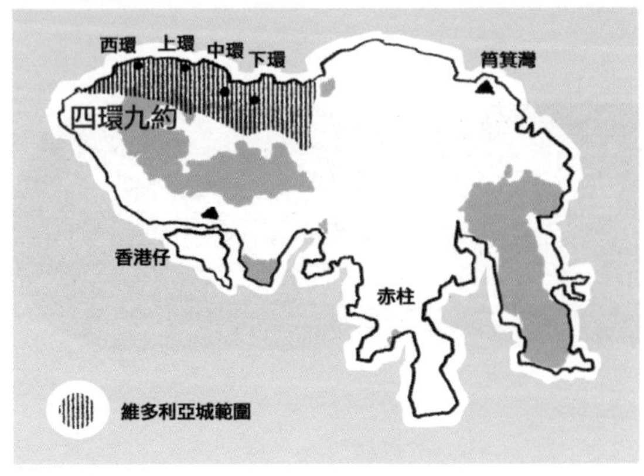

維多利亞城範圍

和西營盤，當地居民通常會將這三個地區分開來看待，較少使用「西環」的統稱。有些居民甚至認為「西環」僅指堅尼地城一帶。對於西環以外的市民來説，「西環」一名常常造成混淆，通常只能大致了解其位置在西營盤一帶。

西環的由來與發展

關於「西環」名稱起源，主要有兩種説法：第一種是源於十八世紀華人對維多利亞城的分區稱呼「四環九約」，其中的「西環」是九約的一部分，涵蓋堅尼地城、石塘咀和西營盤；第二種説法則指出，堅尼地城的舊稱「西灣」，因諧音變成「西環」。另外，早期華人常在此傾倒垃圾，故此地又稱「攞搓灣」（垃圾灣）。

港督堅尼地填海造地

堅尼地城相對中環、上環等地區更為偏僻，交通發展較慢。堅尼地城名稱源自第七任港督堅尼地（Arthur Kennedy），他於任期內在此區積極開發土地，填築西區沿海土地。堅尼地城原為維多利亞城一部分，早期街道以「Praya」命名，中文稱為「海旁」。

從厭惡之地到宜居之城

第二次世界大戰後，堅尼地城發展速度仍慢，區內設有不少工業和

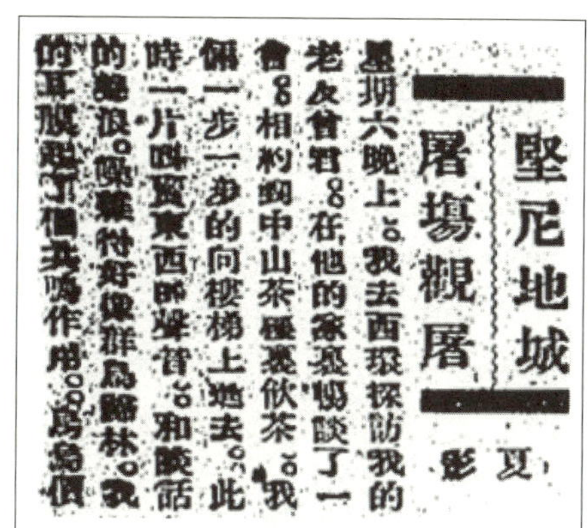

堅尼地城

屠場觀屠

夏影

星期六晚上，我去西環探訪我的老友曾君。在他的家裏暢談了一會。相約到中山茶樓裏飲茶。我倆一步一步的向樓梯上爬去。此時一片[illegible]東西的聲音，和談話的聲浪。[illegible]雜得好像群鳥歸林。我的耳膜[illegible]了個共鳴作用。[illegible]

夏影〈堅尼地城屠場觀屠〉
記述西環昨日風貌
（《工商日報》，1929 年 6 月 18 日）

厭惡性設施，如焚化爐和屠房等。1990 年代末，因應港島區土地開發需求，政府在卑路乍灣進行填海，並遷移部分擾民設施。堅尼地城逐漸轉型為一個更宜居的社區。今天的堅尼地城結合傳統與現代的特色，好像向大家訴説著香港發展的故事。觀龍樓正好見證這個變化。

因形得名，俯瞰觀龍

觀龍樓的命名與「龍」的意象密切相關，展現出其獨特文化內涵。這座建築的設計無疑是一場創新的建築探索。從高處俯瞰，A 至 G 座的連接構造宛如一條蜿蜒的蟠龍，象徵力量與活力，給人留下深刻的印象。

邁克爾 · 佩恩太太創作的
「孩子的龍」

設計師司徒惠和邁克爾・佩恩（Michael Payne）憑此項目獲得了奧克蘭建築協會的獎項，充分展現了他們的專業能力與創新思維。此外，電梯大堂入口牆壁上的彩龍圖案是佩恩太太的創作，圖案稱為「孩子的龍」，成為了觀龍樓地標。這樣的設計不僅增添了藝術氛圍，還讓整個空間更具個性和情感連結。觀龍樓的建築不僅是物理空間的創造，更是文化與藝術的融合，值得每一位訪客細細品味。

由香港房屋協會發展

觀龍樓是由房協發展的屋邨，位於堅尼地城龍華街 20 號。觀龍樓全部樓宇於 1968 年落成。後來，為配合社會發展及需要，屋邨的 E 至 G 座於 2000 年拆卸，隨後進行重建。重建工程在 2008 年完成，重新命名為觀龍樓第 1 及 2 座。

觀龍樓建於陡峭山坡上，最初由 7 幢高達 20 層的長型樓宇組成，共有 2,054 個居住單位，能夠容納近 13,000 名居民。商店共 8 間，其中 6 間有居住單位；另有幼稚園、社區中心、居民委員會辦公室、圖書室和運動場等。基於地形限制，設施大多位於各幢樓宇的屋頂。

安置市區重建受影響居民

觀龍樓居民多是受「市區改善計劃」影響的家庭，包括原本居住在第一街和第二街的居民，以及因中環街市結志街和卑利街重建而需被安置的居民。這些居民的遷入令觀龍樓成為香港社會住宅的一個重要示例，反映城市規劃與社區安置之間的緊密關係。

堅尼地城觀龍樓天台

青年中心及圖書館

昨分別舉行開幕禮

觀龍樓天台青年中心及圖書館舉行開幕禮

（《工商日報》，1968 年 4 月 12 日）

堅尼地城觀龍樓

廉租屋宇

開始申請

【本報訊】香港房屋協會昨宣佈：在堅尼地城興建的觀龍樓廉租屋宇，開始接受申請。該屋宇，首期可望今秋完成。

申請之資格限制如下：申請人最少須有兒女兩名或依親而同居之親屬，全家總入息須在四百五十元至一千元之間。租金以房屋大小而定，由九十二元至一百六十五元。大小房屋之分配，將依照申請人家庭人數之多少而定。木屋區之居民恕不受理。

申請俱應以郵寄辦法，申請人須在信封上註明「堅尼地城申請書」，並內附未貼郵票而寫明申請人姓名地址之信封兩個，但不必附有證件，於一月二十三日下午五時前寄到香港北角英皇道郵局第四九一四號信箱香港房屋協會。

觀龍樓開始接受入住申請

（《工商日報》，1967 年 1 月 16 日）

屋邨舊貌換新顏

根據《香港房屋協會年報》所指，房協在 2000 年開始策劃重建觀龍樓，最初計劃改建成甲類資助房屋及住宅發售計劃的綜合性屋苑。隨著政府停售居屋，最終決定採用重建第一期和復修第二期的混合方案。

第一期重建工程首先拆卸了 E 座外翼和 G 座，共 617 個單位。其餘的 A 至 F 座於 2008 年完成復修。這一階段的設計由馬梁建築師事務所負責，承建商為保華建業。上蓋結構工程於 2007 年 4 月完成，整體建築工程亦已於 2008 年完成，總耗資達 65 億港元。重建後，兩幢 44 層的高樓共提供 872 個出租單位，並設有社區會堂、商舖和停車場，使整個屋邨的單位數量增至 2,328 個。

復修工程（第二期）於 2006 年開始，投資額為 2.6 億港元，內容包括翻新外牆和屋邨設施、增設升降機，以及改善消防、保安和供電系統等。該工程於 2009 年竣工，進一步改善觀龍樓的居住環境。

落成年份	樓宇	類型
1967	A、B、C、D 座	房屋協會（不規則設計）
1968	E、F 座	
2007	第 1、2 座	

前方兩幢是重建工程修築的第 1 和 2 座，樓高 44 層。

各舊式樓宇完成復修後，加裝了升降機直達半山，方便居民出入。

屋邨生活點滴

入住初期管理治安欠佳

觀龍樓入住初期，管理不太理想。1968 年 6 月 30 日《大公報》以觀龍樓「閘貴劣，廁無水，路無燈，官架大」為標題，又指「觀龍樓管理多黑幕，住客積憤貼抗議書」。內文談及水廁長期無水，衛生惡劣。1968 年 7 月 2 日《大公報》繼續報道指，觀龍樓有居民貼出新抗議書，號召團結維護權利。

此外，觀龍樓治安也欠佳，婦女常遇到非禮事件，更有匪徒打劫收租員。當中最嚴重的事件發生於 1975 年 3 月 18 日，在一樓宇走廊，一名 16 歲學生和友人被壞人伏擊，學生司徒志華被刺殺。1973 年《香港房屋協會年報》也交代該區常有盜竊案發生，並指出當區某次職員按戶收租時，款項遭匪徒劫去，一名職員輕傷。由此可見，當時觀龍樓從建邨之初，走到今日居民安居樂業，中間的道路實不平坦。

閘貴劣 廁無水 路無燈 官架大

觀龍樓管理多黑幕

住客積憤貼抗議書

揭發諸般黑幕號召大家團結對付

觀龍樓管理多黑幕

（《大公報》，1968 年 6 月 30 日）

觀龍樓治安壞

婦女常遭非禮

「康樂中心」竟是飛仔的天地

觀龍樓治安差，婦女常遭非禮。

（《大公報》，1968 年 7 月 4 日）

居民守望相助

雖然治安欠佳，但居民十分團結。1970 年，觀龍樓居民協會成立，發揮街坊守望相助、患難共濟之精神。居民協會籌備多年，由西區民政署和房協協助創立，成功改善觀龍樓的環境衞生及地方安寧。此外，該邨的社福機構也有不少活動，如 1971 年舉行觀龍樓嘉年華會，地點在觀龍樓天台，到場嘉賓、兒童及青少年合共有三千人。會場有釣魚、保齡球、掟階磚、飛鏢和捐助公益金點唱等節目。

時至今日，觀龍樓也有不少設施及活動，凝聚社區，如天台設有「觀龍城市農莊」苗圃，作園藝種植的用途。居民可以參與一些農作活動，了解種植農業的過程。觀龍城市農莊更有助宣傳生態環保，讓居民認識生態系統和農業的可持續性發展。這裏亦適合一家大小和鄰居們進行休閒活動，享受家庭樂及鄰居樂。

觀龍樓居協會成立

第一屆理監事就職

楊永泰胡鴻烈勗推動福利工作

觀龍樓居民協會成立

（《華僑日報》，1970 年 9 月 22 日）

1994 年山泥傾瀉事件

觀龍樓曾發生山泥傾瀉事件，造成五人死亡和三人受傷，是香港歷史上最嚴重的山泥傾瀉事件之一。1994 年 7 月 23 日晚上約 8 時，觀龍樓附近科士街遊樂場的護土牆在持續二十多小時的強降雨後倒塌，八名途經的行人未能及時避開，遭山泥活埋。

消防員迅速到達，發現一對母女仍然生還，母親要求消防員先救出女兒，最終她們倆和另一名受輕傷的途人，均被成功救出並送院治療。然而，三名途人當場死亡。經過五天五夜的搜救，消防員再找到兩名死者。這起事件對鄰近社區和整個香港造成深遠影響，引發了社會對山泥傾瀉及相關安全措施的重新審視。

事後調查顯示，土木工程署發現觀龍樓水渠存在滲水問題，導致大量污水和雨水滲入山坡中。此外，肇事護土牆的厚度不足，在連場豪雨後，無法承受壓力而倒塌。慘劇發生後，觀龍樓 D 座部分地基外露，D 和 E 座約二千戶居民被迫疏散，以確保安全。此外，通往科士街球場的樓梯因受山泥傾瀉影響，部分地基外露，也需暫時封閉進行復修。

科士街球場一角，1994 年曾發生山泥傾瀉。

屋邨遊蹤

第一站

科士街石牆樹

科士街石牆樹鄰近觀龍樓，是堅尼地城重要地標，擁有百年以上的歷史。這些古樹不僅是自然景觀的一部分，還深深植根於當區文化和居民情感中。石牆樹是居民聚集和約會的地方，增強社區凝聚和互動。昔日，港鐵修建港島綫西延時，為保留石牆樹而調整設計方案，顯示對歷史和生態的尊重。這面石牆樹更提供一個學習環境保護的好教材，促進人們對生態的保護意識。

第二站

爹核士街

爹核士街是一條位於堅尼地城的小街，全長約 230 米。爹核士街南端以科士街為起點，中途接卑路乍

街，北端則連接堅尼地城新海旁，可欣賞維港景色。街道靠近海邊，環境優美。爹核士街的名稱來自香港第二任港督戴維斯。他的名字曾譯作爹核士、德庇時和大衛斯等。他是一位中國通，早年曾任職東印度公司，在1844 年接替砵甸乍（Henry Pottinger）擔任港督，任內徵收人頭稅，引起民憤，於 1848 年黯然離職。

第三站

加多近街海濱長廊

離開觀龍樓沿爹核士街向海旁走，便到達加多近街海濱長廊。這是一條休閒步道，沿海岸線延伸。長廊有壯觀的海景，大家可以在此欣賞日出和日落，尤其黃昏時分，景色特別迷人。長廊更成為社區活動場所，舉辦各種文化和藝術活動；又設綠化植被，讓市民親近大自然，在城市中感受自然的魅力。

觀龍樓平面圖

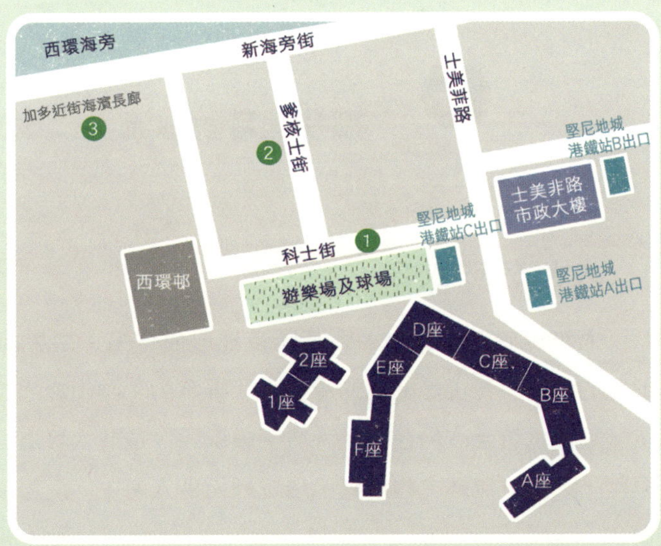

勵德邨

罕見的圓形公屋大廈

撫今追昔說源流

大水坑旁洗衣場

大坑位於港島北岸，因其獨特地形而得名。這裏前方有一呈銅鑼形狀的海灣，背後是陡峭的渣甸山和畢拿山。兩山之間流淌著一條大水坑。這條水坑至今仍在，是大坑明渠源頭，位於大坑道虎豹別墅旁邊。早年，大水坑流經虎豹別墅，沿浣紗街進入海中。浣紗街更成為昔日居

勵德邨建於半山之上，昔日原址為馬山村等的寮屋。

民的洗衣場，故得名「浣紗」。

清拆寮屋，建成新邨

早在 1841 年香港開埠前，大坑已有人定居。由於地處低窪，居民為保護農田和民居免受海潮侵襲，於銅鑼灣前修築一條石堤。1880 年代末，政府在銅鑼灣進行填海，將大坑岸邊農地填平，海岸線因此向外推展，形成現在的高士威道。第二次世界大戰後，不少內地人民來港，無處容身，便在大坑村後山搭建簡陋寮屋，開墾耕地謀生，逐漸形成馬山村和芽菜坑村。1960 年代後期，寮屋逐漸被清拆，改建為現今的勵德邨。

來自局長之名

勵德邨的命名，是為了表彰工務司鄔勵德（Michael Wright）對香港房屋發展作出的貢獻。他在 1953 年起擔任房協的執行委員會委員，並曾擔任工務司一職，對香港的公共房屋政策和城市規劃有重要影響。

鄔勵德在香港政策史上扮演重要角色。他 1938 年加入香港政府，在工務司署任職多年，1963 至 1969 年期間擔任工務司，並兼任立法局和市政局官守議員。卸任後，他擔任香港政府駐英專員，直至 1973 年退休，之後定居倫敦。鄔勵德任內推動大量公共住房建設，包括徙置屋邨和政府廉租屋邨等，以改善寮屋居民的居住條件。他的主張和政策對香港住房問題影響深遠。

鄔勵德也是不少大型基礎設施的構思者，包括地下鐵路、石壁水塘、萬宜水庫、海底隧道和新市鎮等。鄔勵德還提倡「鄔勵德原則」（Wright Principle），主張每個房協屋邨單位都應有獨立廁所和廚房，這一理念對改善市民居住環境起推動作用。

鄔勵德退休時，港督戴麟趾在立法局致辭表示：「他的離開，結束了他超過三十年的卓越服務，我知道各位議員會為鄔氏離開而難過，一方面因為私人的交誼，另一方面因為失去一個超卓的工務司，相信各位會要我對他為香港所做的事深表謝意，特別是在第二次世界大戰後，他不單在你的專長——房屋方面有特殊建樹，而且在他掌管工務司署後，

工務司英格理退休
遺缺由鄔勵德繼任

鄔勵德任工務司
（《工商日報》，1963 年 1 月 16 日）

工務司鄔勵德透露
趕建徙厦廉租屋
可供百萬人居住
清除貧民區報告書考慮中

工務司鄔勵德透露，政府正趕建徙置大廈及廉租屋，可供百萬人居住。
（《工商日報》，1966 年 1 月 26 日）

更完成了很多富於想像力的工程。」由此可見，他的貢獻及建設，深受各界支持。

建邨歷程回顧

工程延誤，推遲落成

1969 年，房協宣佈在大坑興建屋邨，並由徙置事務處安排受影響的居民入住葵涌石籬新區。勵德邨是當時最新型的屋邨，約有 2,600 個單位，可容納約 17,000 人，耗資 3,600 萬元。原計劃在 1972 至 1973 年完成，後來因地勢問題和施工期間的山泥傾瀉，導致工程延誤，最終在 1975 年才完成第一座樓宇。

僧多粥少，向隅者眾

勵德邨是房協自資興建的第二個屋邨（首個為樂民新村），共設有三幢大廈，分兩期興建：第一期的邨榮樓於 1975 年 5 月落成，第二期的勵潔樓和德全樓則在 1976 年初落成。勵德邨提供超過 2,000 個單位，但僅有 1,600 多個單位接受公開申請，因為房協需要保留部分單位供受 1976 年明華大廈 A 座重建和漁光村海港樓改建影響的租戶作為調遷之用。

勵德邨落成時非常有名，因為它是當時租金最高的屋邨之一。1970 年 10 月 26 日《工商晚報》訪問房協經理余莎女士，她表示或會將申請人每月全家入息提高至 1,250 元以上。1972 年 4 月，房協公佈申請入住勵德邨的條件：（一）申請人的年齡要 21 歲以上；（二）家庭人數最少有三名直系親屬；（三）入息在每月 800 至 1,500 港元之間；（四）申請人在港要連續居住最少三年。每個家庭只可索取一份申請書，目前已入住廉租屋邨及第六型徙置大廈屋邨者不可申請。若申請數目太多，屋協將採取數次抽籤方式作決定。根據 1972 年 5 月 9 日《大公報》報道，最終收到 59,000 多份申請書，預計中籤機會不及 3%。

景觀優美，環境舒適

勵德邨由三座大廈組成，其中勵潔樓和德全樓各有 27 層，採用圓柱體設計，在當時是全港唯一的「圓筒形廉租屋大廈」，屬於香港罕見的圓柱體建築。屋邨建成後，一些居民指出雙圓柱體大廈的設計雖然獨特，但購買家具時卻很難配合房間的尺寸。而邨榮樓則呈長型設計，每層設有 66 個單位。高層的雙數室號單位大部分都能夠俯瞰維多利亞港，為居民提供良好景觀，是一個兼具舒適和實用的公共屋邨。

香港房屋協會宣佈
勵德邨接受申請

（港訊）香港房屋協會宣佈：昨廿五日開始，接受大坑區勵德邨之申請，至四月廿九日止。居住單位，該邨將有空額約一千六百居住單位，分兩期出租。第一期之樓宇，可望於一九七四年出租，其租值由月租一百六十六元之五人居住單位，至月租二百三十八元之八人居住單位。第二期樓宇之租值將會略高。

申請資格——（一）申請人之年齡必須爲二十一歲或以上。（二）家庭成員人數最少須係親屬三名，最多八名。（三）入息須爲每月八百元至一千五百元之間，此須視乎所需單位之大小而定。（四）在港須居住最少三年。

該會不接受居住於政府廉租屋宇，香港屋宇建設委員會，香港模範屋宇會，香港平民屋宇有限公司等所屬之樓宇及第六型徙置大廈住客之申請。該會候補名單內之申請人，倘欲申請勵德邨者，必須重新申請。該會現有各區之申請書，皆不能改申請勵德邨。申請者須照下列方式申請，否則不予接受：（一）申請書必須用郵寄交香港北角英皇道郵局第四九一四號信箱香港房屋協會收。（二）申請書之封面須註明「勵德新邨申請書」。（三）申請書之信封背後，須清楚寫明申請者之姓名，地址及身份證號碼。（四）申請書內附有一個貼有郵票及寫明申請人姓名與地址之回郵信封。信封內無須附有信件。

倘該會收到申請書之數目太多時，本會或須採用數次抽籤方式作決定。

每一家庭只准索取申請書一份。倘本會發現有任何申請人用其本人或家人名字而取得過多一份申請書時該申請人所有之申請書將全部被取消

勵德邨接受居民申請入住

（《華僑日報》，1972 年 4 月 26 日）

勵德邨入住申請書
共達五萬九千多份
中籤機會不及百分之三

勵德邨申請書共 59,000 多份，中籤機會不及 3%。

（《大公報》，1972 年 5 月 9 日）

第一期邨榮樓

第二期勵潔樓（後方）及德全樓（前方），為雙圓柱體大廈。

落成年份	樓宇	類型
1975	邨榮樓（第 5 至 8 座）	舊長型（中央走廊式）
1976	勵潔樓（第 1 及 2 座）	雙圓柱體（露台走廊式）
	德全樓（第 3 及 4 座）	

屋邨生活點滴

建成後設施不斷改善

1976 年，勵德邨成立互委會，推動互助鄰里情。同年，勵德邨的天台建立網球場，推動康體發展。值得一提的是，1979 年，勵德邨曾在天台建設網球場，後改建成綠化休憩區，居民可在此欣賞維港的美麗景色。

香港唯一獨特建築

勵德邨的獨特性，在於它是全港唯一圓筒形的公共屋邨。而自1973年房委會成立以來，勵德邨的半開放式建築設計對同期的天井型屋邨發展產生了深遠影響。

勵德邨因其獨特的圓柱體設計和三角形梯間，成為香港的熱門「打卡」地點。這個建築特色不僅吸引遊客，還成為多部廣告和電影的取景地，如《三更2之餃子》和《攻殼機動隊》等。此外，勵德邨的地下大堂設有閘門，非居民及其親友等不可進入。

設計方面，勵德邨的天井型結構促進空氣流通，走廊自然採光，使居住環境更加舒適，即使是冷氣尚未普及的年代，居民也能享受到自然通風。社區互助方面，昔日各戶鐵閘不常關上，促進鄰里互動，增強社區凝聚力。

心靈空間方面，勵德邨建築設計有如藝術館，提供居民靜思和反思的空間，放慢繁忙的生活節奏。再者，勵德邨位於半山，可遠眺維港景色，為居民提供了獨特而美好的生活空間，成為香港公共屋邨中的亮點。

勵德邨巴士飛墜山坡

早年往返勵德邨的巴士路線設計存在安全隱患。巴士在北行線路旁落客站卸客後，需駛往勵德邨道近怡景道盡頭掉頭。由於該處空間狹窄，巴士掉頭時須倒車，增加意外風險。1983年1月20日上午11時30分，一輛雙層巴士在掉頭時不慎衝破鐵欄，飛墜70米山坡，撞到一

勵德邨的圓柱體設計，使其成為香港的熱門「打卡」地點。

勵德邨設計華而不實

雙塔大廈外型雖好

佈置傢俬很難適應

雙圓柱體大廈的設計使佈置傢俬困難（《華僑日報》，1976 年 7 月 21 日）

勵德邨位於半山，可遠眺維港景色。

有如藝術品的大廈

塊大石，反彈後凌空打了個筋斗，再跌落山坡之下。整輛巴士變成廢鐵，巴士司機重傷。幸好巴士已到總站，沒有乘客。這次意外後，勵德邨居民多次要求政府興建一個永久巴士總站，以保障乘客安全，最終勵德邨巴士總站於 1989 年 4 月 28 日落成啟用。

勵德邨雙層巴士掉頭衝破鐵欄

飛墮七十米山坡

全車變成廢鐵　幸無乘客司機重傷

勵德邨雙層巴士掉頭衝破鐵欄

（《工商日報》，1983 年 1 月 21 日）

屋邨遊蹤

第一站

虎豹別墅

虎豹別墅鄰近勵德邨，由商人胡文虎於 1935 年建成，作為胡氏家族的私人別墅，不對外開放。然而，萬金油花園則對公眾開放，成為市民旅遊景點。雖然萬金油花園已拆卸，但虎豹別墅前方的私人花園經過復修後，自 2001 年起交給政府管理，於 2009 年更獲評為一級歷史建築。虎豹別墅的設計融合了中西建築元素，展現對稱的結構和擁有精緻的裝飾。別墅不僅是一座建築，更是一段歷史的見證，體現了香港的文化遺產和社會變遷。

第二站

利群道建築群

利群道 2 至 4 號的建築群具豐富的歷史價值，反映早期香港的建築特色和文化。當中利群道 2 號估計建於 1930 年代初，現已被列為三級歷史建築。建築物特別之處是採用了上海批盪和仿石磚的坑紋作為表面處理，建築物也大量運用了立體邊飾以增添層次感，讓設計更顯華麗。利群道 3 至 4 號，估計建於 1933 年以前，同樣被列為三級歷史建築。建築物有新古典主義風格，如一梯兩伙的對稱佈局，使整體建築感覺和諧平衡；又如拱形簷篷和拱窗，增添古典優雅氛圍。部分單位仍保留木窗框，富傳統韻味。

第三站 蓮花宮

蓮花宮位於勵德邨山腳位置，建於 1863 年，是一座供奉觀音的廟宇。蓮花宮的前殿呈八角形，設有重檐攢尖頂，與後殿的長方形正殿之間沒有天井，這種設計在中式廟宇中較為罕見。廟宇坐落於山坡上，前殿建在拱式石砌平台上，正殿則坐落於岩石上，其中一塊巨石外露於地面，展現了與自然環境的和諧共存。

蓮花宮是大坑的歷史地標，與大坑舞火龍活動密切相關。大坑舞火龍於 2011 年被列入第三批國家級非物質文化遺產名錄。每年農曆八月十四日，插滿香枝的「火龍」會在巡遊前，先到蓮花宮向觀音參拜祈福。蓮花宮不僅是宗教信仰的中心，也是大坑地區文化和歷史的重要象徵，吸引眾多信徒和遊客前來參觀和祈拜。

約300級樓梯
從蓮花宮後山直通勵德邨道
3
蓮花宮
勵潔樓
書館街
浣紗街
德全樓
大坑火龍文化館
勵德邨道
邨榮樓
大坑道
李陞
學校
利群道
2-4號
2
香港
真光
中學
1
虎豹別墅

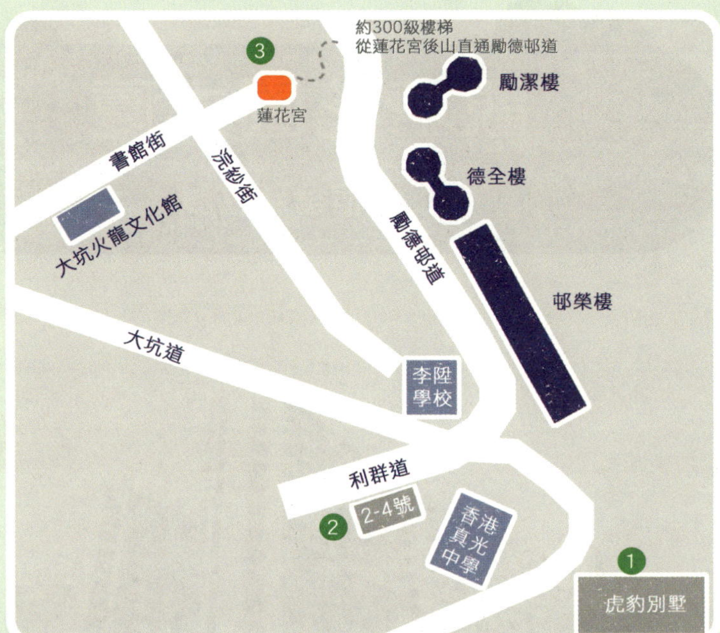

勵德邨平面圖

觀塘花園大廈

工人宿舍新嘗試

撫今追昔說源流

從垃圾堆填區到工業新市鎮

1950 年代前，觀塘幾乎不為人知，當時報章形容這個地區為「介於九龍灣與茶果嶺之間的垃圾池」，可見當時的環境充滿了垃圾和惡臭。隨著政府於 1950 年代決定在觀塘發展工業，開始進行移山填海工程，吸引了紗織、機器、印刷等廠家進駐，使觀塘內的多幢工廠大廈快

香港房屋協會計劃
興建廉租屋宇
月租卅元分在港九興築
助商業機構建職員宿舍

在港九各地區
建屋進行情形
申請限制放寬

房協建議配合工業發展興建工人宿舍
（《工商晚報》，1956 年 7 月 13 日）

速建成。到 1970 年代，觀塘工業就業人數已佔全港工業總人數的三分之一，顯示其對工業發展的重要性。

配合工業發展，興建工人宿舍

1950 年代，為便利於觀塘工作的工人，政府委託房協興建了觀塘花園大廈，這是觀塘第一個資助房屋機構的屋邨。大廈設計合宜且租金低廉，成為工人的安樂窩。入住者需獲得廠家推薦。工人宿舍最初由大單位改建而成，提供簡單的床位和儲物設施，租金便宜，方便工人上下班。

花園大廈未興建前，一些到觀塘上班的工人多依靠乘搭小型載客的摩打小艇（嘩啦嘩啦）或長途巴士，交通甚為不便。工人入住後，相處融洽，甚至有些人在退休後仍不願搬走，一直住到宿舍重建為玉蓮臺。這段歷史不僅反映了觀塘變遷，也展現了工人與社區的緊密關係。

來自英國「花園城市」概念

觀塘花園大廈的設計理念受英國「花園城市」概念啟發，旨在創造一個舒適宜居的社區環境。因此，房協將這個屋邨命名為花園大廈，而第一期樓宇也以花卉命名，如水仙樓和牡丹樓（這些樓宇在 1980 年代陸續被拆卸重建，改建為玉蓮臺）。

本名「觀塘屋邨」

根據 1957 年《香港房屋協會年報》，觀塘（Kun Tong，此為當時觀塘的英文寫法）修建屋邨計劃是為了配合政府發展觀塘工業區的計劃。當時預計投入 5,257,241.22 港元來發展這個屋邨，工程在 1957 年 12 月開始。一年後，根據 1958 年《香港房屋協會年報》，建築費用已增至 6,124,259.72 港元。初步估計五人單位的租金是 52 元，七人單位是 66 元。同年年報，觀塘的英文串法改為 Kwun Tong。當時，整個屋邨稱為觀塘屋邨（Kwun Tong Estate），可見花園大廈並非屋苑最初的名稱。

由工人宿舍變租住屋邨

1959 年《香港房屋協會年報》指出，當時觀塘交通不便，商店缺乏。因此，房協為配合觀塘工業發展，出租了一些單位作為工人宿舍，更購買了一千張碌架床和枱櫈等。當時的床位租金是 16 元，12 人共用一間大房間。這是花園大廈最早期租用的情況。年報更有一張女子工人宿舍的照片，兩位少女坐在碌架床上。1959 年《香港房屋協會年報》中，花園大廈的名稱首次出現。由此可見，花園大廈最初屬工人宿舍性質，及後改為租住屋邨性質。

優質住宅的代名詞

當時，「花園大廈」這名稱十分普遍，各大報章的樓宇廣告也有以「花園大廈」來命名，甚至觀塘區也有不少以此來命名的住宅，如天香園花園大廈（觀塘天香街 4 號）和華豐花園大廈等。

花園大廈第二期的雀仔樓則以鳥類命名，如燕子樓和畫眉樓，並且大廈的欄杆裝飾著雀鳥的標誌，增添詩意。此外，花園大廈內設置許多苗圃，部分僅供地下居民使用，另一些則對不同樓宇的居民開放，促進了社區互動與交流。這樣的設計不僅美化了環境，也提升了居民的生活素質。

尖沙咀風景區
興建花園大廈

尖沙咀花園大廈

（《工商日報》，1957 年 7 月 21 日）

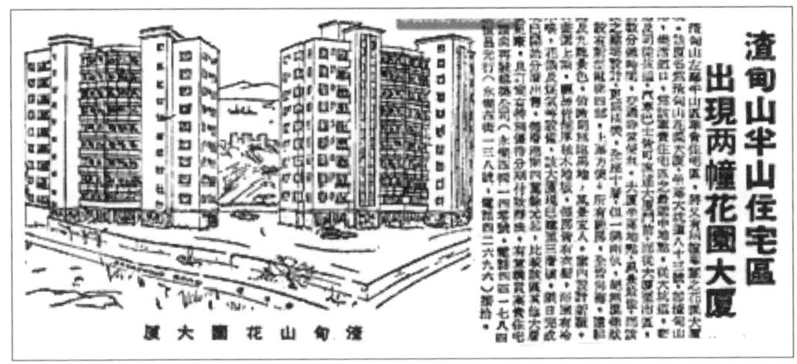

渣甸山半山住宅區
出現兩幢花園大廈

渣甸山花園大廈

（《華僑日報》，1960 年 3 月 22 日）

皇子花園大廈
預售甚為搶手

太子道皇子花園大廈

（《工商日報》，1961 年 11 月 7 日）

官塘天香花園大廈
三房一廳二萬六千

滙豐置業有限公司經營之天香花園大廈，位於官塘商住宅區天香街地段二三〇號。大廈面積不及地盤總面積三分之一，恬靜開朗。該大廈由英國名則師精心設計，避免有冗長冷巷，一呎一吋均有其實用價值，不致浪費。訂價低廉，每呎僅合四十餘元，三房一廳僅售二萬六千另十元。並有二種不同間格之圖則，任由顧客選擇。立有各種分期付款辦法，五年分期付款每月僅付三百餘元，在供款期間亦不過等於付租。九折優待辦法於三月底截止。洽購處：滙豐置業有限公司，雪廠街九號三一四室，電話二五六〇八、二二四二〇、三三八〇三。

觀塘天香花園大廈
（《華僑日報》，1963 年 3 月 21 日）

官塘華豐花園大廈
萬元入伙四年付款

位於官塘天香街（近華豐街口）之華豐花園大廈，佔地萬餘尺，上蓋祗佔三分之一，樓高十二層，每層四戶，裝備新型自動電梯二部，材料上乘，四邊眾邊，空氣清新，樓下有停車場設備，現已建成六樓。有優待辦法多種，每尺祗售四十元，先交一萬元可以入伙，以後分四年付款，每月祗供四百餘元，詳細辦法詳列說明書內，保證聖誕節可入伙居住。現在開始發售。洽購處：南華紡織有限公司，地址在大道中中建大廈十樓九二四室，電話二四三三五及三六八六四，或官塘天香街本地盤詢問。圖爲華豐花園大廈。

觀塘華豐花園大廈
（《華僑日報》，1963 年 5 月 23 日）

《香港年鑑 1960 年》收錄的觀塘區地圖，標示了「官塘平民屋」的位置。

一次嶄新的「房屋實驗」——工人宿舍

觀塘開發初期，政府希望廠商能為工人建造宿舍，但這一方案最終並未落實。1956 年，政府和房協商議，協助興建公共房屋，解決工廠工人居住問題。這一概念在當時是嶄新的，特別是戰後香港經濟轉型，工人階層對合適居所有迫切需求。房協在荃灣的四季大廈和觀塘的花園大廈進行了這一個「房屋實驗」。經過調查後，觀塘花園大廈決定以屋邨形式提供宿舍，並撥出十個單位作為工人宿舍，提供基本設施和相對便宜的租金。1958 年，觀塘地皮開始動工，廉租屋邨分為兩期興建，第一期計劃建造七座住宅，迅速吸引不少居民入住。

設計優良，建成完善社區

考慮到地理和社群需求，花園大廈的設計分為兩期：第一期的設計強調中央天井和共用樓梯；第二期則體現了對地勢的考慮，避免阻擋景觀。雖然目標住客為工廠工人，建築師仍注重居民的生活素質，設計了遊樂場和綠化空間。屋邨內設有 31 間商店，其中 21 間有住宅相連，以滿足居民的日常需求。另外，屋邨建立時也有一些社福機構所開設的幼稚園、康樂中心等，彰顯了花園大廈在當時社區發展中扮演的關鍵角色。

花園大廈第一期於 1960 年完成入伙，由馬海（建築顧問）有限公司設計，共有 7 幢樓宇，提供 1,070 個單位。第二期則於 1966 年間完成入伙，由周耀年和李禮之建築師工程師事務所設計，共有 2,357 個單位，包括 4 間單身人士宿舍。兩期之間存在許多差異。例如，第二期每個單位均配有露台，而第一期則沒有；第二期的租金幾乎是第一期的兩倍。

落成年份	樓宇	類型
1966	燕子樓（A、B 座）	舊長型（中央 / 單邊走廊式）
	畫眉樓（C 座）	
	喜鵲樓（D、E 座）	
	百靈樓（F、G 座）	
	孔雀樓（H、I、J、K 座）	
1990	玉蓮臺第（第 1 至 3 座）	十字型（中央 / 單邊走廊式）
1987	玉蓮臺（第 4 座）	

第一期在 1980 年代清拆前，在牛頭角道坐落著牡丹樓、茉莉樓、玉蘭樓、玫瑰樓、紫蘭樓、百合樓和水仙樓，形成了一個緊密的社區。玉蘭樓地下層設有各式店舖，分別有餐廳、士多、雜貨舖、理髮店、肉檔和菜舖等，滿足居民日常需求。對面馬路則有一所小學，為孩子們提供教育。這樣的配置安排不僅方便居民的生活，更促進了社區互動與聯繫。

拆卸部分樓宇，重建成玉蓮臺

踏入 1980 年代，1950 年代建成的第一期觀塘花園大廈顯得有些陳舊，因此房協進行重建計劃，旨在改善居住環境，以適應居民的需求。因此，玉蓮臺便誕生了，它是觀塘花園大廈重建計劃的一部分。該屋苑由四座出租單位組成，於 1990 年全部落成並開始入伙。

第二期重建快將進行

觀塘花園大廈第二期重建計劃已完成草擬，並將分為兩期進行。

1966 年建成的首批大廈孔雀樓

第一期花園大廈拆卸後建成玉蓮臺

房協官塘花園大廈
五座樓宇清拆重建
居民不滿新厦租貴

（特訊）房屋協會屬下官塘花園五座樓宇清拆重建，但居民不滿將搬往的新厦租金比舊租金多出兩倍。

準備於明年四月清拆的大厦包括百合、玫瑰、牡丹、茉莉及紫蘭五座，一共有八百多個單位，居民則被安排搬往[illegible]興建中的三十一層高新型大厦。

花園大厦住客聯誼會代表說：房屋協會九月通知他們，新大厦兩房至大房的租金，由八百五十元至一千二百八十元，但他們現在居住的舊樓租金，祇是二百八十元至四百三十元，居民認爲新租金太貴。

而房屋協會九月才通知他們新樓的租金，使他們沒有時間選擇搬往其他屋邨的單位。聯誼會昨晚會開居民大會，表達其不滿。

房屋協會發言人說，加租的原因是新樓的設備不同，且房屋協會是私人機構，定租金是要計成本，而新樓的成本比較貴。（般）

房協宣佈觀塘花園大廈五座樓宇將清拆重建
（《華僑日報》，1986 年 11 月 30 日）

計劃將預留約 5% 的住宅總樓面面積作為福利設施。同時，為了配合重建，位於定安街的安置大廈已於 2021 年動工，預計 2026 年落成，屆時提供約 370 個出租單位給受重建影響住戶。重建後的觀塘花園大廈第二期將提供超過 5,800 個資助房屋單位，數量較原先增加約一倍，種類涵蓋出租、資助出售及「長者安居樂」單位，以滿足不同市民需求。

觀塘花園大廈第二期設計優良，單位附設露台，但已顯老舊。

觀塘花園大廈第二期沿用舊式設計，幽暗的走廊最為經典。

屋邨生活點滴

成立住客聯誼會

1962 年，觀塘花園大廈成立住客聯誼會，在首屆就職典禮中，理事長黃國華指出聯誼會有不少活動，包括免費電影晚會，招待會員及家屬。球類比賽由康樂組負責，有排球、足球、籃球和乒乓球等，形式多樣。日後，該會更設有圖書閱讀室，舉辦兒童識字班和中英數補習班等；醫療方面則有中西醫診療所和婦女縫紉班等。

官塘花園大廈

住客晚會聯誼

一連三晚舉行十分熱鬧

〔本報訊〕香港官塘花園大廈住客聯誼會，為聯絡坊眾感情及慶祝聖誕起見，昨（廿四）日下午七時正，在該區水仙樓兒童游樂場舉辦：

A・兒童聯歡遊藝晚會，免費招待區內十二歲以下之男女兒童參加。節目分歌唱、故事、舞蹈、游戲及音樂演奏等。凡參加表演之兒童，均由該會贈送紀念物。其餘參加之兒童，則由該會具備獎品，以作抽獎遊戲。

B・坊眾叙餐聯歡晚會，定期今（廿五）日下午六時正，在該區百合樓辦事處舉行，歡迎區內全體坊眾及家屬參加，餐券每位七元正。

C・[illegible]觀賞電影晚會，定期明（廿六）日（星期三）日下午七時半，在該區玫瑰樓後座電影場舉行，歡迎區內坊眾免費參觀。

觀塘花園大廈一連三晚舉行晚會聯誼，十分熱鬧。

（《華僑日報》，1962 年 12 月 25 日）

觀塘花園大廈內有足夠的休憩空間

當時，部分花園大廈單位是工人宿舍。工人辛勤工作一整天，身心疲憊，自然渴望有些娛樂來紓緩壓力，聯誼會活動正是他們的救星。公餘時，工人們聚集在大廈的公共空間，氣氛熱鬧。各種活動如球類比賽、團體運動和電影欣賞等，可讓他們放鬆心情，彼此交流。在歡笑聲中，大家分享著工作趣事，增進友誼，也讓他們感受到社區的溫暖與支持，為繁忙的生活增添色彩。

1972 年山泥傾瀉事件

1972 年 6 月 18 日，香港發生了史上最嚴重的雨災，稱為六一八雨災（詳見〈翠屏邨與秀茂坪邨〉）。由於持續暴雨，導致香港多處發生山泥傾瀉事件。在九龍觀塘翠屏道及香港島半山區旭龢道，發生了多起山泥傾瀉和大廈倒塌的悲劇，最終造成 148 人死亡。花園大廈位於斜坡之下，亦面臨著潛在的危險。

1972 年 6 月 24 日，觀塘花園大廈的玫瑰樓發生嚴重山泥傾瀉。當天下午，持續的大雨導致流水滾滾而來，因疏通不及，靠近該幢樓宇的約 80 呎山坡突然坍塌，大量山泥壓破了樓旁的鐵絲網。隨著大雨持續，玫瑰樓 88 和 85 號兩戶人家的外牆積滿泥土，山泥甚至湧至窗外。幸好，危機最終過去，沒有引發嚴重後果。

這次災難不僅對居民生活造成影響，也促成社會在建築安全和災害應對方面的改進，讓政府重新檢視土木工程及建築安全標準，提升樓宇對抗自然災害的能力。

牛頭角廉租屋旁坍山坭
玫瑰樓千人受影響
管理處前日通知住客如遇天雨應自動疏散

瀉下的山泥幾乎衝入玫瑰樓地下住戶的窗口

山泥傾瀉導致玫瑰樓千人受影響
（《大公報》，1972 年 6 月 25 日）

屋邨遊蹤

第一站

街坊小店

隨著觀塘花園大廈的重建加以推進，許多老店相繼結業，像蘭香園和成記士多這些伴隨居民幾十年的店舖，最終成為歷史的一部分。這些商店不僅滿足了居民的日常需求，更是社區文化的象徵，承載著無數的回憶與故事。目前，仍有一些食肆、餅店和士多繼續為街坊服務，成為了居民生活中不可或缺的一部分。如果讀者有時間，不妨去光顧這些店舖，支持本地商戶，並重溫珍貴的舊日情懷。

第二站

長樓梯

1966 年建成的觀塘花園大廈第二期項目，總體佈局由 11 幢長形建築物組成 5 座樓宇，東北面靠

山，近功樂道，西南面則連接牛頭角道，朝向觀塘市中心。這些大樓中，有幾座建於斜坡之上，為了克服屋邨的高低落差，建築師特別設計了依山而建的樓梯和斜道。這樣不僅便利居民通行，也促進社區互動。長樓梯成為觀塘花園大廈的象徵，成為居民的集體回憶，每一次上下樓梯的過程都充滿了故事和情感，連結著每一位居民的生活。

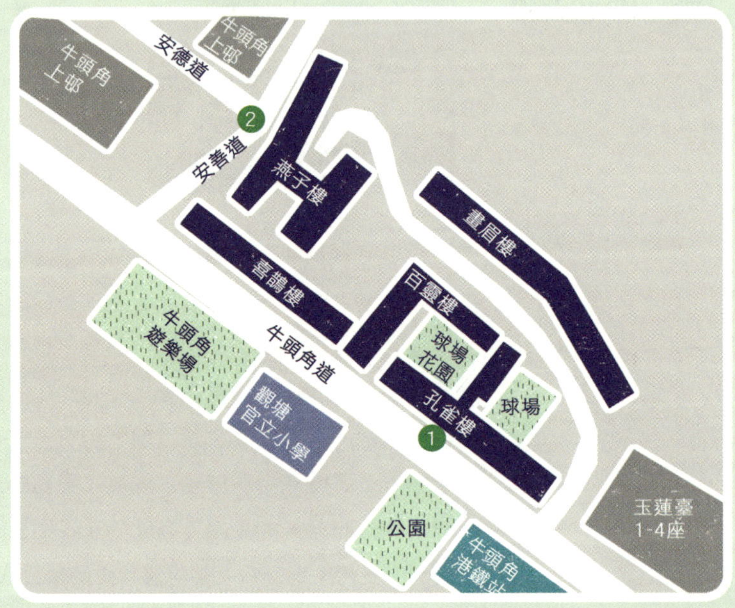

觀塘花園大廈平面圖

沙頭角邨

天涯海角建屋邨

撫今追昔說源流

日出沙頭，月懸海角

沙頭角邨源自沙頭角。相傳沙頭角名字出自一位清朝大臣的詩歌。當時這位大臣巡視沙頭角一帶時，被大鵬灣的優美風光所吸引，於是吟詩道：「日出沙頭，月懸海角。」這句詩描繪了此地的自然美景，沙頭角亦因而得名。這段歷史不僅體現了當地的自然景觀，也讓沙頭角的名字承載了文化與詩意，成為人們心中美好的象徵。

租借新界，一地兩處

沙頭角位於新界北區與廣東省深圳市鹽田區的邊界上，曾經是一個人煙輻輳的村莊。1898 年英國租借新界後，沙頭角河成為了兩地分界，英界一側劃為香港邊境禁區，其中河尾一段發展為著名的中英街。

清代沙頭角東和墟已是熱鬧墟市，但英國租借新界後，沙頭角南面被劃為英界，導致村民往來不便。再者，香港境內的沙頭角部分又被劃為禁區，非沙頭角村落的居民難以進入，使沙頭角逐漸失去往日的繁榮。

沙頭角名字出自「日出沙頭，月懸海角」的詩句

沙頭角中英邊境商民

聯合捐租修中英街

內地與香港合作修繕中英街的消息
（《華僑日報》，1949 年 7 月 21 日）

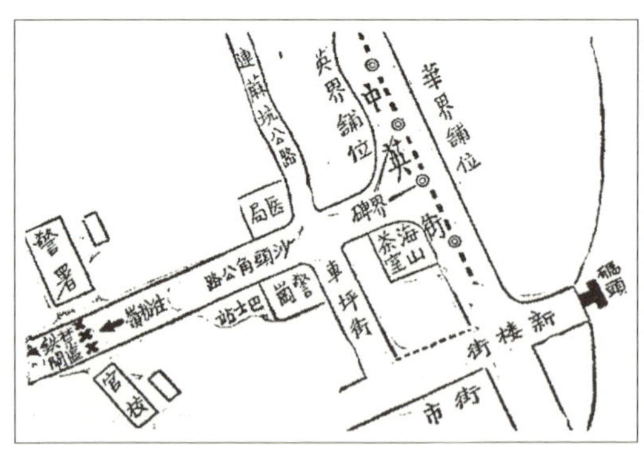

1950 年代的沙頭角中英街地圖

中英關係緊張，沙頭角劃為禁區

1949 年，中華人民共和國成立，解放軍逐漸接近深圳與香港邊界，英軍開始設立關卡，駐守邊防。當時兩地關係開始緊張，香港政府於 1951 年決定在沙頭角和米埔一帶的邊境實施宵禁，並將該區域劃為禁區，防止走私和非法入境等。位於禁區內的沙頭角墟，從此成為禁區。香港居民若要到訪，必須持有禁區紙，並由當地居民擔保才能進出。當然，沙頭角兩邊居民仍可自由出入。

變身小市鎮，公共房屋落成

今天，香港境內的沙頭角已發展為小市鎮，市中心為沙頭角公路的石涌凹段，周圍有多條以「順」字開頭的街道。其中，沙頭角邨是大部分居民的居住地。昔日許多沙頭角居民住在海邊棚屋，隨著房協沙頭角邨落成，他們紛紛上岸，搬入公共房屋。

逐步開放，沙頭角邨成景點

2012 年，政府逐步開放邊境禁區，沙頭角的六條村落（担水坑、塘肚、蕉坑、木棉頭、新村、山咀）被剔除出禁區範圍。禁區面積從原本的 2,800 公頃大幅縮減至約 400 公頃。縮減後的禁區僅覆蓋沙頭角墟、沙頭角海以及米埔的部分地區。隨著北部都會區的發展，政府逐步解封沙頭角墟，並開放沙頭角公眾碼頭，以發展生態旅遊。沙頭角邨因而變得繁忙，不少旅客前來參觀。這些旅客在走訪沙頭角時，經常會途經沙頭角邨，欣賞這個曾經是「禁區屋邨」的獨特面貌，感受當地的歷史和文化。

沙頭角方面

英界忽被侵犯

共方修路越界未與香港政府洽商

港方已呈報英廷並通知駐平代辦

昨日當地緊張情形業已消散

兩地關係緊張，政府在沙頭角高度設防。
（《華僑日報》，1959 年 7 月 24 日）

內地遊客瘋狂購港金

中英街金舖家家發達

個別店舖每天營業額達百萬元人民幣

人民幣港幣比值日趨下降幾近一比一

國家改革開放後，中英街成為內地旅客遊覽和購物的熱點。
（《大公報》，1988 年 7 月 6 日）

建邨歷程回顧

唯一位於邊境禁區的屋邨

沙頭角邨位於新界北區的沙頭角墟，是房協「郊區公共房屋計劃」興建的第二個公共屋邨，也是香港唯一一個位於邊境禁區的公共屋邨，並且是香港最北面的公共屋邨。

沙頭角邨的建設始於 1988 年，當時沙頭角管制站擴建，房協為安置受清拆影響的鹽寮下棚屋區的居民，而建設了沙頭角邨。住宅單位的設計考慮了通風、採光和景觀等因素，單位內部除了露台、廚房及浴室外，沒有固定間格，住戶可根據需要將單位分隔為一至三房。

設計實用而美觀

沙頭角邨樓宇平面規劃以T和L字型（轉角位）為主，大部分T字型樓宇採用錯層式設計，外觀與法國鄉村式房屋風格相似，窗戶比例則依據香港鄉村房屋的設計進行調整。屋頂採用橙色斜面瓦頂，搭配素色灰泥修飾牆身。整個屋邨包括52幢5至6層高的住宅大廈，共分五期興建。第一至四期的樓宇不設電梯，這對殘疾人士造成了一定不便。除了第16至27座採用特別設計外，其餘樓宇共分為13款大廈設計及4款單位設計，每層有2至4伙，共662個單位。

新近增建迎海樓

2014年，《施政報告》中提到將沙頭角邨第四期隔壁的土地，將撥歸房協，用於發展140個出租屋邨單位，命名為「迎海樓」。迎海樓有40伙預留給沙頭角邨的擠迫戶，其他則供持有禁區紙及符合房協甲類出租屋邨資格的申請人申請。迎海樓於2016年9月19日至30日接受申請，並於2017年4月落成。

落成年份	樓宇	類型
1988	第1至24座	房協郊區公共房屋
1991	第25至27座	
1989	第28至41座	
1991	第42至51座	
2017	迎海樓（第52座）	

邊區墟鎮重新發展逐步達成

沙頭角邁現代化

專員指出兩億建設寮屋居民生活大改善

郊區公屋六月入伙社區會堂年底亦啓用

大運動場將落成污水處理廠六月起服務

政府發展沙頭角，公共屋邨即將落成。

（《華僑日報》，1988 年 3 月 26 日）

屋邨生活點滴

開放沙頭角邊境

沙頭角位於新界東北部，與深圳邊境接壤，曾經是大多人心目中的神秘地帶。這個只有約四千人的小鎮，數十年來一直是禁區，非當地居民必須持有邊境禁區通行證才可進入。自 2022 年 6 月開始，政府決定逐步對外開放沙頭角，讓好奇的遊客能一睹其神秘面貌。

入住有條件限制

隨著沙頭角對外開放，來訪人數明顯增多。這個原本寧靜的沙頭角邨，也多了一些外來訪客。雖然遊客主要參觀附近古蹟名勝或到中英街購物，但在途經沙頭角邨時，會因被其色彩繽紛的外貌吸引，停下腳步欣賞。有些訪客甚至會詢問是否可以申請入住，但可惜的是，沙頭角邨的入住申請有條件限制。

以最新落成的迎海樓為例，這座建築採用歐陸式風格、外觀色彩鮮明的房屋，因為坐落於沙頭角海旁，遠遠望去，猶如置身歐洲海邊小鎮。儘管其位置得天獨厚、外觀吸引，但申請者僅限於持有沙頭角禁區通行證的居民，而且所有單位已全數租出，普通市民只能「望樓興嘆」。

色彩繽紛的沙頭角邨，
引人注目。

2022 年起，政府決定逐
步對外開放沙頭角。

訴說居民的生活日常

沙頭角居民仍保持傳統的生活方式，與自然和諧共存，生活相對寧靜，當區平日並不擁擠，只有在特別的日子如天后寶誕時，才會看到人山人海的景象。沙頭角設有沙頭角故事館，訴說這個邊境小村的故事。它坐落於佔地 100 平方米的傳統單層排樓內，排樓建於 1933 年，擁有一個臨街露台，屬當年典型建築風格。館內展品由不同人士捐贈，包括舊書、家具、工具、陶器、斗笠、衣服等，展示了沙頭角居民的日常生活。

細心探索，古物藏在身邊

大家來訪沙頭角，除感受寧靜生活外，更可細心探索，如沿著車坪街尋找昔日沙頭角支線路軌的遺跡。另外，大家更可找到沙頭角仍然保留的數個 T 型舊規格路牌，並「打卡」留念。沙頭角的開放，不僅讓人們感受到這個小區的獨特魅力，還促進了當地文化與經濟發展。

屋邨遊蹤

第一站

沙頭角之角

沙頭角最東之角矗立著一塊標示經緯度的舊式路牌，前方還有刻有「日出沙頭，月懸海角」詩句的石碑。在這裏，大家可以一覽沙頭角海灣的天然海岸線，景色壯觀而迷人。靜下心神之際，耳邊傳來陣陣海浪聲，掩蓋途人的喧鬧，時間彷彿在此刻停止流動，永遠凝聚在詩人被美景感動的瞬間。這裏的寧靜與自然之美，使得沙頭角成為一個理想的「逃離之地」，感受到人與大自然的深度連結。

第二站

沙頭角碼頭

隱藏在沙頭角小村落中，還有全港最長的碼頭。它長達 280 米，初建於 1960 年代，在 2004 年進行重建，距離吉澳及鴨洲僅需 20 至 30 分鐘船程。由於沙頭角海濱一帶水淺，船隻難以直接停泊，碼頭須延伸至深水區域，上落船隻之處實際已位於海中心。碼頭長廊是遊人浪漫散步的理想之地，牆壁上掛著沙頭角小學生繪畫的壁畫，生動地描繪了這地方的人文歷史。碼頭的盡頭有一座純白燈塔，與周圍的自然美景相得益彰，形成「天涯海角」的壯麗景觀，一見難忘。

第三站

中英街花園

中英街花園位於邊境交界，地理位置極具意義。1980 年代改革開放初期，國家對物資需求急劇增加，一些香港商人在中英街設立商店，販售味精、肥皂、牙膏、糖果、衣服、黃金和手錶等商品給內地同胞。當時，中英街市面繁榮，每日人流量驚人，最高紀錄為一天接近十萬人次。基於保安理由，多年來只有持特定禁區許可證，並在中英街實際居住、生活和工作的人才能進出。對於其他香港市民而言，中英街成為了一個歷史見證地，富神秘感。

中英街花園坐落在檢查站前，設有許願瞭望台，遊客可以在此眺望中英街的風采。在欄杆掛上許願牌，祈求願望成真，為這個地點增添了幾分浪漫。此外，花園設計模仿香港舊式火車站，內有 1：1 的火車頭模型和復古車站牆身，並種植了櫻花樹等各種植物，讓整個園區成為了「打卡」熱點。

第四站

沙頭角街市

沙頭角街市是著名「海味街」，主要服務區內居民。這裏人情味濃厚，店主與顧客之間往往是相識的街坊，形成了親切的社區氛圍。在熟食市場內，大家可以品嚐到正宗客家菜，而海味街則專注於售賣各種海味乾貨。這裏的花膠、鹹魚等產品，大部分都是自家製作，保留了傳統製作工藝，讓人感受到濃厚的漁村風味。如果大家到沙頭角，想購買海味作為手信，海味街絕對是不容錯過的好去處。

沙頭角邨平面圖

沙頭角支線

1910 年，九廣鐵路英段正式通車，為陸港兩地交通發展帶來急劇改變。這時，北約理民府建議在粉嶺車站旁修築一條支線，連接邊境沙頭角，促進新界東北交通運輸。政府於 1911 年 4 月同意興建一條軌距 2 英呎的窄軌鐵路，從粉嶺通往沙頭角。因為政府興建九廣鐵路英段時，仍剩下大量建築物料，因此工程迅速地在同年 12 月完成，並於 1912 年 4 月通車。

粉嶺至沙頭角支線全長 7.25 英里，中途設有五個車站，但僅建有簡單避雨上蓋，列車上設有售票員。這段短短的鐵路，需要 55 分鐘才能走完，乘客要擠在沒有上蓋的車廂上，面對烈日或暴雨，旅程並不舒適。隨著政府於 1924 年落實興建沙頭角公路，並於四年後建成，這條支線最終於 1928 年 4 月正式關閉，僅有 17 年的歷史。

為配合沙頭角開放，政府在車站遺址一帶放置車站及列車模型。

參考書目

- 九龍城區議會節日慶祝活動籌劃工作小組：《追憶龍城蛻變》，香港：九龍城區議會，2011。
- 元建邦：《香港史略》，香港：中流出版社，1987。
- 《公屋與我：香港公屋四十五年》，香港：香港房屋委員會，1999。
- 巴圖：《別了，港督》，北京：時事出版社，1996。
- 王賡武主編：《香港史新編》，香港：三聯書店（香港）有限公司，2017。
- 《安居攜手走過公共房屋 50 年》，香港：香港房屋委員會，2023。
- 何佩然：《地換山移》，香港：商務印書館（香港）有限公司，2004。
- 余繩武、劉存寬主編：《十九世紀的香港》，北京：中華書局，1994。
- 余繩武、劉蜀永主編：《二十世紀的香港》，香港：麒麟書業有限公司，1995。
- 《我們在石硤尾長大：美荷活現・香港精神》，香港：香港青年旅舍協會，2014。
- 杜葉錫恩著、隋麗君譯：《我眼中的殖民時代香港》，香港：香港中和出版有限公司，2017。
- 周家建等：《建人・建智：香港歷史建築解說》，香港：中華書局（香港）有限公司，2010。
- 林友蘭：《香港史話》，香港：香港上海印書館，1985。
- 林喜兒、霍文灬：《屋宇平民誌——記大坑西新邨：香港最後的「私營廉租屋」》，香港：不停機工作室，2024。
- 林喜兒：《七層足印：李鄭屋徙置區口述歷史》，香港：三聯書店（香港）有限公司，2017。
- 韋爾什著、王皖強譯：《香港史》，北京：中央編譯出版社，2007。
- 香港地方志中心：《香港志・總述大事記》，香港：中華書局（香港）有限公司，2020。

- 《香港年報》，香港：香港政府，1946–2024。
- 《香港年鑑》，香港：華僑日報，1950–1991。
- 《香港房屋協會年報》，香港：香港房屋協會，1951–2023。
- 《香港房屋委員會年報》，香港：香港房屋委員會，1973–2023。
- 《香港屋宇建設委員會年報》，香港：香港屋宇建設委員會，1954–1973。
- 《香港徙置事務處年報》，香港：香港徙置事務處，1954–1973。
- 高添強：《香港今昔》，香港：三聯書店（香港）有限公司，1994。
- 張帝莊：《美荷樓記：屋邨歲月　鄰里之情》，香港：三聯書店（香港）有限公司，2013。
- 張瑞威、卜永堅：《黃大仙區風物志》，香港：黃大仙區議會，2003。
- 梁炳華：《北區風物志》，香港：北區區議會，1994。
- 梁炳華：《南區風物志（新修版）》，香港：南區區議會，2009。
- 梁炳華：《觀塘風物志》，香港：觀塘區議會，2008。
- 梁美儀：《家：香港公屋四十五年》，香港：香港房屋委員會，1999。
- 許舒：《滄海桑田話荃灣》，香港：《滄海桑田話荃灣》出版委員會，1999。
- 許錫揮、陳麗君、朱德新：《香港跨世紀的滄桑》，廣州：廣東人民出版社，1995。
- 陳志華、何泳儀、寅坷：《樂業安居：香港公屋發展歷程》，香港：中華書局（香港）有限公司，2024。
- 陳志華、徐振邦：《圖解香港手冊（修訂版）》，香港：中華書局（香港）有限公司，2015。
- 陳志華、黃家樑：《漫談香港史》，香港：現代教育研究社，2001。
- 陳志華、黃家樑：《簡明香港史》，香港：明報出版社，1998。
- 陳昕、郭志坤：《香港全紀錄》，香港：中華書局（香港）有限公司，1997。
- 馮邦彥：《香港地產史（1841–2023）》，香港：三聯書店（香港）有限公司，2024。
- 黃佩佳著、沈思編校：《香港本地風光・附新界百詠》，香港：商務印書館（香港）有限公司，2017。

- 黃南翔：《香江歲月》，香港：奔馬出版社，1985。
- 黃家樑、陳志華：《漫漫港歷史》，香港：三聯書店（香港）有限公司，2024。
- 黃棣才：《圖說香港歷史建築（1897–1919）》，香港：中華書局（香港）有限公司，2011。
- 黃華輝：《公屋醜聞》，香港：進一步多媒體，1999。
- 爾東、何泳儀、何展鵬：《樂遊新界東街市》，香港：明報出版社，2017。
- 爾東、何泳儀、張淑茵：《樂遊香港街市》，香港：明報出版社，2015。
- 爾東、何泳儀、張淑茵：《樂遊新界西街市》，香港：明報出版社，2016。
- 爾東、李健信：《追尋九龍古蹟》，香港：明報出版社，2007。
- 爾東、李健信：《追尋香港古蹟》，香港：明報出版社，2007。
- 爾東、李健信：《追尋新界古蹟》，香港：明報出版社，2008。
- 爾東、李健信：《漫遊九龍屋邨》，香港：明報出版社，2009。
- 爾東、李健信：《漫遊香港居屋》，香港：明報出版社，2013。
- 爾東、李健信：《漫遊港島離島屋邨》，香港：明報出版社，2012。
- 爾東、李健信：《漫遊新界西屋邨》，香港：明報出版社，2011。
- 爾東、李健信：《漫遊新界東屋邨》，香港：明報出版社，2010。
- 爾東、李健信：《趣談九龍街道（修訂本）》，香港：明報出版社，2006。
- 爾東、李健信：《趣談香港街道（增訂版）》，香港：明報出版社，2010。
- 爾東、李健信：《趣談新界街道》，香港：明報出版社，2006。
- 爾東、許嘉汶：《樂遊九龍街市》，香港：明報出版社，2014。
- 爾東、黃家樑：《舊香港》，香港：文星圖書，2001。
- 爾東：《香港歷史之謎（修訂本）》，香港：明報出版社，2007。
- 劉智鵬、劉蜀永：《屯門：香港地區史研究之四》，香港：三聯書店（香港）有限公司，2012。
- 劉蜀永、劉智鵬：《香港史：從遠古到九七》，香港：香港城市大學出版社，2019。
- 劉蜀永：《香港史話》，北京：社會科學文獻出版社，2000。
- 劉蜀永：《香港的歷史》，北京：新華出版社，1996。
- 劉潤和：《新界簡史》，香港：三聯書店（香港）有限公司，1999。

- 蔡德麟主編：《深港關係史話》，深圳：海天出版社，1997。
- 衛翠芷：《香港公屋設計變奏曲》，香港：非凡出版，2024。
- 鄧家宙：〈香港之墳場列表〉，載氏著：《香港史地・第二卷》，頁 56–68，香港：香港史學會，2011。
- 鄭寶鴻：《新界街道百年》，香港：三聯書店（香港）有限公司，2002。
- 蕭國健：《舊日足跡：香港地區與民生尋蹤》，香港：三聯書店（香港）有限公司，2023。
- 蕭國健主編：《油尖旺區風物志》，香港：油尖旺區議會，1999。
- 謝永光：《三年零八個月的苦難》，香港：明報出版社，1999。
- 關禮雄：《日佔時期的香港（增訂版）》，香港：三聯書店（香港）有限公司，2015。

附錄一 香港公共房屋之最

公共房屋歷史

哪一個是最早興建的公共房屋？
（公共房屋包括政府和資助房屋機構項目）

以單幢樓宇計，最早建成的是模範屋宇會北角模範邨 A 和 B 座，它於 1952 年 3 月竣工，5 月正式入伙；以整個屋邨計，最早是香港房屋協會的深水埗上李屋邨，全邨於 1952 年 8 月建成，9 月正式入伙。

哪一個是香港最早出現的徙置區？

1954 年 9 月建成的深水埗石硤尾邨 A、B 兩座。

哪一個是全港唯一獲得保存的徙置大廈？

深水埗石硤尾邨 H 座，後改稱第 41 座／美荷樓，現活化為美荷樓青年旅舍及生活館。

哪一個是最後拆卸的徙置大廈？

2023 年拆卸的葵涌石籬邨第 10 和 11 座。

哪一個是屋宇建設委員會最早興建的屋邨？

第一個項目是 1958 年落成的北角邨。

哪一個是政府最早興建的廉租屋邨？

建於 1962 年的觀塘政府廉租屋邨（後改稱觀塘鯉魚門道邨）。

哪一個是建設期最長的公共屋邨？

葵涌荔景邨首座風景樓於 1975 年入伙，最後一座恆景樓於 2022 年入伙，相距 47 年。不過，黃大仙美東邨建於 1974 年，現在部分大廈重建再安置現有的彩虹邨居民，估計相距將會超出 50 年。

哪一個是房屋委員會 1973 年成立後最先建成的屋邨？

以個別大廈計，最先落成的是何文田愛民邨衛民樓，時間是 1974 年 4 月 18 日；以整個屋邨計，為 1974 年 7 月落成的黃大仙美東邨；以工程進度計，沙田瀝源邨在 1973 年 4 月後落實及動工，故也被人視它為最早建成的。

哪一個是最早落成的居屋屋苑？

1979 年 12 月落成的觀塘順緻苑。

哪一個是最早設置的臨時房屋區？

1974 年入伙的下葵涌臨時房屋區。

哪一個是最後的臨時房屋區？

2001 年拆卸重建的西貢沙角尾臨時房屋區。

哪一個是最早落成的徙置工廠大廈？

1957 年入伙的長沙灣徙置工廠大廈。

哪一個是最後落成的徙置工廠大廈？

1975 年落成的九龍灣工廠大廈（1982 年的屯門開泰工廠大廈非舊式徙置大廈設計，層數增至二十多層）。

哪一個是最早被拆卸的公共房屋樓宇（徙置區大廈）？

深水埗石硤尾邨第 3 至 6 座於 1973 年拆卸重建。

哪一個是首座被拆卸的公共房屋樓宇（政府廉租屋邨）？

於 1985 年拆卸重建的葵涌葵芳邨第 5 座。

哪一個是首個綠置居屋苑？

2017 年 6 月入伙的新蒲崗景泰苑。

哪一個是首個過渡性房屋項目？

2020 年 8 月入伙的深水埗「南昌 220」。

公共房屋規模

擁有最多公共屋邨的地區是哪一區？

觀塘區，共有 35 個公共屋邨。

擁有最多公屋單位的地區是哪一區？

觀塘區，有近 15 萬個公屋單位。

哪一個是香港擁有最高樓層的公共屋邨？

觀塘牛頭角下邨，貴顯樓和貴新樓均為 48 層高（連地下樓層，電梯按鈕最高為 47 字）。

哪一個是每層單位數目最多的屋邨大廈？

柴灣漁灣邨漁安樓，每層有多達 92 個單位。

哪一個是香港房屋史上最大規模的公共屋邨？

黃大仙慈雲山邨，共有 62 幢住宅大廈（1980 年分拆成 5 個屋邨）。

按居住人數和單位數目計算，哪一個是現時規模最大的公共屋邨？

葵涌邨住客約 4 萬人，合共 16 座住宅大廈及 13,742 個單位。

按座數計算，哪一個是現時規模最大的公共屋邨？

北區沙頭角邨，共有 52 座。

哪一個是現時規模最小的公共屋邨？

只有一幢樓宇的公共屋邨有西灣河康東邨（500 個單位）、柴灣翠樂邨（300 個單位）、柴灣華廈邨（200 個單位）、柴灣連翠邨（300 個單位）、何文田常樂邨（400 個單位）、大圍顯耀邨（800 個單位）、坪洲金坪邨（300 個單位）、屯門顯發邨（900 個單位）、屯門滿田邨（470 個單位）等，但同時考慮單位數目的話，應為柴灣華廈邨。

哪一個是住宅大廈座數最多的居屋屋苑？

擁有 22 座樓宇的觀塘麗晶花園。

哪一個是住宅單位數目最多的居屋屋苑？

擁有 6,580 個單位的天水圍天盛苑。

以單位數量計，哪一個是規模最小的居屋屋苑？

只有 85 個單位的大澳天利苑。

公共房屋設施

哪一個是最先設置升降機的廉租屋邨？

1965 年落成的黃大仙上邨是首批樓高 20 層、設升降機的大廈。

哪一個是最先設置升降機的徙置區屋邨？

1967 至 1969 年間建成的觀塘牛頭角徙置區（後改稱下邨），但只停 9 和 14 樓。

哪一間是最早興建的屋邨火柴盒小學？

於 1965 年 4 月竣工、位於黃大仙的溥仁學校，其校舍與東頭邨第 22 座相連。

哪一間是最後興建的屋邨火柴盒小學？

位於荃灣石圍角邨的荃灣公立何傳耀紀念小學，於 1980 年 9 月落成。

哪一間是首間位於居屋屋苑內的學校？

沙田穗禾苑內的保良局蕭漢森小學。

哪一間是首間位於屋邨內的公共圖書館？

薄扶林公共圖書館，位於華富邨華珍樓 611 至 619 室。

哪一個屋邨最先設有私人停車場？

薄扶林華富邨。

哪一個最先引入新市鎮概念、自給自足的屋邨？

薄扶林華富邨。

哪一個是全港最先加裝公共天線系統的屋邨？

何文田愛民邨。

哪一個是最早出現屋邨中央空調的商場？

位於何文田愛民邨、建於 1975 年的愛民廣場。

哪一個是全港最先設置「冬菇亭」熟食中心的屋邨？

何文田愛民邨。

哪一個是全港首個設有游泳池的公共屋邨？

1976 年落成的葵涌祖堯邨。

哪一間是全港首設於屋邨內的戲院？

觀塘順利邨內的順利戲院，1981 年開業。

哪一個是最早用行人天橋連接邨內各幢大樓的屋邨？

沙田瀝源邨及禾輋邨設有架空行人天橋相連，高度與樓宇的三樓平衡，是全港首個擁有行人天橋系統的屋邨。

哪一個是最早設有噴水池的公共屋邨？

沙田瀝源邨。

公共房屋設計

哪一個是全港最早興建的雙塔式大廈？

於 1970 年 7 月落成的薄扶林華富邨華興樓及華昌樓。

哪一個是全港最後興建的雙塔式大廈？

建於 1984 年 11 月的觀塘秀茂坪邨秀明樓。

哪一個是最早採用 Y 型設計的公共房屋？

深水埗蘇屋邨楓林樓等五幢大廈呈 Y 字外形，落成於 1961 年。然而，房委會 1980 年代發展出獨特的 Y 型設計，全港首座動工的是大圍美林邨美槐樓，最早落成的是粉嶺祥華邨祥德樓，最早入伙的則是大圍美城苑逸城閣。

哪一個是全港首先建成的和諧式公共房屋？

天水圍天祐苑祐康閣、祐寧閣、祐泰閣，落成於 1992 年，屬和諧一型大廈。

哪一個是全港首先建成的工字型公屋大廈？

單座工字型是 1979 年落成的柴灣環翠邨怡翠樓。雙連座工字型是 1979 年落成的黃大仙彩雲邨觀日樓、伴月樓（前者為工字的低座，後者是高座）。三連座工字型是 1980 年落成的大埔大元邨泰怡樓和泰樂樓、屯門友愛邨愛德樓和愛暉樓、鴨脷洲邨利澤樓等。

哪一個是全港首個採用圓筒形設計的公共房屋？

大坑勵德邨第 1 至 4 座，外形是圓筒形。

其他

哪一個是全港位置最高的公共屋邨？

觀塘秀茂坪安泰邨，位處海拔約 160 米高的前安達臣石礦場。

哪一個是全港位置最高的居屋屋苑？

位於安達臣道石礦場的觀塘秀茂坪安秀苑、安楹苑、安樺苑、安麗苑等，海拔約 200 米高。

哪一個是全港最早採用預製組件興建的公共屋邨樓宇？

1967 年落成的荃灣福來邨永隆樓。

附錄二 香港徙置區類型

徙置區類型	建築年期	設計特色	所建屋邨
一型 又稱 H 型 或工字型 *＊有部分因地形關係而建成 I 型*	1954 年下半年起興建於石硤尾徙置區	• 最初建成時樓高 6 層，自 1955 年起新建成大廈一律增加至 7 層。 • 天台可供辦學或慈善團體使用。 • 興建時間短，大約為 8 星期（不計算打樁時間在內）。 • 大廈設備簡陋，單位內無水電供應，只在相連兩翼的中央走廊設有公用水龍頭、廁所和淋浴間。 • 沒有電梯，只有樓梯。	1954 至 1961 年間，政府共建設 115 幢 H 型和 31 幢 I 型大廈，位於石硤尾、大坑東、紅磡、黃大仙、樂富（老虎岩）、觀塘、柴灣、佐敦谷等處。
二型 又稱日字型	1961 至 1964 年最早興建於東頭徙置區	• 大廈樓高 7 至 9 層。 • 第二型最大的特點是每層兩端均建有共 4 個面積 310 平方呎、有獨立廚房、自來水和騎樓等設備的單位，主要分配給受清拆影響、本來擁有地契的原村民。 • 除中央走廊外，大廈兩端加建有樓梯的走廊，天井被完全圍起來。 • 大廈平面呈日字型。	最早建於東頭徙置區，其後建於大窩口、黃大仙、橫頭磡、老虎岩、柴灣等處。

徙置區類型	建築年期	設計特色	所建屋邨
三型 大致分為 I 字型（長型設計）和 L 字型（兩座長型大廈相連的徙廈）	1962 至 1967 年 首先建於葵涌徙置區	• 大廈樓高 8 層。 • 最大特色是每層設有中央走廊，單位分佈於兩旁，各單位均有騎樓。 • 住戶仍需每兩三戶共用一格位於大廈中央或末端的廁所。 • 早期住房多沒有室內自來水供應，但大部分住戶均在入伙後數年加裝。 • 第三型大廈的標準單位面積為 129 平方呎，供 4 至 5 人居住，另設有 171 平方呎較大的房間。	截至 1967 年為止，共有 142 幢落成，除葵涌外，也建於油塘、秀茂坪、慈雲山、柴灣、田灣等處。
四型 主要呈 T 字型；少數呈 I、E、倒 F 或日字型	1965 至 1969 年 最早建於東頭徙置區（22 座）	• 一般樓高 16 層，亦有例外如元朗邨部分大廈便只有 8 層。 • 設有電梯。 • 此型大廈不論設計或單位面積，均與第三型大致相同，設有三款面積的單位。 • 每戶均在騎樓設有廁所（首次所有住戶可享用私用廁所）。	截至 1969 年，建有 65 幢，除東頭徙置區，分佈於慈雲山、鹹田（藍田）、牛頭角、石籬、白田、大窩口、元朗、石排灣和柴灣等處。
五型 主要呈 I 字長型設計	1966 至 1971 年 最早建於牛頭角徙置區	• 最大的不同在於單位面積有更多選擇。 • 設有四款居住單位，最大單位面積增至 221 平方呎。 • 走廊較寬闊。	截至 1971 年，建有 48 幢，分別位於秀茂坪、慈雲山、石籬、柴灣興華邨等處。

徙置區類型	建築年期	設計特色	所建屋邨
六型 改以彈性設計相連各座數	1970 年開始興建	・一般樓高 16 層，亦有例外如建於油塘的第六型大廈只有 8 層。 ・單位闊度與第五型大廈一樣，都是 11 呎，但單位較長。 ・居住面積明顯增加，成人平均佔用面積由 24 平方呎增至 35 平方呎，最大單位的面積也增至 238 平方呎。	位於藍田、油塘、慈雲山、屯門新發邨等處。

附錄三

香港公共房屋發展大事年表

1948 年

倫敦市長捐贈 14,000 英鎊成立空襲救災基金，其後成為解決香港貧苦市民的住屋需要的資金，房協亦因此而成立。

1950 年

模範屋宇委員會成立。

1951 年

房協取得法定機構資格，獲政府以低於市價批地，興建供低收入人士居住的房屋。

模範屋宇委員會在 1951 至 1953 年間興建模範屋邨。

1952 年

房協興建的上李屋邨落成。

1953 年

12 月 25 日，石硤尾寮屋區發生大火。

1954 年

大火後 53 日，包寧平房建成，暫時安置石硤尾大火災民。隨後徙置事務處成立。

4 月，屋宇建設委員會成立，職責是為當時白領階級中的低薪者，如教師、記者、公務員和文員人士，提供一些水準較高而租金較低廉的單位。

8 月，第一座 H 型大廈建成。在港島、九龍市區和新界較早開發的新市鎮也興建徙置屋邨。

經濟屋宇協會向政府申請以低價撥出大角咀一塊土地興建樓宇，並低於市價出售給市民。1955 年 7 月，大廈落成，由時任港督葛量洪主持剪綵儀式，並以其夫人名字命名為葛量洪夫人新村（1977 年 1 月 1 日，政府以地契不續期為理由，接管該村；配合興建西九龍走廊，約一座半樓宇被拆卸，其餘兩座原址交予房協接管，並於 1988 年建成頌賢花園）。

1958至1975年 屋建會所興建的屋邨共有十個，包括北角邨、西環邨、蘇屋邨、彩虹邨、馬頭圍邨、和樂邨、福來邨、華富邨、坪石邨和愛民邨。

1960年代 徙置屋邨改稱為新區，徙置大廈類型有第一至第六型。

1961年 香港平民屋宇有限公司獲特惠地價興建大坑西邨。

1962年 工務司署開始興建廉租屋邨，供低收入家庭申請，落成後便交給屋建會管理。

廉租屋邨包括鯉魚門道邨、黃大仙上邨、長沙灣邨、石峽尾邨、山谷道邨、牛頭角上邨、沙田坳邨、黃竹坑邨、石蔭邨、元洲街邨、葵興邨、梨木樹邨、高超道邨、葵芳邨、白田邨、葵盛東邨和何文田邨。

1964年 政府頒佈《寮屋管制、徙置及政府廉租屋宇政策檢討》白皮書，內有三大要點：一是嚴格管制現有木屋區，二是加速徙置大廈和廉租屋的興建，三是放寬入住徙置大廈的資格。

政府公佈《中等入息階級人士月購置自居樓宇計劃高登委員會工作報告書》，這改變過去政府只提供公共房屋的管治理念，並主動協助市民大眾置業。

香港建屋貸款有限公司由香港政府、聯邦發展公司及四間銀行（滙豐銀行、恒生銀行、渣打銀行、東亞銀行）等合組而成，總資金有七千多萬元，貸款幫助中等入息階級人士。當時，申請者每月收入要在900至2,000元間。後因銀行擠提及社會騷亂，計劃不受歡迎。

1968年 政府試行改建第一及第二型徙置大廈以改善設施。

1972年 時任港督麥理浩宣佈「十年建屋計劃」。

1973至2012年 徙置事務處和屋建會合併成房委會。其後推行重建計劃，改善公共房屋質素。一些殘舊的屋邨被清拆，集中於第一及第二型徙置大廈。

1978年 政府推行第一期居者有其屋計劃，出售六個屋苑的單位。

1979年 模範屋宇委員會的模範邨出現管理問題，11 月政府接管該邨，歸入房委會管理。

1988年 推行自置居所貸款計劃，歷時 15 年。為首次置業者提供一次性貸款，讓他們能支付首期及相關的購屋開支。

1990年 房協清拆上李屋邨，重建為樂年花園。

1995年 房協推出夾心階層住屋計劃（由於金融風暴後樓價暴跌，在 1998 年停建，部分「夾屋」改作私樓出售，剩餘單位則在 2010 年全數售出）。

1998年 推出租者置其屋計劃，至 2002 年終，歷時五年。

房協再為首次置業者提供首次置業貸款計劃，讓他們可以支付首期及相關的購屋開支。

2002年 11 月 13 日，時任房屋及規劃地政局局長孫明揚發出有關房屋政策的聲明，宣佈停建居屋。

2011年 10 月 12 日，時任行政長官曾蔭權發表《施政報告》，正式宣佈復建居屋，稱為「新居屋」。

2012年 房協推出置安心計劃，預計 2014 年建成。計劃提供「可租後買」，讓申請者即以市價直接購買「置安心」單位。2012 年推行時，變為資助房屋出售，以市值七折作定價。

2014年 首批復建新居屋於 2014 年 12 月公開接受申請。

2016年 房委會年推出綠置居先導計劃，選取新蒲崗景泰苑，讓公屋住戶或合資格綠表人士申請。

2017 年

房委會資助房屋小組委員會通過修訂「富戶政策」，並於同年 10 月的申報週期開始實施。

《施政報告》提出過渡性房屋概念。

2017 至 2018 年

房委會於 2017 年通過恆常化「白表居屋第二市場計劃」（白居二），於 2018 年起實施。未補地價二手居屋可轉讓予白表人士（符合要求但未分配公屋單位者）。

2018 年

政府提出明日大嶼計劃，預計興建住宅單位數目為 19 至 21 萬伙，公私營房屋比例為 7：3。

房協獲政府邀請發展專用安置屋邨，用作免經濟狀況審查的清拆或重建安置。

2019 年

《施政報告》提出大幅增加過渡性房屋項目，在未來三年合共提供一萬個單位，以紓緩居住環境惡劣和長時間輪候公屋壓力等問題。首個項目「南昌 220」在 9 月動工。

2020 年

政府發表的 2020 年《長遠房屋策略》報告，政府已全數覓得興建 31.6 萬個公屋單位的 330 公頃土地，可以滿足未來十年約 30.1 萬個公屋單位的需求。

平民屋宇有限公司與市區重建局合作，重建大坑西邨。

2021 年

政府提出北部都會區計劃。預計新發展土地可提供超過 50 萬個新住宅單位，是未來本港房屋供應重鎮。

2022 年

行政長官李家超上任後首份《施政報告》提出興建「簡約公屋」。

2023年

房委會正規劃和進行十個重建計劃，如包括白田邨（較舊部分）、美東邨（較舊部分）、華富邨、西環邨、馬頭圍邨等，預計重建後可提供約 32,800 個住宅單位，亦會藉重建增加邨內休憩及康樂配套。

房協加強打擊濫用公屋歪風，具體行動包括優化現行「富戶政策」。

2024年

「簡約公屋」於 6 月開始接受申請，元朗攸壆路和牛頭角彩興路為首兩個項目。

鳴謝

在編寫過程中，得到香港房屋協會俯允，借出歷年年報及一些相關文件，令本書得以順利完成，在此特別衷誠致謝。

策劃編輯　梁偉基

責任編輯　許正旺　朱卓詠

書籍設計　任媛媛

書籍排版　陳美連

插圖繪畫　任媛媛

書　　名　宜家港公屋

著　　者　黃家樑　陳志華　黃朗懷

出　　版　三聯書店（香港）有限公司

香港北角英皇道四九九號北角工業大廈二十樓

香港發行　香港聯合書刊物流有限公司

香港新界荃灣德士古道二二〇至二四八號十六樓

印　　刷　寶華數碼印刷有限公司

香港柴灣吉勝街四十五號四樓A室

版　　次　二〇二五年七月香港第一版第一次印刷

規　　格　特十六開（150 mm × 210 mm）三四四面

國際書號　ISBN 978-962-04-5713-5

Published & Printed in Hong Kong, China.